Elizabeth Foley & Beth Coates

Was würde Frida tun?

Elizabeth Foley & Beth Coates

Was würde Frida tun?

55 Life Lessons
von den coolsten Frauen der Weltgeschichte

Aus dem Englischen von Katy Albrecht

Mit Illustrationen von Bijou Karman

LUDWiG

Die Originalausgabe erschien 2018 unter dem Titel *What Would Bouddica Do?*
Everyday Problems Solved by History's Most Remarkable Women
bei Faber & Faber Limited, Bloomsbury House.

Sollte diese Publikation Links auf Webseiten Dritter enthalten, so übernehmen wir
für deren Inhalte keine Haftung, da wir uns diese nicht zu eigen machen,
sondern lediglich auf deren Stand zum Zeitpunkt der Erstveröffentlichung verweisen.

Die vorliegende Ausgabe wurde um die Frauen Erika Mann, Katharina von Bora,
Annemarie Schwarzenbach, Margarete Steiff und Bertha von Suttner erweitert.

ClimatePartner.com/14044-1912-1001

Penguin Random House Verlagsgruppe FSC® N001967

5. Auflage
Deutsche Erstausgabe 09/2019

Verwendung der Gedichtzeilen von Akiko Yosano mit freundlicher
Genehmigung des Übersetzers Dr. Ulrich Pauly.
Verwendung der Gedichtzeilen von Emily Dickinson mit freundlicher
Genehmigung des Carl Hanser Verlags. Emily Dickinson: Sämtliche Gedichte.
Hrsg. und übersetzt von Gunhild Kübler, Carl Hanser Verlag 2015.

Redaktion: Christina Seitz
Umschlaggestaltung: Martina Eisele Grafik-Design, München,
unter Verwendung eines Umschlagmotivs von Bijou Karman
Satz: Leingärtner, Nabburg
Druck und Bindung: GGP Media GmbH, Pößneck
Printed in Germany
ISBN: 978-3-453-28120-2

www.Ludwig-Verlag.de

Für Jeanie, Leo, Barney, Lola, Iris und Joseph

Inhalt

9

Vorwort

Mal angenommen, wir könnten uns aus der Weltgeschichte eine Zeit aussuchen, in der wir gerne leben würden: Wäre es die geheimnisvolle Kultur der alten Ägypter? Die schöpferisch-revolutionäre Renaissance im sechzehnten Jahrhundert? Oder doch lieber die glamourösen Sechziger, wie wir sie aus *Mad Men* kennen? Bei genauerer Betrachtung wäre der Haken an der Sache vermutlich schnell zu entdecken: Um in irgendeiner anderen als der heutigen Zeit gut leben zu wollen, müssten wir schon viel ziemlich viel Geld haben und vor allem aber eines sein: männlich. Für die meisten Frauen sah es nämlich vor dem zwanzigsten Jahrhundert ziemlich übel aus – sie durften nicht mal die einfachsten Sachen tun: Wählen? Fehlanzeige. Etwas Anspruchsvolleres lernen? Kaum eine Chance. Über das eigene Liebesleben entscheiden? Nicht vorstellbar!

Ist heute aber wirklich alles besser? Dieses Buch ist entstanden, weil wir offensichtlich einer gehörigen Fehleinschätzung aufgesessen sind. Wir tummelten uns fröhlich in unserer kleinen emanzipatorischen Erfolgsblase, im Glauben, dass es für uns Ladys aktuell eigentlich voll gut läuft und wir den Sieg des Feminismus feiern können. Doch dann regneten plötzlich ein paar Nachrichten auf uns herunter, die uns die schöne Party gründlich vermiesten. Seit Harvey Weinstein und Pussygate wurde auf einmal deutlich, dass das Thema Frauenfeindlichkeit längst noch nicht vom Tisch ist – und das war vermutlich nur die Spitze des Eisbergs. Um die Hoffnung nicht aufzugeben, haben wir uns deshalb darangemacht, wieder in vergangenen Jahrhunderten nach Bestätigung und Inspiration zu suchen: nach der Bestätigung dafür, dass unsere Welt doch jeden Tag ein bisschen frauenfreundlicher wird, und nach der Inspiration von großartigen Frauen, die schon damals ihre Ketten gesprengt haben. Zum Glück haben wir beides gefunden.

Das Ergebnis unserer Nachforschungen ist dieser kleine Tourguide quer durch die Weltgeschichte zu unseren heldenhaften Schwestern, die selbst in viel härteren Zeiten ihre Ziele nicht aus den Augen verloren und sich ein selbstbestimmtes Leben erkämpft haben. Und wenn Frauen in Zeiten unverhohlener, sexistischer Unterdrückung Wege gefunden haben, um zu brillieren und erfolgreich zu werden, dann können wir das heute auch schaffen! Wir haben uns zusammengesetzt und uns über einige Frauen unterhalten, die Geschichte gemacht haben – und das, obwohl Geschichtsschreibung früher die Domäne reicher Säcke war. Diese mächtigen Ladys wie Königin Elizabeth I. und Kleopatra haben uns dann zu anderen, weniger bekannten erfolgreichen Frauen früherer Zeiten geführt wie zum Beispiel Annemarie Schwarzenbach, Wang Zhenyi und Sophia Duleep Singh.

Wir mussten feststellen, dass es verwegene Frauen damals sehr viel schwerer hatten und sie oft auch sehr jung verstorben sind, aber es lässt sich ja nicht leugnen, dass es heute neue und ganz andere Herausforderungen gibt, die wir meistern müssen. Das Leben kann für Mädchen auch heute ganz schön kompliziert sein: Wir paddeln durch die Haifischbecken der sozialen Netzwerke, basteln unermüdlich an unserer Work-Life-Balance und werden immer wieder dazu animiert, uns allzu kritisch im Spiegel zu betrachten, damit wir neue Sportklamotten kaufen. Währenddessen müssen wir noch im Schatten jahrhundertelanger patriarchalischer Unterdrückung leben, mit der ganzen Palette männlichen Herumdominierens, Besserwissens und Sich-Breitmachens (im Sitzen, beim Nicht-ausreden-Lassen, in der Ausdrucksweise und Schlimmerem), auch »mansplaining« genannt. Der feministische Kampf ist ganz bestimmt noch nicht gewonnen, aber im Gegensatz zu vielen Frauen in diesem Buch leben wir in einer Welt, in der es wenigstens dieses Wort gibt.

Wenn es mal ein bisschen schwieriger und düsterer wird, brauchen wir alle Vorbilder, an denen wir uns orientieren können. Unsere Freundinnen, Mütter, Schwestern und Kolleginnen können uns zeigen, wie wir unsere Probleme lösen – und einige von uns haben sich wahrscheinlich auch schon mal gefragt, was Beyoncé an unserer Stelle denn gemacht hätte. Queen Bey ist aber nicht die Einzige, die uns in Alltag und Berufsleben als inspirierendes Beispiel dienen kann. Wir können die angesehensten Frauen der Geschichte, unsere Schwestern, um Rat fragen. Diese Frauen waren in Naturwissenschaften, Politik und den Künsten richtungsweisend, sie haben grandiose Dinge erfunden, ihrer Kreativität freien Lauf gelassen und überhaupt eine Menge in ihrem Leben erreicht.

Welche Weisheit könnten Kleopatra, Enheduanna oder Sappho aus den entlegensten Sphären der Menschheitsgeschichte aber für uns heute bereithalten? Sie haben in Zeiten gelebt, wo es noch nicht mal richtige Unterwäsche gab und – ernsthaft – das Vieh in der Hackordnung noch ein Stückchen weiter oben stand als jede Frau. Keine von ihnen wüsste auch nur irgendetwas mit einem Smartphone anzufangen! Uns ist aber bei der Beschäftigung mit ihren Lebensläufen klar geworden, dass sie ihren Weg unter Bedingungen gegangen sind, die den heutigen gar nicht so unähnlich sind. Geschichte wiederholt sich, und wir haben festgestellt, dass sich Frauen auch in diesen komplett anderen Umständen in ihrer Arbeit verwirklichen wollten und sie ständig unterschätzt wurden, während sie mit völlig unrealistischen Körperidealen klarkommen mussten, mit Hausarbeit überlastet waren, drangsaliert wurden und sich mit Beziehungsstreitereien herumschlagen mussten. Die Liste könnte noch endlos fortgeführt werden. Ganz egal, ob im alten Ägypten oder im russischen Zarenreich, bei den ersten Siedlern in Amerika oder im besetzten Paris, es ist trotzdem seltsam tröstlich, dass alle diese einzigartigen Frauen doch gewisse Erfahrungen gemeinsam hatten.

Faszinierenderweise kamen in ihren Lebensgeschichten immer wieder dieselben Themen auf: Als Kinder wurden sie oft von ihren Eltern »wie Jungs« erzogen (lernten also mehr als Sticken), mussten aber oft ihre Schullaufbahn unterbrechen, um sich um die Familie zu kümmern. Etliche feierten ihre Erfolge unter anderem Namen als dem, den sie bei der Geburt zugewiesen bekommen hatten; viele lebten ihre Sexualität sehr unkonventionell für ihre Zeit, und die meisten waren ziemliche Streberinnen – insofern, als sie hart gearbeitet haben und mit viel Hass und Neid leben mussten, um dahin zu kommen, wo sie hinwollten. Heute ist zwar alles #inspiring, aber je mehr wir über diese Damen geredet haben, umso mehr fühlten wir uns durch ihre Botschaften angeregt und ermutigt.

Wir haben uns in Frauen wie die Wissenschaftlerin und Glücksspielerin Ada Lovelace regelrecht verliebt: Sie wuchs zwar in einer zerrütteten Familie auf, das hinderte sie aber nicht daran, schließlich zur Vorreiterin der modernen

Datenverarbeitung zu werden. Wann immer wir in unseren Jobs Präsentationen halten mussten, dachten wir an Elizabeth I. und ihre grandiose Fähigkeit, mitreißende öffentliche Reden zu halten. Wir ließen uns von der wunderbaren Frida Kahlo sagen, wie wichtig es ist, unseren eigenen Stil zu finden, und dass das mit Oberflächlichkeit nichts zu tun hat. Wir haben uns angeschaut, wie all diese Frauen mit Rechthaberei, Scheitern, Katastrophenbeziehungen, Frauenfreundschaften, Trauer, dem Hochstaplersyndrom, Schummeln, der Frage, ob Kinder oder eben nicht, und politischem Engagement umgegangen sind. Und mit den wirklich wichtigen Dingen wie FOMO, der zwanghaften Angst, ständig etwas zu verpassen, und der zentralen Frage, wie diese Frauen ihre Brüste fanden. Ja, wir wurden inspiriert! Und wir haben so viel gelernt. Wussten Sie, dass Frida Kahlo beinahe bei einem Busunfall ums Leben gekommen wäre, sie deshalb ihre Pläne, Ärztin zu werden, aufgeben musste und stattdessen Malerin wurde? Dass Odette Sansom, die französische Hausfrau, die für ihren heldenhaften Einsatz in der nachrichtendienstlichen Spezialeinheit SOE das Georgskreuz erhielt, nur deswegen zur Spionin wurde, weil sie einen Brief an die falsche Adresse geschickt hatte? Oder dass die göttliche Kochbuch-Pionierin Mrs. Beeton eigentlich eine miserable Köchin war, die zu Anfang ihrer Karriere viele ihrer legendären Rezepte einfach von ihren Leserinnen abgekupfert hat?

Keine der Frauen, die in diesem Buch beschrieben werden, war fehlerlos, aber jede einzelne von ihnen war schlichtweg großartig. Wir können auch nicht behaupten, dass sie alle ein perfektes Leben geführt hätten, aber allesamt waren sie in ihrer Kompromisslosigkeit absolut der Hammer.

Und jetzt geht sie los, unsere Tour zu den Superfrauen der Weltgeschichte, die unzählige Stereotype über den Haufen geworfen haben. Ihre außergewöhnlichen Geschichten werden uns zeigen, wie wir auch in der heutigen Zeit alle Herausforderungen, die das Leben an uns stellt, bewältigen können.

Frida Kahlo

und der unverwechselbare eigene Stil

Die gefeierte Künstlerin und Fashionikone Frida Kahlo hatte mehr als das übliche Quäntchen Pech in ihrem Leben. Sie wurde in der Nähe von Mexiko City geboren und erkrankte mit sechs Jahren an Kinderlähmung, weswegen sie seither hinkte. Als Teenager überlebte sie nur knapp einen schrecklichen Busunfall, bei dem sie einen Becken- und Wirbelbruch erlitt, als sich ein Metallgeländer in ihren Unterleib bohrte. Ihr Leben lang musste sie immer wieder strapaziöse Operationen über sich ergehen lassen. Dennoch verwandelte sie ihr Unglück und ihren Schmerz zu gewaltigen Kunstwerken, die noch heute ihre Wirkung entfalten und uns tief berühren.

Frida hatte das Glück, einen Vater zu haben, der sie respektierte und dazu brachte, über den Tellerrand typisch weiblicher Tugenden hinauszuschauen. Er setzte sich für ihre Bildung ein und ermunterte sie sogar, Ringen zu trainieren, um ihre körperliche Genesung zu unterstützen. Als sie ans Bett gefesselt war, begann sie zu malen und fing an, die auffallend bunte Farbpalette ihrer Kunstwerke auch auf ihre Kleidung zu übertragen. Ihr trendbewusster Kleidungsstil hob sie ab von den nüchternen und eleganten Silhouetten, die in den 1930er-Jahren in Europa und Amerika modern waren. Stattdessen liebte sie die traditionellen mexikanischen bestickten Blusen, Korsetts, dazu weite, gerüschte Röcke in vielen knalligen Farben. Sie legte Wert darauf, Kleidung zu tragen, wie sie in der matriarchalischen Gesellschaft in Tehuantepec im Süden Mexikos üblich war, wo Frauen wirtschaftliche Macht hatten und sich nichts sagen ließen. Die weiten Röcke, die Frida für sich entwarf, bedeckten ihre verletzten Beine, und die Korsetts ersetzten die Gipsverbände, die sie nach den Operationen tragen musste (und die sie ebenfalls bemalte und reich verzierte, eins davon übrigens ganz frech mit Hammer und Sichel).

Ihre Selbstporträts zeigen ihre umwerfende Kleidung und ihre berühmte Gesichtsbehaarung – ein paar Leute haben behauptet, sie habe ihre zusammengewachsenen Augenbrauen und ihren Oberlippenbart absichtlich nachgedunkelt. Auch das zelebrierte sie als Auflehnung gegen das Ideal unbehaarter femininer Schönheit. Wie man sieht, war Frida in jeder Hinsicht ihres Daseins ebenso unkonventionell wie politisch – und dazu noch märchenhaft glamourös und stylisch. Sie war ein engagiertes Mitglied der kommunistischen Partei Mexikos (so engagiert, dass sie mit Trotzki ins Bett ging, als er in Mexiko lebte). Man könnte meinen, dass Mode nun das am wenigsten tiefgründige Element ihrer Karriere war, doch war ihr Aussehen eng mit all ihren anderen Anliegen verbunden: ihrem Mitgefühl unterdrückten Volksgruppen gegenüber, ihrem festen Glauben an die Verbundenheit aller Menschen und ihren Anstrengungen, die Weiblichkeit in all ihrer tiefen emotionalen Herrlichkeit zu zelebrieren. Und die Mode ist Teil ihrer Hinterlassenschaft. Sie lebte ihre Kunst.

Auch Fridas Liebesleben war wunderbar bunt. Sie heiratete den berühmten Maler Diego Rivera, als sie zweiundzwanzig war und er dreiundvierzig. Sie unterstützten sich gegenseitig künstlerisch, lebten aber in getrennten Häusern; Frida bezeichnete ihn als »den anderen Unfall«. Als sich ihr Werk weiterentwickelte, erforschte sie die intimsten und schwierigsten Erlebnisse ihres Lebens in ihren Bildern, von ihren Operationen bis zu ihren Abtreibungen und Fehlgeburten. Die engen Verbindungen von ihrem körperlichen, ihrem emotionalen und ihrem künstlerischen Leben drückte sie auch in ihrer äußerlichen Erscheinung aus: Als nämlich Diego eine Affäre mit ihrer Schwester begann, schnitt sie ihr langes Haar, das sie oftmals mit Blumen geschmückt in Zöpfen trug, in ihrer Bestürzung einfach ab (ein klassischer Trennungs-Haarschnitt also). Das Paar ließ sich scheiden, heiratete aber bereits 1940 erneut, zwei Jahre nach Fridas erster großer Soloausstellung in New York. Sie war dann auch die erste lateinamerikanische Frau, deren Werk im Louvre ausgestellt wurde. André Breton sagte, ihre Kunst sei wie »ein buntes Band, das man um eine Bombe gelegt hat« – übrigens ein Querverweis auf ihren Stil.

Kaum hatte 1953 ihre erste Einzelausstellung in Mexiko stattgefunden (während sie im Bett liegen musste), wurde ihr das rechte Beim amputiert. Sie entwarf sich eine schicke Prothese, indem sie einen roten Plateaustiefel mit einer Glocke verzierte – und wieder wandelte sie ihre Verletzung um in Material für ihre künstlerische Arbeit. An Tagen, an denen sie Schmerzen hatte, brauchte sie ihre Kleidung, um sich selbst stärker zu fühlen. Und um ihren Anteil am Kunst-Popstar-Paar der damaligen Zeit zu manifestieren. Der schlechte Gesundheitszustand gewann im Jahr 1954 schließlich die Oberhand über das Leben der sagenhaften Frida Kahlo, und sie starb viel zu früh im Alter von nur siebenundvierzig Jahren. Nach ihrem Tod schloss ihr Mann Diego ihren Kleiderschrank ab und verfügte, dass der Inhalt fünfzig Jahre verborgen bleiben sollte, was einmal mehr beweist, welche Bedeutung die Kleider für Frida Kahlos Leben hatten. Als 2004 Fotos im Frida-Kahlo-Museum in Mexico City ausgestellt wurden, war darauf auch der Inhalt des Kleiderschranks zu sehen.

Frida ist ein großartiges Beispiel für eine Frau, die ihre eigene Rolle mithilfe der Mode schrieb, wobei sowohl Leben wie auch Kleidung ebenso politisch wie zweckmäßig waren. Durch ihre Kleidung stellte sie Überschwänglichkeit und Scharfsinn dar, ihre Verbundenheit mit der Arbeiterklasse ihres Landes und seinen Traditionen. Außerdem war ihre Kleidung Ausdruck ihres besonderen Verständnisses von Schönheit. Wir müssen uns nicht über die hypersexualisierten Schönheitsstandards von Promis definieren lassen, die unerbittlich auf uns herabregnen. Wir können selbst entscheiden, wie und warum wir uns verzieren: Um unseren eigenen Stil zu finden, um unsere einzigartige Persönlichkeit auszudrücken, um uns eine Rüstung zuzulegen und uns zu vermarkten oder einfach, weil es Spaß macht, sich stylish anzuziehen.

Boudicca

und die Kunst, den eigenen Standpunkt zu verteidigen

Wie wir es leid sind, wenn in Meetings über unseren Kopf hinweggeredet wird! Oder wenn unser gönnerhafter Chef mal wieder ganz locker unsere Ideen vereinnahmt und als seine eigenen präsentiert! Wir Frauen müssen uns mit solchem Mist schon seit Jahrhunderten herumschlagen und wehren uns seitdem dagegen. Norfolks Königin mit den flammend roten Haaren hätte auf so eine Kränkung wahrscheinlich geantwortet: »Legt ihn in Schutt und Asche!«

Königin Boudicca war die sagenhafte Heerführerin der Icener, eines keltischen Stammes, die vor 2000 Jahren im Gebiet des heutigen East Anglia lebten. Nachdem die Römer auf Geheiß von Kaiser Claudius anno '43 nach Christus in Britannien einmarschiert waren, hatten sie Boudiccas Ehemann, dem König, gnädigerweise gestattet, dass er sein Volk weiterhin regieren durfte. Als er dann aber starb, stellte sich heraus, dass dieses Gentlemen's Agreement offenbar nicht für Frauen galt. Der Geschichtsschreiber Tacitus berichtet, dass die Römer Boudiccas Königreich einnahmen, ihre Töchter vergewaltigten und sie selbst auspeitschten. Boudicca aber ließ sich von diesen abscheulichen Gewalttaten nicht einschüchtern und nahm die sexuelle Gewalt nicht hin, der Frauen in Kriegsgebieten so oft ausgesetzt sind. Sie holte zum großen Gegenschlag aus. Im Jahr 60 oder 61 führte sie einen Rachefeldzug an: Sie brannte gnadenlos die wichtigsten Siedlungen in Colchester, St. Albans und London bis auf die Grundmauern nieder und schlachtete deren Einwohner ab, Römer wie Briten gleichermaßen. Die Neunte Legion der Römer wurde damit personell empfindlich reduziert. Die blutrünstige Königin hat im verbrannten roten

Sedimentgestein der von ihr ausgelöschten Städte im wahrsten Sinne des Wortes bleibende Spuren hinterlassen – man muss nur tief genug graben, um sie heute noch zu finden.

Natürlich hat man Boudicca sehr viel Ernsteres und Unverzeihlicheres angetan, als unsere Arbeit im Büro oder sonst wo nicht angemessen zu würdigen, aber an ihrer eindrücklichen Reaktion sollten wir uns dennoch ein Beispiel nehmen (es muss ja nicht gleich mit Abschlachten und Brandstiftung enden). Wenn uns das nächste Mal jemand in den Schatten stellen will und uns die Strahlkraft stielt, die uns zusteht, sollten wir uns klarmachen, was unser Verdienst ist, und Respektlosigkeiten nicht einfach so stehen lassen. Boudicca hat zwar den Anspruch, keine Gefangenen zu machen, ein bisschen zu wörtlich genommen, aber sie kann für viele von uns zu einer Quelle der Ermutigung werden: Wenn wir uns gegen anmaßendes Verhalten auflehnen und gegen den sozialen Druck ankämpfen wollen, dass Frauen immer nett und liebenswürdig auftreten sollten. Diese erdbeerblonde Kämpferin hat sich in grauer Vorzeit kein bisschen darum geschert, ob sie sich vielleicht Feinde schafft oder ob sie jemandem eine Szene macht, und ihre selbstbewusste Autorität hat dazu geführt, dass sich ihr Volk (und noch einige andere mehr) um sie und ihre Angelegenheiten geschart haben.

Wir möchten gar nicht behaupten, dass es mit Boudicca selbst ein gutes Ende genommen hat, denn ihr verwegener Aufstand wurde in der Schlacht an der Watling Street bei St. Albans vernichtend niedergeschlagen. Die lästigen Römer waren leider im Kampf und in militärischer Taktik haushoch überlegen (sie kämpften genauso gut, wie sie Straßen und Aquädukte bauen und Rechtssysteme und Fußbodenheizungen entwerfen konnten) und nutzten das Gelände klug aus, so standen sie am Ende als Sieger da. Man sagt, Boudicca habe sich selbst das Leben genommen, um sich der Schmach einer Gefangennahme zu entziehen – und um genauso zu sterben, wie sie gelebt hat: selbstbestimmt und nach ihren eigenen Wertvorstellungen. Und um alles noch schlimmer zu machen, hat man sie außer ihrem Unglück noch mit Schande überhäuft, indem man ihren Namen dann jahrhundertelang falsch geschrieben und ausgesprochen hat: Boadicea. Alles nur, weil der Römer Tacitus sich verschrieben hatte.

Egal in welcher Schreibweise, der Name Boudicca kommt vom keltischen Wort für Sieg und entspricht dem etwas weniger aufregenden lateinischen Victoria. In ihrem netten kleinen Superköniginnen-Fanclub haben Königin Victoria (siehe Seite 283) und vor ihr schon Königin Elizabeth I. (siehe Seite 175) in neuerer Zeit Boudiccas Andenken hochgehalten, um sie für persönliche Werbezwecke in ihrer Amtszeit zu nutzen. Liz trug ein von Boudicca inspiriertes Kostüm, als sie ihre Flotte der spanischen Armada entgegenschickte, und Vic taufte ein Kriegsschiff auf ihren Namen. Ohne die beiden wären Boudiccas Heldentaten wahrscheinlich im Nebel der Zeiten untergegangen und in Vergessenheit geraten. Ihr Ansehen lebt jedoch weiter, weil sie sich kategorisch weigerte, sich von den mächtigen Streitkräften, die von allen Seiten auf sie einstürmten, einfach kampflos beiseite fegen zu lassen. Es fühlt sich immer noch oft so an, als lebten wir in einer reinen Männerwelt, aber wenn sich mehr von uns trauen, unseren Stringtanga wie eine Rüstung zu tragen, den Mund aufzumachen und sich öfter mal aus dem Fenster zu lehnen, dann kommt vielleicht der Tag, an dem das Patriarchat nicht mehr automatisch Vorfahrt hat.

Es geht übrigens die Sage, dass Boudicca ungefähr da begraben liegt, wo heute links und rechts Gleis 9 und 10 vom Bahnhof King's Cross liegen – man mag sich gar nicht vorstellen, wie sie das findet, wenn ihr der Hogwarts Express immer wieder die Gebeine durchrüttelt. Wie dem auch sei, wenn wir ihr unsere Ehre erweisen möchten und über ihren resoluten und entschlossenen Scharfsinn meditieren wollen, wäre die Boudicca-Statue von Thomas Thornycroft der beste Ort, um mit ihrem hitzigen Geist in Kontakt zu treten. Mitten in London, der Stadt, die sie einst in Schutt und Asche gelegt hat, steht sie mit ihren Töchtern an der Westminster Bridge, die Peitsche schwingend in einem Streitwagen, der ebenso gefährlich erscheint, wie er historisch falsch ist.

Obwohl er zum gegnerischen Team der Römer gehörte, hat Tacitus immerhin Boudiccas mitreißender Redekunst Anerkennung gezollt, indem er sie bei der Schlacht an der Watling Street zitierte: »An dieser Stelle müssen wir entweder den Gegner bezwingen oder ruhmreich untergehen. Es gibt keinen anderen Weg. Ich bin eine Frau, und doch steht mein Entschluss fest: Wenn sie es so wollen, mögen die Männer in Schande überleben und in Fesseln ihr Dasein fristen.« Boudicca ist unsterblich geworden, und zwar sowohl als Symbol des Widerstands wie auch als Ikone des Feminismus, die männlicher Aggression zu einer Zeit mit Gewalt entgegengetreten ist, in der das einer Frau ganz und gar nicht zustand.

Mary Wollstonecraft

und was es bedeutet, Feministin zu sein

*F*eministinnen. Sind das nicht diese humorlosen, schrillen Aktivistinnen, die nicht wollen, dass wir Bikinis tragen, Babys abküssen, Kuchen backen, Hochzeiten planen oder unsere Sachen mit süßen Einhörnern verzieren? Nein, nein. Keine Panik, Leute, alles gut. Es ist nämlich so, dass es da ein größeres Missverständnis gibt, denn Feminismus bedeutet eigentlich nur: gleiches Recht für alle Geschlechter. Feministinnen möchten nicht, dass Frauen in demokratischen Strukturen ausgegrenzt werden, weniger Geld für denselben Job kriegen als Männer oder dass sich Frauen anhören müssen, sie wären doch selbst schuld, wenn sie vergewaltigt werden. So weit können wir da doch alle zustimmen.

Nur gibt es leider noch kein gleiches Recht für alle: Fast jede zweite Frau in Deutschland musste schon einen sexuellen Übergriff erleben, und für die gleiche Arbeit verdient eine Frau in der Stunde durchschnittlich 16,20 Euro, wo ein Mann 20,70 Euro bekommt. Weltweit wird sich die geschlechtsspezifische Lohnlücke erst im Jahr 2186 schließen, für Kleidung müssen wir Frauen viel, viel mehr bezahlen als Männer, auch gibt es nach wie vor Fälle von weiblicher Genitalverstümmelung. Wir könnten noch viel mehr auflisten ... Auch wenn der Begriff Feminismus, verglichen mit den Zeiten, in denen Frauen anfingen, für ihre Rechte einzutreten, uns heute ziemlich problematisch und überfrachtet erscheint, ist es doch so, dass der Kampf noch nicht ausgefochten ist. Wir haben viel Verständnis für diejenigen, die sich vom Menstruationstassen-Trend oder vom männerhassenden Spektrum distanzieren möchten. Zum Teil ist es einfach eine Frage der Wortwahl (manche Frauen bezeichnen sich lieber als

Verfechterinnen des Egalitarismus), aber es ist schon wichtig, dass man bei diesem stets umstrittenen Begriff den Bezug zur Vergangenheit nicht verliert. Wenn wir ermessen wollen, was heute Frauen wie Beyoncé, Sheryl Sandberg, Chimamanda Ngozi Adichie, Caitlin Moran, Malala und Emma Watson leisten, müssen wir uns ihre Vorgängerinnen ansehen: Emmeline Pankhurst (siehe S. 89), Akiko Yosano (siehe Seite 53) Sheila Michaels (siehe Seite 191) – und nicht zu vergessen die Mutter der Idee, Mary Wollstonecraft.

Mary wurde in London geboren, ihr Vater war ein trinkfreudiger Mann, dem gerne mal die Hand ausrutschte und der das Wirtschaftsgeld verprasste. Ihre Mutter zog den ältesten Bruder immer vor (er durfte als Einziger von sieben Geschwistern regelmäßig die Schule besuchen). Mit neunzehn verließ Mary ihr Elternhaus und zog nach Bath, um dort zu arbeiten. Einige Jahre später eröffnete sie mit ihrer Schwester und ihrer besten Freundin Fanny eine sehr fortschrittliche Mädchenschule. Als die Schule aber pleite war, arbeitete sie in Irland als Gouvernante verzogener Adelskinder, doch dort wurde sie bald wieder entlassen. Zurück in London, wurde sie vom Verleger Joseph Johnson als Redaktionsassistentin, Autorin und Übersetzerin angestellt. Johnson hatte ziemlich radikale Ansichten und eine Menge cooler, aufklärerischer Freunde wie Thomas Paine, William Blake, William Wordsworth und William Godwin. 1787 erschien dann Marys Buch »Thoughts on the Education of Daughters« *(Gedanken zur Erziehung unserer Töchter),* das sie aus ihrer Erfahrung als Lehrerin geschrieben hatte. Es war der Beginn einer erfolgreichen, aber viel zu kurzen Karriere als Schriftstellerin.

Im Jahr 1789 zog die Französische Revolution alle in ihren Bann, und Mary trat mit ihrem Werk »The Vindication of the Rights of Men« *(Zur Verteidigung der Menschenrechte)* für bürgerliche Freiheiten ein, was die politische Debatte zusätzlich anheizte. Im Jahr 1792 veröffentlichte sie schließlich mit »A Vindication of the Rights of Women« *(Zur Verteidigung der Frauenrechte)* ihre bekannteste und einflussreichste Schrift. Sie argumentierte darin wegweisend zugunsten einer Bildung für Frauen, damit diese ebenso viel zum Wohle der Gesellschaft beitragen könnten wie Männer. Sie schrieb: »Ich betrachte Frauen hauptsächlich im großen Lichte der menschlichen Schöpfung, wo deren Aufgabe, ebenso wie die der Männer, darin besteht, ihre Fähigkeiten zu entfalten.« Das waren damals revolutionäre Forderungen und ein großer Schritt vorwärts in Richtung einer ernsthaften Debatte über Frauenrechte. (Nur um noch einmal darin zu erinnern: Wir reden hier über eine Zeit, in der Frauen weder Grundbesitz haben noch an Universitäten studieren durften – und nicht einmal das Sorgerecht für ihre eigenen Kinder bekamen.) Marys Argumente wurden kontrovers aufgenommen, und im Vorgriff auf all die Beleidigungen, die Feministinnen später noch aushalten mussten, bezeichnete sie der Schriftsteller Horace Walpole als »Hyäne mit Unterröcken«.

Um aus erster Hand über die Revolution zu berichten, zog Mary 1792 nach Frankreich, kurz bevor es dort blutig wurde und jede Menge Köpfe rollten. Sie verliebte sich in Gilbert Imlay, einen Bad Boy, mit dem sie eine Tochter hatte, die 1794 geborene Fanny. Als der feige Imlay sie sitzenließ, zog Mary zurück nach London und versuchte, sich das Leben zu nehmen. Ein Jahr später unternahm sie eine abenteuerliche und gefährliche Reise nach Skandinavien. Sie hatte nur ihr Dienstmädchen und das Baby an Bord und wollte versuchen, ein bisschen geschmuggeltes Silber, das Imlay gehörte, zurückzubekommen. Sie schrieb ein großartiges Buch über diese Unternehmung, aber nicht einmal das half, um mit Imlay ins Reine zu kommen. Mary sah sich noch einmal gezwungen, ihrem Leben ein Ende zu setzen, und stürzte sich (vergeblich) von der Putney Bridge.

1796 war sie endlich über Imlay hinweg und datete den Philosophen William Godwin. Als die beiden feststellten, dass Mary schwanger war, heirateten sie, obwohl beide nicht viel von der Ehe hielten. Sie lebten getrennt, führten aber im Großen und Ganzen eine glückliche und unaufgeregte Beziehung. Bis zu dem Tag, an dem ihre Tochter geboren wurde. Dieser Tag schenkte der Welt das kleine Mädchen, das später als hochbegabte Autorin von *Frankenstein* bekannt wurde, raubte der Mutter aber aufgrund von Geburtskomplikationen das Leben. Unbeabsichtigt erwies sich Marys trauernder Ehemann als wenig hilfreich, als er 1798 eine Denkschrift über seine verstorbene Frau veröffentlichte, in der er die Illegitimität ihres ersten Kindes ebenso publik machte wie ihre Selbstmordversuche. Der anschließende Skandal um ihr persönliches Leben lenkte die Aufmerksamkeit von ihrem bahnbrechenden Werk ab, das erst viele Jahre später gewürdigt wurde.

Es war nicht immer leicht, Mary Wollstonecraft zu sein, aber sie hatte Persönlichkeit: Sie war eine sensible, leidenschaftliche Natur, die eine Menge durchgemacht hatte, aber immer sagte, was sie dachte, und dazu den Mut hatte, die Welt verändern zu wollen. »Mein Herz verachtet alle Verstellung, und mein Antlitz verbirgt nichts.« Selbst noch nach ihrem Tod hörte das wenig schwesterliche hinterhältige Klatschen und Tratschen darüber nicht auf, wie wohl ihre Moralvorstellungen und ihr facettenreiches Privatleben zusammengepasst haben mochten. Einige behaupteten auch, die Schicksale ihrer Töchter (Fanny beging Selbstmord, und Mary junior brannte mit dem Dichter Percy Bysshe Shelley durch) seien kein Wunder, angesichts dieser Mutter. Es gibt immer Leute, die einen hassen, aber davor muss man keine Angst haben. Die Idee des Feminismus war noch nicht geboren, als Mary ein feministisches Leben lebte, aber wir sind uns doch einig, dass wir es ihr schuldig sind, uns zusammenzutun und ihre Ideen zu vertreten, oder?

Mae West

und das Ja zu unserem Körper

Spaghetti aus Zucchini, Mousse au chocolat aus Avocados, Chips aus getrocknetem Grünkohl – die geldscheffelnde, von Wellnessexperten geschaffene Ernährungsbewegung mit ihren Trends wie Low Carb und Clean Eating hat so einiges zu verantworten. Wir sind uns ja alle einig, dass man sich gesund ernähren und fit halten sollte, aber es ist mitunter ganz schön anstrengend, den eigenen (und den gesellschaftlichen) vollkommen unrealistischen Erwartungen über unser Aussehen gerecht zu werden. Models und Schauspielerinnen können all ihre Zeit darauf verwenden, ganz trendy nach dem Piloxing* gedünstete Spinatblättchen zu knabbern. Die meisten von uns haben aber weder die Gene noch das Geld oder die Zeit, um das Gleiche zustande zu bringen, wie die Leute, deren Jobbeschreibung »gut aussehen« lautet. Wann immer wir uns darüber ärgern und uns weniger schön als andere fühlen, sollten wir uns an die Worte der Hollywoodlegende Mae West erinnern, die für ihren grandiosen Po berühmt war: »Kurven sind die reizvollsten Verbindungen zwischen zwei Punkten.«

Mary Jane West kam in Brooklyn zur Welt. Ihre Mutter war Fotomodell und ihr Vater Boxer, der der kleinen ambitionierten Mae zu Hause eine Minibühne aufstellte. Als Zwölfjährige fing sie an, in Vaudeville-Theatern zu singen und zu tanzen, zuweilen im heißen Fummel, und Sie war erst achtzehn, als sie – von

---

* Eine brutale Mischung aus Pilates und Boxen, bei der man schwere Handschuhe trägt und dröhnende Bässe im Ohr hat.

MAE WEST (1893–1980)

der *New York Times* gelobt – am Broadway debütierte. (Um diese Zeit heiratete sie auch eine Zufallsbekanntschaft namens Frank, von dem sie sich bald wieder trennte, aber scheiden ließen sie sich erst 1943, nachdem die Presse Wind davon bekommen hatte.) Bis zu ihrem Durchbruch im Jahr 1926 feierte Mae weiter Erfolge am Broadway und in Nachtclubs.

Mae schrieb und produzierte ein Broadway-Stück mit dem unverblümten Titel *Sex*, in dem sie eine Prostituierte spielte. Die Show war so umstritten wie erfolgreich, und nach mehr als dreihundert Vorstellungen wurde es den Behörden zu bunt, das Stück wurde abgesetzt und Mae wegen Obszönität und Jugendgefährdung festgenommen. Die kluge Mae wusste natürlich, dass jede Publicity gute Publicity ist, und nutzte die Gerichtsverhandlung und ihre folgende achttägige Haftstrafe bis zum Letzten aus. Damit zementierte sie ihren Ruf als sexuell unabhängige Revolutionärin. Um ihre Gefängnisstrafe anzutreten, charterte sie eine Limousine und erzählte jedem, dass sie im Knast ihre besten Seidenschlüpfer zu tragen gedenke. Khloé Kardashian wird bei diesem Gedanken sicher grün vor Neid. Nach ihrer Entlassung gab Mae ein Zeitschrifteninterview über ihre Hafterfahrungen und richtete mit dem Erlös, den sie dafür bekam, eine Gefängnisbibliothek ein. Die optimale Art, Geld zu stiften, für eine Frau, der nichts so viel Spaß machte wie schreiben – abgesehen von Sex und davon, die schmallippigen Moralisten ihrer Zeit auf hundertachtzig zu bringen. Nach *Sex* verfasste sie noch weitere erfolgreiche Stücke, unter anderem *The Drag* (das Homosexualität positiv thematisierte und nach zehn Vorstellungen abgesetzt wurde), *Diamond Lil* (1928) und *The Constant Sinner* (1931).

Mae bewies großen Scharfsinn, sowohl beim Schreiben wie auch als Mensch. Sie war berüchtigt dafür, jeden Satz, den sie sprach, ein wenig zotig und schlüpfrig klingen zu lassen. Und sie wusste ganz genau, wie sie ihre attraktive und kurvenreiche Figur schärfstens in Szene setzen konnte. Mae war nur wenig über 1,50 Meter groß und bekanntermaßen so gut gepolstert, dass US-Matrosen im Zweiten Weltkrieg ihre Rettungswesten »Mae Wests« nannten. Sie war ungeheuer stolz auf ihren Körper, obwohl er nicht unbedingt dem Schönheitsideal ihrer Zeit entsprach, als Figuren wie die der schmalen Joan Crawford en vogue waren. Später hat sie einen Spiegel über ihrem Bett aufgehängt, ihr Haus mit Bildern von sich selbst geschmückt und auf ihr Klavier eine nackte Mae-Statue gestellt.

Maes Erfolgsgeschichte unterscheidet sich gewaltig von den Karrieren vieler anderer gewöhnlicher Hollywood-Starlets. Sie war nämlich schon ein Dinosaurier von 38 Jahren, als sie von Paramount Pictures unter Vertrag genommen wurde, sie schrieb ihre Dialoge selbst (jedenfalls solange die Zensur sie ließ), suchte sich ihre Filmpartner im Alleingang aus und ging darin auf, als eher spitzzüngige, nicht ganz salonfähige Frau wahrgenommen zu werden. Ihre Filme *Night after Night* (1932) und *Sie tat ihm unrecht* (1933) bewahrten Paramount vor der Pleite und machten sie zur bestbezahlten Frau der USA. Ende der Dreißigerjahre wurden jedoch ihre Filmskripts von immer nervöseren Zensoren und Bürokraten redigiert – obwohl in keinem ihrer Filme etwas vorkommt, was wir heute auch nur im Entferntesten für anstößig halten würden. Im Gegensatz zu dem heute für alle zugänglichen Pornokram bestand Maes Keckheit nur aus Anspielungen. In *Night after Night* sagt eine Frau: »Meine Güte, was für hübsche Diamanten!«, und Mae antwortet: »Mit *Güte* hat das nichts zu tun.«

Weil sie von den Zensur-Einschränkungen in Hollywood frustriert war, widmete sich Mae wieder der Bühne, vor allem in Las Vegas, wo sie inmitten einer Horde von Bodybuildern auftrat. Einem Reporter erklärte sie: »Männer sollten genauso auf ihren Körper achten, wie Frauen das tun.« In den Sechzigerjahren kehrte sie zum Film zurück. Ihr letzter Film war 1978 *Sextette*, wo sie den berühmten Satz sagte: »Ist das eine *Pistole* in deiner Hosentasche, oder *freust du dich, mich zu sehen?*« Zutiefst betrauert von ihrer großen Fangemeinde, starb sie zwei Jahre später an den Folgen eines Schlaganfalls.

Mae war von Natur aus hinreißend und hat ganz bestimmt viel Zeit darauf verwendet, möglichst gut auszusehen, aber sie hat sich nie darum geschert, was andere für schön hielten. Sie war sich ihrer eigenen Attraktivität bewusst und sagte: »Ich habe nie Kleider gebraucht, um mich sexy zu fühlen. Ich fühle mich immer so.« Trotzdem musste sie es ertragen, von unverschämten Männern beleidigt zu werden, zum Beispiel von Graham Greene und ihrem Filmpartner W.C. Fields, der sie als »gemästete Python« und »Kleopatra für Klempner« bezeichnet hat. Allerdings, ganz wie die göttliche Kleo (siehe Seite 121), war auch Mae eine selbstbewusste, unabhängige Frau, die ihren Körper einzusetzen wusste, um das zu kriegen, was sie wollte – weil ihr ebenso klar war, wie anfällig Männer für ihre Reize waren. Und das, was sie wollte, waren Arbeit, Aufmerksamkeit und gewisse Kleinode – erstrebenswerte Ziele, oder? Mae West wurde schließlich zur Ikone: Salvador Dalí schuf ein Sofa, das wie ihre Lippen geformt war, und in Frida Kahlos (siehe Seite 17) Gemälde »My Dress Hangs There« ist sie ebenfalls zu sehen. Ihr Hausfrauentipp zum Thema Schönheitspflege war, sich am ganzen Körper erwärmtes Babyöl von einem Liebhaber auftragen zu lassen. Und ihr Tipp zum Thema gesunde Ernährung? »Ich kümmere mich nicht um Diäten. Karotten interessieren mich nicht, nur Karat.«

Rosa Parks

und wie wir uns gegen Tyrannei auflehnen

Die meisten von uns haben Eltern oder Großeltern, die sich noch an das Jahr 1955 erinnern und wissen, wie es damals war. Wir reden ja nicht von der grauen Vorzeit, und deshalb ist es umso erschütternder festzustellen, wie eingeschränkt das Leben der schwarzen Bevölkerung Alabamas noch vor sechzig Jahren war. Aufgrund der vielen »Rassengesetze«, den sogenannten Jim-Crow-Laws, die nach dem Amerikanischen Bürgerkrieg in den Südstaaten in rascher Folge erlassen worden waren, wurden die Menschen überall in öffentlichen Verkehrsmitteln, Restaurants, Büchereien und Friedhöfen nach ihrer Hautfarbe getrennt. Schwarze Bürger lebten in ständiger Furcht vor dem Terror des Ku-Klux-Klan und durften in Alabama und einigen anderen Staaten immer noch nicht wählen, obwohl sie bereits 1870 offiziell das Wahlrecht in den USA erhalten hatten. Man hatte lokale Verordnungen geschaffen, nach denen Bürger vor der Wahl nachweisen mussten, dass sie entweder lesen und schreiben oder zumindest ihren Steuerbeleg vorzeigen konnten. (Alabama hatte zu diesem Zeitpunkt übrigens gerade erst das Frauenwahlrecht offiziell bestätigt, das bereits 1920 verabschiedet worden war. – Mit nur dreiundzwanzig Jahren Verspätung ... Super, Jungs!) Es war an einem Dezembertag im Jahr 1955 in Montgomery, Alabama, mitten im Berufsverkehr, als sich Rosa Parks gegen diese Ungerechtigkeiten auflehnte, indem sie einfach sitzen blieb.

Rosa Louise McCauley stammte aus Tuskeegee in Alabama. Sie musste vorzeitig von der Schule abgehen, um Geld zu verdienen, aber als sie 1932 Raymond Parks heiratete, unterstützte er sie, sodass sie erneut die Schulbank drücken und ihren Abschluss nachholen konnte. Ebenso wie Rosas Familie engagierte sich auch Raymond in der aufstrebenden schwarzen Bürgerrechtsbewegung und war Mitglied in der NAACP (National Association for the Advancement of Colored People), einer Organisation zur Förderung schwarzer Bürger in der Stadt Montgomery. Rosa trat der Organisation später ebenfalls bei und wurde Parteisekretärin des Ortsverbands. 1944 war sie auf einem Militärstützpunkt angestellt, wo Schwarze und Weiße gemeinsam arbeiteten, und konnte sich also mit eigenen Augen davon überzeugen, dass ein besseres Leben möglich war.

Als der Supreme Court 1954 weitsichtig geurteilt hatte, dass Rassentrennung in Schulen verfassungswidrig sei, bedeutete dies einen Wendepunkt für die schwarze Bürgerrechtsbewegung. Die NAACP sah die Möglichkeit, die Rassentrennung auch in öffentlichen Verkehrsmitteln infrage zu stellen. Damals gab es in den Bussen getrennte Abteile für Schwarze und Weiße, aber es ging noch schlimmer, denn oftmals forderten die Busfahrer Schwarze auf, ihren Sitzplatz – selbst in ihrem eigenen Abteil – zugunsten von Weißen aufzugeben. Wer sich dem widersetzte, wurde verhaftet, musste Geldbußen zahlen, kam ins Gefängnis oder wurde Opfer körperlicher Gewalt. Am 1. Dezember fuhr Rosa auf dem Heimweg von ihrer Arbeit als Näherin in einem Kaufhaus mit drei weiteren »farbigen« Passagieren im Bus, als weitere Fahrgäste zustiegen, unter ihnen auch ein weißer Mann. Daher forderte der Busfahrer Rosas gesamte Sitzreihe auf, Platz zu machen, damit der Mann sich setzen konnte. Alle standen auf, nur Rosa nicht.

Als der Busfahrer drohte, er würde die Polizei benachrichtigen, antwortete sie höflich: »Das können Sie gern tun.« Sie wurde ganz offensichtlich deshalb verhaftet, weil es wohl nichts Wichtigeres für die Polizei zu tun gab, als sich darum zu kümmern, wer sich wo genau hinsetzen durfte und wo nicht. Als anständige Dame mittleren Alters war Rosa der perfekte Präzedenzfall für die NAACP, die nun Druck auf die Behörden und deren Rassentrennungsgesetze ausübte. Man rief zu allgemeiner Solidarität auf und zum Boykott der Busse, was sich als ungeheuer erfolgreich erwies. Der Bus-Boykott wurde von einem 26 Jahre alten Pfarrer namens Martin Luther King Jr. geleitet, und 98 Prozent der schwarzen Bevölkerung Montgomerys (übrigens die Hauptnutzer der öffentlichen Verkehrsmittel) unterstützten den Aufruf. Der Boykott hielt mehr als ein Jahr an. Währenddessen erhielten Rosa und ihre Unterstützer Todesdrohungen, sie verloren ihre Jobs, wurden verhaftet und erlebten, wie ihre Häuser und Wohnungen durchsucht und demoliert wurden. Schließlich urteilte der Supreme Court zu ihren Gunsten, und am 21. Dezember 1956 wurde die Rassentrennung in Montgomerys Bussen endlich aufgehoben.

Erschöpft nach allem, was sie durchmachen mussten, verließen Rosa und Raymond im folgenden Jahr Alabama und zogen in die Nähe von Rosas Bruder nach Detroit, engagierten sich aber weiterhin für die Gleichstellung der schwarzen Bürger in den USA. Rosa wurde für ihre Arbeit mehrfach ausgezeichnet und wird als Mutter der Bürgerrechtsbewegung verehrt. Nach ihrem Tod im Jahre 2005 wurde sie als erste Frau in der Geschichte der Vereinigten Staaten öffentlich im Washingtoner Kapitol aufgebahrt, damit die Bevölkerung Abschied nehmen konnte.

Manchmal wird Rosa Parks' Handeln als spontaner oder emotionaler Akt des Widerstands dargestellt, aber dafür war sie einfach zu sehr an der strategischen Planung der Bürgerrechtsbewegung beteiligt, die auf die rassistische Maschinerie der staatlichen Behörden zielte. In so angespannten Zeiten verdienen ihr Mut und ihr kompromissloses Verhalten als schwarze Frau unseren ausgesprochenen Beifall (vor allem angesichts des damaligen sozialen Klimas: Sie wusste, dass sie für dieses Handeln ernsthafte Repressalien fürchten musste), und ihre Geistesgegenwart und ihr Stehvermögen vor und nach diesem Tag sollten wir außerdem nicht vergessen. Rosa zeigt uns, was notwendig ist, wenn wir etwas Wichtiges schaffen und durchstehen wollen: Man muss sich mit den richtigen Leuten zusammentun und sich gründlich vorbereiten, und man braucht genug Selbstvertrauen, um für die eigenen Überzeugungen selbst dann einzustehen, wenn man besonders verwundbar ist. Sie hat ja selbst gesagt: »Du brauchst keine Angst davor zu haben, etwas zu tun, wenn es das Richtige ist.«

Erika Mann

und warum lebendige Netzwerke so wichtig sind

*O*je – netzwerken! Wir kriegen zwar immer wieder zu hören, dies sei der Schlüssel zu einer erfolgreichen Karriere, aber das Wort kann auch unappetitliche Erinnerungen an aufdringliche Dampfplauderer wecken, die auf Partys Visitenkarten verteilen und dem unbedeutenden Volk abwesend zunicken, während sie in der Ferne checken, ob da nicht vielleicht jemand Mächtigeres und Nützlicheres kommt, den sie mit ihrem Small Talk beeindrucken können.

Allerdings ist dies ein recht kleiner Aspekt einer Fähigkeit, die das Leben durchaus bereichern kann und nicht notwendigerweise dazu führt, dass man auf unaufrichtige Weise Leute zu irgendwas benutzt. Jede von uns sollte ein paar Menschen kennen, an die sie sich wenden kann, wenn sie Rat und Unterstützung braucht, und die sie im Gegenzug unterstützt und berät – das ist schlicht die Grundlage der menschlichen Gesellschaft. Das eigene Netzwerk zu unterstützen kann auch ganz simpel bedeuten, dass wir unsere Schwester öfter anrufen oder einen Fan-Lesezirkel zu unserem liebsten, schrillen Sci-Fi-Autor gründen. Und wir sollten bei Geschäftsveranstaltungen unbedingt versuchen, Leute aus unserer Branche kennenzulernen, statt irgendwo in einer Ecke zu stehen und herumzunörgeln, wie schlecht wir Arbeit und Privatleben unter einen Hut kriegen. Jede von uns hat bereits ein Netzwerk, nämlich unsere Freunde und Freundinnen, Kolleginnen und Kollegen, Familien; es geht also darum zu erkennen, wo es uns weiterhilft, das Leben zu genießen und effizienter zu arbeiten, wenn wir diese Verbindungen stärken. Es kann zudem eine sehr selbstlose Freude sein, Leute aus verschiedenen Bereichen unseres Lebens zusammenzubringen und zu sehen, wie sie sich gegenseitig nützen können. Und man weiß ja auch nie, ob das uns nicht vielleicht irgendwann das Leben retten wird – so wie es bei Erika Mann war.

Erika Mann wurde zugegebenermaßen in ein fertiges, illustres Netzwerk hineingeboren – dank ihres Nobelpreisträgervaters Thomas und ihrer klugen, engagierten Mutter Katia, die übrigens als erste Frau an der Münchner Uni Mathematik studierte. Erika wusste die Verbindungen, die ihr der berühmte Vater bereitstellte, bestens zu nutzen und schuf zusätzlich ihr ganz eigenes, nicht selten dem Vater widerstrebendes Netzwerk.

Vater Mann gehörte durchaus nicht zu den Leuten, die ihren Kindern alles auf dem Silbertablett präsentieren. Am 9. November, als Erika geboren wurde, schrieb er an seinen Bruder Heinrich: »Es ist also ein Mädchen: eine Enttäuschung für mich, wie ich unter uns zugeben will, denn ich hatte mir sehr einen Sohn gewünscht und höre nicht auf, es zu tun. Warum? Ist schwer zu sagen. Ich empfinde einen Sohn als poesievoller (...)« Allerdings trat Erika, ebenso wie Megan Lloyd George (siehe Seite 75), mit dem Erwachsenwerden aus dem Schatten ihres Vaters heraus und schuf sich einen eigenen Platz in der Welt, wobei sie aber immer ein enges Verhältnis zu ihrem Papa pflegte. Der Dreh- und Angelpunkt ihres frühen Erfolgs aber war ihr Bruder Klaus. Erika war die Älteste der sechs Geschwister, doch Klaus war nur knapp ein Jahr jünger als sie, und die beiden traten oft als Zwillinge auf. Sie verständigten sich untereinander in einer geheimen Sprache, spielten Streiche und entwickelten Theaterstücke und Rollen füreinander. Als Erwachsene gab es zahlreiche Gerüchte darüber, ob das Verhältnis der Geschwister nicht vielleicht *sehr* eng war. (Erika klagte in dieser Sache erfolgreich gegen eine Zeitung wegen Verleumdung.)

Noch als Jugendliche zogen die »Zwillinge« nach Berlin, um dort ihr Glück zu machen. Mit der Aufführung von Klaus' Theaterstück, »Anja und Esther«, das von der Kritik verrissen wurde, erlangten sie zweifelhafte Berühmtheit, nicht nur übrigens, weil mit Pamela Wedekind ein weiteres Promi-Kind mitspielte, sondern auch weil es 1925 ein wenig riskant war, Homosexualität in einem Theaterstück zu thematisieren. Klaus und Erika schliefen beide mit männlichen wie weiblichen Kollegen, und Erika heiratete mit Gustaf Gründgens schließlich einen davon, ließ sich aber drei Jahre später wieder scheiden. Trotz des eher unbequemen Beginns ihrer Theaterkarriere schauspielerte Erika immer weiter und verwendete viel ihrer schier unerschöpflichen Energie auf andere Projekte wie Reisen, Vorträge, Journalismus, Autorennen und Bücherschreiben.

Als politisch dunklere Zeiten heranbrachen, machte Erika Stimmung gegen die Nazis, sodass der *Völkische Beobachter* sie übel verleumdete: »Ein besonders widerliches Kapitel stellte das Auftreten Erika Manns dar, die [...] ihre ›Kunst‹ dem Heil des Friedens widmete. In Haltung und Gebärde ein blasierter Lebejüngling, brachte sie ihren blühenden Unsinn über die ›deutsche Zukunft‹ vor.« – was sie uns nur sympathischer macht. Sie war es auch, die ihren Vater drängte, sich endlich öffentlich gegen die Nazis auszusprechen, was für einen Menschen mit seinem Profil und seiner Zurückhaltung eine ziemliche Zumutung war.

Anfang 1933 verband Erika ihre Liebe zum Theater und zum Schreiben mit ihrer Liebe zu der jüdischen Schauspielerin Therese Giehse sowie zu ihrem Bruder Klaus, indem sie gemeinsam das Kabarett »Die Pfeffermühle« gründeten. Provokanterweise lag es gar nicht weit vom Münchner Nazi-Hauptquartier entfernt. Schon einen Monat später, nach dem Reichstagsbrand im Februar, emigrierte die Familie Mann ins Schweizer Exil, nachdem Erika und Klaus vom Chauffeur des Vaters gewarnt worden waren, dass sie auf einer schwarzen Liste stünden. Erika war mutig genug, noch einmal ins Münchner Haus zu schleichen und Manuskripte ihres Vaters herauszuschmuggeln. Sie führte die Arbeit mit der »Pfeffermühle« im Ausland fort und machte sich bei den deutschen Behörden zunehmend unbeliebter, bis man ihr 1935 die Staatsbürgerschaft entzog. Zum Glück aber hatte sie zuvor ihr Literaten-Netzwerk eingeschaltet und darüber den homosexuellen, englischen Schriftsteller W. H. Auden geheiratet, womit sie britische Staatsbürgerin geworden war. Sie hatte Auden zwar vor der Hochzeit noch nie gesehen, aber der gemeinsame Freund Christopher Isherwood hatte die Sache eingefädelt, um Erika zu helfen.

Bereits 1936 zogen Klaus und Erika in die USA und hielten Vorträge; bald schon folgte ihnen der Rest der Familie, wobei Erika auch anderen deutschen Emigranten half. 1938 veröffentlichte sie den Nazi-kritischen Bestseller

»School for Barbarians« auf Englisch, der kurz darauf im Amsterdamer Querida-Verlag auch auf Deutsch unter dem Titel »Zehn Millionen Kinder: Die Erziehung der Jugend im Dritten Reich« erschien. Dann reiste sie nach Spanien, um über den dortigen Bürgerkrieg zu berichten, und arbeitete während des Zweiten Weltkriegs als Kriegsberichterstatterin für die BBC und die US Army, wobei sie öfters bis an die Front reiste und weit mehr wagte, als gemeinhin von weiblichen Journalisten erwartet wird. 1945 kehrte sie nach Deutschland zurück, um über die dortigen Verhältnisse nach Kriegsende in die USA zu berichten und erhielt als einzige der vielen dort ausharrenden Journalisten die Erlaubnis, das Hotel der in den Nürnberger Prozessen angeklagten Nazis zu betreten. Was sie sah, beunruhigte sie sehr, denn ihrer Meinung nach wurden die Täter mit Samthandschuhen angefasst und zeigten keine Reue. Als ihr Vater sich wegen Lungenkrebs behandeln lassen musste, kehrte sie in die USA zurück und widmete sich von da an der Organisation seines Arbeitsalltags und dem Herausgeben seiner Werke.

Diese energiegeladene Frau, die sich bereits mehrfach politischen Widrigkeiten stellen musste, hatte aber noch mehr Prüfungen zu bestehen. Dadurch, dass Erika sich politisch offen äußerte und auch ihre Bisexualität nicht geheim hielt, gerieten sie und ihre Familie ins Visier des McCarthy-Regimes, das sie verdächtigte, Kommunisten zu sein. Das FBI sammelte dicke Aktenberge über Klaus und Erika an, wobei Erikas derart ins Detail ging, dass sie sogar eine Anmerkung über ihre politisch verdächtige Frisur enthielt: »ein kurzer, eher männlicher Bob, rechts gescheitelt«. 1949, als Klaus sich das Leben nahm, blieb Erika untröstlich und verzweifelt zurück. Ein Jahr später drohte ihr die Ausweisung, und 1952 schließlich hatten die Manns die Nase voll und kehrten in die Schweiz zurück. Nach Thomas Manns Tod im Jahr 1955 verbrachte Erika ihre Tage damit, Kinderbücher zu schreiben und dafür zu sorgen, dass sein Vermächtnis sowie das ihres geliebten Bruders Klaus nicht verloren gingen. Im Alter von 64 Jahren verstarb sie an einem Hirntumor.

Erika war zweifellos ein Super-Hipster mit ihrem wunderschönen Kurzhaarschnitt, ihrer Vorliebe für Boyfriend-Style-Kleidung und ihrer Hingabe an politische Kunst. Immer und immer wieder erfand sie sich neu, an unterschiedlichen Orten, in unterschiedlichen Berufen. Nie wurde sie irgendwo wirklich sesshaft, sondern folgte dem Strom weltverändernder Ereignisse, die sie zwangen – stets absolut stilvoll –, immer weiterzumachen. Erikas Gabe, Beziehungen zu anderen Menschen aufzubauen und zu pflegen, von ihrem schwierigen Vater über ihren Künstlerbruder und ihre berühmten Ehemänner und klugen Freundinnen bis hin zu dem Chauffeur, der sie zu einem kritischen Zeitpunkt mahnte, Deutschland zu verlassen, diese Gabe ging auf ihre Begeisterung für die Dinge zurück, die sie interessierten und die sie gerne mit Gleichgesinnten teilte. Durch ihre leidenschaftlichen Überzeugungen und ihren Drang, anderen zu helfen, war sie eng an ihre Mitmenschen gebunden. Wenn man das Netzwerken nun aus Erikas Perspektive betrachtet, als natürliches Resultat gemeinsamer Leidenschaften, erscheint es sofort weniger unappetitlich und egozentrisch, oder? Lasst uns also losziehen und uns auch so ein herrliches Band gegenseitiger Unterstützung knüpfen.

Mina Wylie und Fanny Durack

oder was Freundinnen gemeinsam erreichen können

*W*enn alles gut geht, kann die Beziehung zu unserer besten Freundin die wichtigste in unserem Leben sein – und oftmals die, die uns am meisten trägt. Wie bei Wilhelmina »Mina« Wylie, die mit ihrer BFF Sarah »Fanny« Durack gegen den Strom geschwommen ist. Die beiden haben gegen spießige gesellschaftliche Konventionen gekämpft, Reglements verändert und wurden schließlich Sportstars.

Mina wurde Ende des 19. Jahrhunderts in Sydney, Australien, geboren und hatte das große Glück, einen Langstreckentaucher als Vater zu haben, der auch Unterwasser-Performances machte. Zusammen mit ihren Brüdern nahm sie an diesen Unterwassershows teil, seit sie fünf Jahre alt war. Ihr Part der Show bestand darin, mit gefesselten Händen und Füßen zu schwimmen, eine Fortbewegungsart, die einerseits ihre großartige Karriere ankurbelte und andererseits auch Vater Wylies entspannte Auffassung von Aufsichtspflicht bewies. Wesentlich hilfreicher war, dass ihr Vater »Wylie's Bath« am Coogee Beach in Sydney eröffnete, ein wunderschönes Meerwasserschwimmbad, in dem Mina täglich trainieren konnte. Damals wurde überall streng darüber gewacht, dass Männer und Frauen nicht gemeinsam schwimmen gingen, hier aber konnte Mina ins Wasser, so oft sie wollte. Bald bekam sie Gesellschaft von einer anderen Schwimmerin, Fanny Durack, und Vater Wylie war der Meinung, die beiden sollten gemeinsam trainieren. Die Mädchen wurden richtig gut und gewannen alle Wettkämpfe, an denen sie teilnehmen durften. Als die Olympischen Spiele von Stockholm 1912 näher rückten, fanden die beiden, es sei Zeit, ihr Schwimmtalent vor internationalem Publikum zu zeigen.

Es gab aber ein paar Spielverderber, die die Ambitionen der Freundinnen ausbremsen wollten, allen voran überraschenderweise ausgerechnet Rose Scott, die Vorsitzende der New South Wales Ladies' Amateur Swimming Association und eine gestandene Frauenrechtlerin. Sie trat unter Protest von ihrem Amt zurück, als Fanny und Mina schließlich ins Olympische Schwimmteam berufen wurden, weil es ihr zutiefst widerstrebte, dass Frauen vor den Augen von Männern schwimmen sollten. Sie war fest davon überzeugt, dass die Männer nicht an sich halten könnten, wenn sie Frauen in Badeanzügen herumlaufen sähen. Selbst wenn man diese Badeanzüge von damals auf keinen Fall gewagt nennen konnte, denn der Stoff bedeckte den Körper vom Hals bis kurz übers Knie. Trotzdem befürchtete sie, das Brustschwimmen der Damen würde unschickliche Gedanken hervorrufen und garantiert sämtliche anwesenden Herren in helle Aufregung versetzen. Der Bürgermeister von Randwick, wo Wylie's Bath lag, widersprach und verkündete die unumstößliche Tatsache, dass die Körper von Mädchen nun kein Grund für Scham oder Abschottung seien.

Trotz der bürgermeisterlichen Unterstützung war das Australische Olympische Komitee zunächst nicht bereit, ihnen entgegenzukommen, und ließ Mina und Fanny bei der Mannschaftspräsentation erst mal außen vor mit der Behauptung, es fehle an finanziellen Mitteln, um die beiden nach Schweden mitzunehmen. Es gab einen öffentlichen Aufschrei, dann gingen Spenden ein, und plötzlich war doch genug Geld da. Auf der langen Ozeanfahrt nach Europa begleitete sie Minas Vater schließlich als Trainer und Fannys Schwester als Anstandsdame – die vier bildeten übrigens das erste australische Olympia-Damenschwimmteam der Geschichte.

Die Aussie-Schwimmerinnen dominierten den 100-Meter-Freistil-Wettbewerb der Damen: Mina holte Silber, und Fanny räumte Gold ab. Eine Sache hat dann aber doch nicht geklappt. Sie wollten auch noch die viermal 100-Meter-Staffel gewinnen, aber weil sie nur zu zweit waren, wurde das kategorisch abgelehnt. Obwohl sie vorschlugen, dass jede gerne zwei Staffelteile bestreiten würde! Wieder zu Hause, wurden sie wie Heldinnen gefeiert und eroberten die Herzen der Australier – im Gegensatz zum enttäuschenden Männerteam, das in diesem Jahr weit unter den Erwartungen geblieben war.

Für den Rest ihres Lebens widmeten sich Mina und Fanny der Aufgabe, für den Schwimmsport zu werben. Zwischen 1906 und 1934 gewann Mina 115 Verbands- und Landesmeisterschaften und verteidigte ihre Weltrekorde im Brust-, Kraul- und Rückenschwimmen, während Fanny zwischen 1912 und 1918 zwölf Weltrekorde brach. Nach ihrer aktiven Karriere trainierten beide Frauen junge Schwimmerinnen – man stelle sich diese Ehre vor: bei Australiens ersten Olympionikinnen die ersten Schwimmzüge zu erlernen!

Die amphibischen Amicas Mina und Fanny haben sich vor ihren Skeptikern nicht versteckt, sondern haben sie schwimmend eines Besseren belehrt, indem sie bei der Gelegenheit gleich eine Olympiamedaille gewonnen haben. Jede für sich war auf ihre Weise eine phänomenale Frau, aber es fällt schwer, sich vorzustellen, wie es die eine ohne die Hilfe der anderen geschafft hätte. Beste Freundinnen unterstützen und inspirieren sich gegenseitig, spornen sich an, noch Besseres und Großartigeres zu leisten, und bringen das Beste in der anderen zum Vorschein. Echte Freundinnen kennen jedes verschrobene Detail der anderen und sind trotzdem füreinander da. Freundinnen brauchen keine Gegenleistung, und wir können uns ungefragt immer an ihrer Schulter ausheulen – auch wenn wir dabei ihr neues Top mit unseren Mascaratränen ruinieren. Und sie werden all die unerbittlich verfolgen, die uns zum Weinen gebracht haben. Halten wir uns an unsere BFFs – sie reichen uns die Schwimmwesten, wenn es in den Gewässern unseres Lebens allzu stürmisch wird.

Akiko Yosano

und die Liebe zum eigenen Busen

Brüste, Busen, Möpse, Hupen, Titten, Dinger, Wuchteln, Glocken, Balkon, Vorbau – egal welche Namen wir aussuchen, um sie zu beschreiben, wir sollten diesen hervorragenden Teil unseres Oberkörpers lieben! Sie werden von Künstlern gemalt, Schriftsteller werden beim Gedanken an sie ganz elegisch, und dennoch ist, wie Akiko Yosano es in ihrer erotischen Lyrik beschreibt, die Ästhetik nicht das Ausschlaggebende. Die Beziehung einer Frau zu ihrem eigenen Körper ist etwas, das wir feiern sollten. Egal wie klein oder groß sie sind, unsere Brüste sind Machtinstrument und Energiequelle: Sie sind Lebensspender (denn sechs Monate alte Menschen können sich ausschließlich von Muttermilch ernähren), ein Quell sexueller Lust (unserer eigenen, nicht nur der unseres Partners), ein Mittel der Verführung (interessanterweise käme niemand auf die Idee, schicke Unterwäsche zu kaufen, um damit die haarigen Eier eines Mannes in Szene zu setzen ...). Sie können sogar ein Mittel zum Protest sein (wie »Femen« bei ihren Oben-ohne-Aktionen vorführt).

Die Bedeutung und die Symbolik der weiblichen Brust haben sich im Laufe der Jahrhunderte und in unterschiedlichen Gegenden unterschiedlich entwickelt – dennoch ist die Frau, die in der westlichen Welt am häufigsten mit nackten Brüsten abgebildet wurde, nicht etwa irgendein Model, sondern die heilige Muttergottes. Abhängig von Zeit und Ort, wurden weibliche Brüste – meistens von Männern – mal als hauptsächlich nährend, dann wieder erotisch oder komplett uninteressant beschrieben, Letzteres in Kulturkreisen, wo es der Norm entspricht, sie bedeckt zu halten. Akiko Yosano ist dafür bekannt geworden, dass sie als erste weibliche Dichterin Japans ihre Brüste explizit erwähnte und sie zu ihrer weiblichen Identität und Sexualität in Beziehung setzte. Akiko stammt aus Osaka, wo ihr Vater eine Konditorei besaß. Das mag nun nach einer Kindheit im Paradies klingen, aber die traurige Wahrheit ist, dass ihre Eltern ziemlich enttäuscht waren, als sie eine Tochter bekamen. Offenbar war Akiko auch noch ein schwieriges, schüchternes und fantasievolles Kind. Als Teenager fing sie an, wilde, bunt gemusterte Kimonos zu tragen, die aus der Masse herausstachen, und es wurde klar, dass sie keine »normale«, traditionsbewusste Frau werden wollte, die damit zufrieden war, sich um den Haushalt zu kümmern und am Fließband Kinder zu produzieren.

Akiko wuchs in einem Japan auf, das sich im politischen und sozialen Wandel befand. Im siebzehnten Jahrhundert hatte sich das Land handelsmäßig abgeschottet, um sich gegen die Ausbeutung durch den Westen und lästige christliche Missionierungsversuche zu wehren. Im Jahr 1853 jedoch war der amerikanische Seeoffizier Commodore Perry mit seinem Geschwader in Japan gelandet und hatte einen Freundschaftsvertrag mit den Vereinigten Staaten erzwungen. Zum ersten Mal seit zweihundert Jahren drangen Einflüsse von außen ins Land, und Akiko nahm sie dankbar auf, nicht ohne jedoch in ihrem Werk auch Elemente der klassischen literarischen Tradition Japans zu verwenden.

Akiko las viel und schrieb als Sechzehnjährige ihre ersten Gedichte, manchmal auch während sie in der Konditorei aushalf. Sie schrieb sogenannte Tanka (eine Form von Kurzgedicht, aus der das Haiku entstand), trat einem Schreibzirkel bei und begann, ihre Gedichte in Zeitschriften zu veröffentlichen. Eine davon war *Myōjō*, ein von Tekkan Yosano gegründetes, richtungsweisendes literarisches Blatt. Ab 1900 schrieben sich Tekkan und Akiko, eine Brieffreundschaft begann. Erst später, als sie sich persönlich kennengelernt hatten, wurde er ihr Mentor (siehe Althea Gibson auf Seite 169). Zwar hatte Tekkan bereits Frau und Kind, doch zog er bald mit Akiko nach Tokio, ließ sich scheiden und heiratete sie 1902. Sie hatten dreizehn gemeinsame Kinder, was allein schon beachtenswert ist, und schafften es trotzdem beide, außerordentliche literarische Werke zustande zu bringen – wobei Akiko ihren Mann schließlich noch überflügelte. Offenbar verfasste sie ihre Gedichte häufig während der

Hausarbeit, womit sie in beeindruckender Weise ihre Multitasking-Fähigkeiten sowie ihre gute Work-Life-Balance bewies.

Akikos erstes Buch war eine Sammlung von 399 Tanka-Gedichten mit dem Titel *Midaregami (Verworrene Haare)*, wobei die meisten Tankas Liebesgedichte für Tekkan sind. Im Laufe ihres Lebens schrieb sie zwanzig Bücher, verfasste zahlreiche Essays und veröffentlichte Übersetzungen. Ihre Gedichte waren deshalb so außergewöhnlich, weil sie die feine Tanka-Form mit sehr viel freizügigeren, ausdrucksstarken, leidenschaftlichen Themen verband. Sie handeln oft von Kunst und Individualismus oder von der Beziehung einer Frau zu ihrem Körper:

Meine Brüste
Von meiner Hand gestützt,
gelüftet habe ich
den Vorhang
zu diesem tiefen Geheimnis

Für Akiko gehören ihre Brüste allein ihr selbst, und sie tragen zu ihrer Lust bei. Ein starkes Stück für eine Gesellschaft, in der arrangierte Ehen gang und gäbe waren und Frauen still und freundlich zu sein hatten. Das Establishment war, wie nicht anders zu erwarten, entsetzt. Akiko spielte auch mit intimen Gedichten über Beziehungen und Geburten mit dem Feuer, wie zum Beispiel ihr Gedicht Dai'ichi no jintsū (»Die ersten Wehen«), das sie anlässlich der Geburt ihres neunten Kindes, Helene, 1915 schrieb:

Ich bin heute krank
und leide an den Wehen.
Still mit geschlossenen Augen
erwarte ich auf dem Bett liegend die Geburt.
Warum nur,
obwohl ich dem Tod schon begegnet
und die Schmerzen, das Blut und die Schreie gewohnt bin,
zittere ich vor Angst und Schrecken,

die ich nicht unterdrücken kann?
Und jetzt die ersten Wehen,
die Sonne wird plötzlich fahl,
die Welt wird kalt und still,
und ich
bin ganz allein.

(Zum selben Thema sagte sie übrigens: »Es ist seltsam, dass unter den Männern, die sich mit Frauenfragen beschäftigen, stets solche sind, die Frauen als körperlich schwach bezeichnen. Was ich diese Leute immer fragen möchte, ist, ob der Körper eines Mannes wirklich eine Geburt aushielte.«) Auch ihr 1904 veröffentlichtes Gedicht »Bruder, stirb nicht!« sorgte für ziemlichen Aufruhr. Sie trauerte um ihren Bruder, der als Soldat im Japanisch-Russischen Krieg umgekommen war und wurde beschuldigt, nicht patriotisch zu sein. Das Gedicht wurde jedoch von der Friedensbewegung aufgenommen.

In ihren Essays trat Akiko für eine Verbesserung der Lebensverhältnisse von Frauen ein und arbeitete für das umstrittene feministische Magazin *Seitō (Blaustrumpf)*, das 1911 gegründet wurde. Frauen, die mit diesem Heft in Verbindung gebracht wurden, wurden dafür beschimpft, dass sie sich westlich kleideten, gemeinsam ausgingen und rauchten. Als sie noch zu Hause wohnte, bat sie ihre Eltern, ihrer jüngeren Schwester eine bessere Bildung zu ermöglichen als ihr selbst, und im Jahr 1921 war sie eine der Mitgründerinnen der Mädchenschule Bunka Gakuin in Tokio. Als Tekkan starb, versuchte Akiko, ihrer Trauer in Gedichten Ausdruck zu verleihen, 1942 starb sie dann an Herzproblemen. Zehn Jahre lang dachte niemand an sie, bis sie in den Fünfzigern sowohl als Dichterin wie auch als frühe japanische Feministin wiederentdeckt wurde.

Ja, auch heute noch leben wir in einer Zeit, wo Brüste die Gesellschaft spalten können: Playboy-Kalender, Nippel-Alarm auf Promi-Fotos, Verbot von Stillfotos bei Facebook und die Feststellung in einer Ausgabe der Vogue 2016, dass Busen einfach nicht mehr hip ist. Trotzdem und deswegen sollten wir so viele Gedichte über unseren Busen schreiben, wie wir wollen. Egal ob wir sie gerne herzeigen oder lieber bedeckt halten, unser Brüste sollten nie der Grund dafür sein, dass wir uns hässlich finden. Wir sollten sie als Teil unseres Frauenlebens feiern – egal ob groß oder klein, lustig geformt oder perfekt proportioniert, künstlich erschaffen, vergrößert oder verkleinert. Wir nehmen sie an, preisen sie, besitzen sie. Und damit es ihnen gut geht, sollten wir sie einmal im Monat nach der Periode ausgiebig befühlen und schauen, ob auch alles in bester Ordnung ist.

Chevalier d'Éon

und die Kunst, bei Genderrollen ein Auge zuzudrücken

Chevalier d'Éon gesegnet mit den abwechselnd männlichen und weiblichen Vornamen Charles Geneviève Louise Auguste Andrée Timothée de Beaumont führte ein Leben voller Dramen und Wechselfälle des Schicksals. Mal ein Chevalier, dann wieder eine Chevalière – es gibt so viele Geschichten rund um die Lebensgeschichte dieser illustren Person, dass man manchmal schwer sagen kann, was nun Fakt ist und was klatschsüchtige Ausschmückung. Es ging aber schon mal damit los, dass Mama d'Éon ihr Kind bis zum siebten Lebensjahr wie ein Mädchen kleidete, obwohl der Papa den Sprössling als Sohn bezeichnete – er benötigte für seine Erbschaftsregelung schließlich einen männlichen Nachfolger. Damit war das Motto gesetzt, durch welches die Geschichten um d'Éons Leben traurige Berühmtheit erlangten.

Die Familie d'Éon war zwar relativ wohlhabend, aber nicht richtig vermögend, weswegen Charles auf die Gunst eines guten Freundes angewiesen war, nämlich die des Prinzen de Conti, eines Cousins von König Ludwig XV. Conti öffnete dem Chevalier die Türen zu einer außergewöhnlichen Karriere im königlichen Geheimdienst *Secret du Roi*, der hinter dem Rücken der Regierung entlangspionierte. Charles wurde nach Russland geschickt, um geheime Kontakte zur Zarin Elisabeth (siehe Katharina die Große auf Seite 203) zu knüpfen. Indem er sich als Frau kleidete und sich in die Entourage ihrer weiblichen Begleiterinnen einschlich, ging er den hinderlichen Höflingen aus dem Weg. Die Mission war erfolgreich, und Charles kehrte 1760 aus Russland zurück, um wieder als Mann für Frankreich im Siebenjährigen Krieg zu kämpfen.

Leider verlor Frankreich den Krieg im Jahr 1763 dennoch. König Ludwig XV. verteilte seine Spione rasch in den Führungsetagen seines siegreichen Erzfeindes Großbritannien, wobei sich unser Geheimagent dann im Epizentrum der Intrigen wiederfand: als Sekretär des französischen Botschafters in London. Charles hatte die Ehre, dem König in Versailles den Frieden von Paris zu verkünden, welcher das Ende der englisch-französischen Feindschaft bedeutete. Jedenfalls für ein paar Jahre.

Dieses Karriere-Highlight ließ Charles aber auch ein bisschen leichtsinnig werden: Das Leben auf großem Fuß führte zu einem ebenso großen Schuldenberg wie einem reichhaltigen Schatz an französischen Regierungsgeheimnissen. Mit Letzteren versuchte der aalglatte Spion, von den Chefs daheim in Frankreich eine Gehaltserhöhung zu erpressen. Als dieser Plan nicht aufging, schrieb Charles ein Buch, in dem er vertrauliche Briefe des französischen Botschafters veröffentlichte. Der darauf folgende Skandal brachte diverse Leute in große Verlegenheit. Zur Vergeltung brachte der Botschafter seinerseits Gerüchte über das »wahre« Geschlecht des Chevaliers in Umlauf und leitete rechtliche Schritte ein. Charles versteckte die fraglichen Dokumente und bevorratete sich mit Schießpulver. Die Folge waren irrwitzige Wetten, ob Charles nun tatsächlich ein Mann oder eine Frau sei, was wiederum dazu führte, dass le Chevalier aufgrund seiner (oder ihrer) Expertise mit dem Degen eine Reihe von Gerüchtemachern zum Duell forderte.

Anno 1774 starb König Ludwig XV. Dessen Enkel Ludwig XVI. wollte seine geheimen Dokumente zurückhaben und den eigensinnigen Chevalier in seine Schranken weisen. Daher ließ er einen Vertrag aufsetzen, der besagte, dass an »la Chevalière« eine Pension gezahlt würde, sofern sie bereit sei, die Dokumente zurückzugeben und sich fortan und für alle Zeiten ihrem Geschlechte gemäß kleiden möge. Diese plötzliche Geschlechtsbestimmung als offiziell weiblich sollte vermutlich dafür sorgen, dass alles, was die Chevalière so ausplaudern würde, von vornherein angezweifelt werden konnte. Abgesehen davon konnte man Charles auf diese Weise von allem fernhalten, was politische Relevanz hatte, denn Frauen konnte man ja offensichtlich nicht trauen, wenn es um wichtige Dinge ging. Ab 1777 lebte die Chevalière also als Frau und trug ausschließlich Röcke und Kleider. (Charles' erste neue Outfits wurden übrigens von Marie Antoinette, Königin der prachtvollen Mode, zusammengestellt.) Bei Ausbruch des amerikanischen Unabhängigkeitskriegs fragte Charles an, ob es ihm erlaubt sei, dort (als Mann) mitzukämpfen, doch der Antrag wurde abgelehnt.

Im Jahr 1785 lockte die Rückkehr nach London. Weil das Geld knapp wurde, begann Charles, das tägliche Brot mit spektakulären Fecht-Darbietungen im charakteristischen schwarzen Kleid zu verdienen. Zwar erwähnte Mary Wollstonecraft (siehe Seite 27) »Madame d'Éon« namentlich 1792 in ihrem Buch *Vindications for the Rights of Women*, aber dennoch stand Charles das Wasser finanziell bis zum Hals: Die Französische Revolution bedeutete für *la Chevalière* das Ende der Pensionsbezüge. Charles lebte bis zum Ende des irdischen Daseins 1810 in bescheidenen Verhältnissen mit einer gewissen Mrs. Cole zusammen, die enorm überrascht war, als der Autopsiebericht die Chevalière biologisch als Mann definierte.

Obwohl es sich offensichtlich um die berühmteste Trans-Persönlichkeit der Geschichte handelt, kann man unmöglich genau sagen, welches Geschlecht Charles tatsächlich hatte. Wir haben die kühne Chevalière in dieses Buch aufgenommen, weil Charles mehr als drei Jahrzehnte dieser außergewöhnlichen Biografie als Frau lebte – selbst dann noch, als sich der politische Hintergrund, der Anlass zu dieser (offiziellen) Geschlechtsumwandlung gegeben hatte, längst geändert hatte. Charles' Erbe lebt in dem leicht veralteten Begriff »Eonismus« weiter, der ein Vorläufer der späteren Begriffe Transvestitismus und Transsexualität war. In der Londoner National Portrait Gallery hängt ein fantastisches Gemälde von ihm beziehungsweise ihr, und die englische Beaumont Society, die ja den Namen der Chevalière trägt, hilft Betroffenen in allen Transgender-Fragen. Charles' aufregendes Leben und seine beziehungsweise ihre Weigerung, sich in irgendeine Schublade stecken zu lassen, sind wahrhaft befreiend. Stellen wir uns nur vor, wie es aussieht, wenn da jemand im schwarzen Rüschenkleid steht und genauso exzellent Degenfechten kann wie ein Mann! *Vive la Chevalière!*

Gráinne Ní Mháille

und eine gute Work-Life-Balance

Jonglieren ist nicht so einfach. Mit Bällen nicht, aber auch im übertragenen Sinn ist es nicht einfach, den unterschiedlichen Herausforderungen unserer Zeit gerecht zu werden. Jede von uns hat Pflichten, und nicht alle davon sind cool und machen Spaß. Das Entscheidende aber ist es, im Gleichgewicht zu bleiben. Alle die Bälle unserer Verpflichtungen gegenüber Jobs, Familien und Freunden gleichzeitig in der Luft zu halten ist schon ein ziemliches Kunststück. Wen könnten wir von daher bei derart heiklen psychologischen Aufgaben besser zurate ziehen als eine bis an die Zähne bewaffnete Piratenkönigin mit wehenden Röcken aus dem sechzehnten Jahrhundert?

Gráinne Ní Mháille (von den Engländern gerne auch mal Grace O'Malley genannt) wurde um 1530 in einen mächtigen westirischen Klan hineingeboren. In der Familie gab es viele geübte Seeleute, die mit ihren Burgen an der Küste von Galway ein kleines Schutzgeldimperium aufgebaut hatten. Gráinne, die wahrscheinlich in Belclare Castle das Licht der Welt erblickte, wurde auf Clare Island ausgebildet. Schon von klein an wollte sie mehr vom Leben als das, was an traditionell weiblichen Pflichten von ihr erwartet wurde. Als sie darum bat, ihren Vater auf eine Handelsreise nach Spanien begleiten zu dürfen, lehnten die Eltern das kategorisch ab – mit dem Argument, das gezieme sich nicht für eine junge Lady und sie würde ja nur mit ihren hübschen Zöpfen in der Takelage hängen bleiben. Gráinne schnitt sich kurz entschlossen die feuerroten Locken ab, hatte nun einen neuen Look, einen neuen

Spitznamen (*Gráinne Mhaol*, Gráinne die Kahle) und eine Schiffspassage nach Spanien in der Tasche.

Gráinne lernte recht schnell zu navigieren und schnappte schnell alles auf, was man als Pirat wissen und können muss. Trotzdem erwartete man immer noch, dass sie sesshaft würde, und verheiratete sie im zarten Alter von sechzehn Jahren an den mächtigen Donal Ó Flaithbheartaigh. Diese politische Allianz verschaffte Gráinne Einfluss über ein großes Gebiet rund um Bunowen Castle. Donal erlaubte ihr, das Freibeutertalent weiter auszubauen, und man sagt, sie habe ihr Boot stets mit einem Seil an ihrem Fenster vertäut, um schneller hin- und herzukommen. Das ist genau die Sorte Lifehack, die wir verinnerlichen müssen, um unsere To-do-Liste immer im Griff zu haben! In den folgenden dreizehn Jahren brachte Gráinne drei Kinder zur Welt (Eoghan, Méadhbh und Murchadh) und unternahm Geschäftsreisen durch Spanien, Schottland und Frankreich, um Schiffe zu überfallen und in der Gegend herumzuplündern.

Irland durchlebte damals recht unbeständige Zeiten. Die Clans stritten um die Vorherrschaft, schließlich mischte sich auch der englische König Heinrich VIII. in irische Angelegenheiten ein. Donal wurde 1565 in einen Hinterhalt gelockt und starb, seine Männer jedoch standen zu Gráinne, die nun über zwanzig Schiffe und Hunderte von Soldaten befehligte. Kein Wunder, dass die englische Regierung nicht ganz glücklich mit ihrem Unternehmen war und sie als »Chefin von Dieben und Mördern« bezeichnete (es ist doch immer schön zu sehen, was passiert, wenn Frauen die Chefetage erklimmen). Zu etwa diesem Zeitpunkt gabelte Gráinne einen schiffbrüchigen Matrosen auf, der ihr so lange über die Einsamkeit hinweghalf, bis ihn dummerweise die MacMahons aus Ballyvoy umbrachten. In einem Rachefeldzug plünderte sie daraufhin deren Burg Doona und erwarb zusätzlich den unheilvollen Beinamen »The Dark Lady of Doona« (finstere Dame von Doona).

Im Jahr 1566 heiratete Gráinne dann Risdeárd Bourke, besser bekannt als der eiserne Dick (Iron Dick). Allerdings galt ihr Interesse mehr seiner Burg Rockfleet als Dick selbst. Nur ein Jahr nach der Hochzeit trennten sie sich wieder, nachdem sie ihm, wie berichtet wurde, aus dem Fenster zugerufen hatte: »Risdeárd Bourke, du bist gefeuert!« Anno 1567 brachte sie noch den gemeinsamen Sohn Tiobóid zu Welt, wohlgemerkt an Bord eines Schiffes und während eines Angriffs von algerischen Piraten. Mit beispielloser Work-Life-Balance und atemberaubender körperlicher Ausdauer spornte sie ihre Truppen an – als sie sich nämlich unmittelbar nach der Geburt ihres Babys eine Decke überwarf und mit einer Pistole herumfuchtelnd an Deck kam.

Bei Gráinne hingen Arbeit und Familie eng miteinander zusammen, zumal auch ihre Kinder mal auf ihrer Seite kämpften, mal auf der Gegenseite. 1579 zum Beispiel belagerten die Engländer ihre Burg, aber sie drängte sie mit drastischen Maßnahmen zurück, indem sie beispielsweise ihre Truppen mit kochendem Öl übergoss. Gegen das Einfallen der Engländer protestierte sie öffentlich, verlor im folgenden Konflikt Eoghan, ihren ältesten Sohn, und musste mit ansehen, wie ihr zweiter Sohn Murchadh sie verriet – im Gegenzug verbrannte sie dann aus Rache seine Felder. Ihr dritter Sohn, Tiobóid, wurde 1593 gefangen genommen, und Gráinne segelte nach London, um die Angelegenheit mit Queen Elizabeth I. (siehe Seite 175) persönlich zu klären. Die Unterredung der beiden Damen erfolgte übrigens ausschließlich auf Latein, da keine Herrscherin der Sprache der anderen mächtig war. Es kam zu einer vorläufigen Einigung, und Tiobóid wurde freigelassen. Der Bub war allerdings nicht immer Mamis Liebling. Als er im Laufe einer Schlacht ein wenig unentschlossen wirkte, brüllte sie: »An ag iarraidh dul i bhfolach ar mo thóin atá tú, an áit a dtáinig tú as?« (Willst du dich in meinem Arsch verkriechen, wo du hergekommen bist?)

Gráinne starb im Jahr 1603 auf Rockfleet Castle eines natürlichen Todes und ist auf Clare Island beerdigt. Sie wird als Volksheldin verehrt, und sogar der englische Lord Deputy of Ireland (Statthalter des Königs) erklärte damals, sie sei für ihre Entschlossenheit und ihren Mut bekannt (auch wohl für ihre Beleibtheit) und für allerlei Heldentaten, die sie auf hoher See vollbracht hat. Man hatte ursprünglich von Gráinne erwartet, dass sie all ihre Energie in Heim und Herd steckte, aber sie hat ihre wahre Balance woanders gefunden: in einer Welt, wo Männer, Handel und Krieg das Leben bestimmen. Dennoch hat sie nie vergessen, was sie mit ihrer Familie und ihrer Gemeinde verband. Gelehrt hat sie uns außerdem etwas: Auch wenn nur wenige von uns eine Seeräuberinnenkarriere einschlagen werden, um ein erfülltes Leben zu leben, so können wir guten Gewissens unseren ganz eigenen Weg wählen, die Erwartungen, die andere in uns setzen, in den Wind schlagen und einfach unseren Verpflichtungen so nachkommen, dass wir niemals Schiffbruch erleiden.

Hypatia

und die Gabe, eine glückliche Streberin zu sein

Bibliotheken sind doch wohl das Beste, was es gibt, oder? Wahre Kathedralen des Geistes, in denen man sich ganz umsonst amüsieren und weiterbilden kann, Sachen kopieren und DVDs mit alten Filmen ausleihen kann. Die beste Bibliothek von allen aber stand im alten Ägypten in Alexandria. Und leider war es da nicht anders als heute mit unseren öffentlichen Büchereien: Alle möglichen Kulturbanausen haben sie kaputtgespart, und wir können sie nicht mehr nutzen.

Anno 332 v. Chr. an der Mittelmeerküste vom griechischen Promi-Krieger Alexander dem Großen gegründet, war Alexandria im Laufe der Jahrhunderte zum bedeutendsten Bildungs- und Wissenschaftszentrum der Antike geworden. Grund dafür waren das Museion von Alexandria, eine Art Universität, und die bereits erwähnte hervorragende Bibliothek, die mehr als eine halbe Million Bücher beherbergt haben soll. Alexandria erlangte später auch Berühmtheit als Schauplatz der Liebesgeschichte zwischen Königin Kleopatra (siehe Seite 121) und Gaius Julius Caesar, der die Stadt 48 v. Chr. erobert hatte. Hypatia, die zweite berühmte Frau Alexandrias, wird eng mit der Bibliothek in Verbindung gebracht und pflegte einen komplett anderen Umgang mit Sex und Macht als die Nil-Königin. Allerdings lebte auch sie ebenso kompromisslos und auf ihre ganz eigene Weise ihr Leben, genauso wie sie es wollte, wenn auch tragischerweise mit einem etwas weniger glücklichen Ausgang. (Achtung, Spoiler: Ein paar Idioten haben sie umgebracht.)

Hypatia (etwa 370–415 n. Chr.)

Um 370, also in dem Jahr, das bei vielen Historikern als Hypatias Geburtsjahr gilt, war Alexandria schon lange ein Schmelztiegel unterschiedlicher religiöser Gemeinschaften und Einwanderer aus verschiedensten Ländern und Landstrichen. Wenn man sich vor Augen führt, welch einen armseligen Status Frauen in der Antike genossen, ist es besonders bemerkenswert, dass Hypatia später zu den berühmtesten Lehrern des Museion zählte und heute als erste bedeutende weibliche Mathematikerin und Philosophin gilt. Zu der Zeit, als sich Hypatia mehr fürs Lernen interessierte als für alles andere, gehörte Alexandria schon mehr als achtzig Jahre lang zum Oströmischen Reich, und das Christentum gewann immer mehr an Bedeutung, was häufig zu religiösen Konflikten in der Stadt führte. In Alexandria herrschten sowohl der römische Präfekt Orestes wie auch der christliche Patriarch Kyrill, die eigentlich permanent darum stritten, wer wohl den Längeren hatte. Oder wer mehr Macht erhalten sollte.

Hypatias Vater war ebenfalls Lehrer am Museion und beschloss, in ihre Bildung ebenso zu investieren wie in die eines Jungen. Mit anderen Worten: Sie genoss eine akademische Ausbildung und ein zünftiges Fitnessprogramm. Da ihr Werk leider verloren gegangen ist, fällt es schwer, genau zu beurteilen, welche mathematischen Fortschritte auf sie zurückzuführen sind, aber Zeitgenossen haben sie als Vorreiterin auf ihrem Gebiet bezeichnet. Sokrates zum Beispiel schrieb: »Es gab in Alexandria eine Frau namens Hypatia, Tochter des Philosophen Theon, die in der Literatur sowie in der Wissenschaft solche Errungenschaften vollbracht hat, dass sie alle Philosophen ihrer Zeit weit hinter sich gelassen hat.« Eine große Zuhörerschaft lauschte ihren Vorlesungen, sie war eine einflussreiche Persönlichkeit. Die Tatsache aber, dass sie so sichtbar war, wurde ihr zum Verhängnis – wie so vielen Frauen, deren Talent und Fähigkeiten ihren Status übersteigen.

Ein Grund dafür, dass Hypatia die gläserne Decke durchstoßen konnte, war sicherlich, dass sie nie geheiratet hat. Historiker glauben, dass sie – wie andere frühe klassische Philosophen – ein Leben ohne Sex führte, um sich mit ganzer Aufmerksamkeit der Wissenschaft zu widmen. Damals wurde es mit Stirnrunzeln beobachtet, wenn jemand außerhalb von Klostermauern enthaltsam lebte, weswegen es ein kühner Zug von Hypatia war, sich für die Karriere und gegen eine Familie zu entscheiden. Vielleicht war dies ihrer Bewunderung für Platon geschuldet, der glaubte, dass die Erziehung in einer Kleinfamilie dem Staat nicht förderlich sei. Wo immer man nachliest, wird Hypatia als sehr schöne Frau beschrieben, die eine hervorragende Rednerin und ein unbestreitbar brillanter Kopf war. Eine Anekdote belegt ihren Verzicht auf Ablenkungen wie Sex und Heirat: Sie erzählt, wie sie einmal einen Verehrer mithilfe ihres benutzten Menstruationstuchs in die Flucht schlug, dem antiken Äquivalent eines blutigen Tampons. Früher Hardcore-Punk eben.

Hypatia war davon überzeugt, dass allein sie selbst über ihren Körper zu entscheiden habe. Auch wenn der Druck, so zu sein wie alle anderen und sich seinem Freund hinzugeben, sich heute ganz anders anfühlt, ist es doch hilfreich zu erkennen, dass es durchaus eine Machtdemonstration sein kann, die eigene Jungfräulichkeit zu erhalten (siehe Königin Elisabeth I. auf Seite 175). Wir leben heute in einer Welt, wo Sex omnipräsent ist und der weibliche Körper immer noch in vielerlei Hinsicht als öffentliches Territorium betrachtet wird. Dennoch gibt es keinen Grund, sich zu schämen, wenn man das so nicht will, und schon gar nicht dafür, dass man sich durch Sex nicht ablenken lassen will oder dass man damit so lange wartet, bis man das Gefühl hat, der Zeitpunkt und der Partner seien nun richtig. Hypatias entschiedene Selbstkontrolle über ihren Körpers lässt ihren Tod umso grässlicher erscheinen. Im Jahr 415 geriet die Fehde zwischen Orestes und Kyrill außer Kontrolle: Ein christlicher Mob fand Hypatias Einfluss auf Orestes und überhaupt auch die antichristliche Philosophie, die sie lehrte, gar nicht lustig. Hypatia wurde überfallen, gefangen genommen, ausgezogen, verprügelt und ermordet – offenbar mit Dachziegeln. Kyrills Vorgänger hatte bereits den letzten noch in der Stadt bestehenden Teil der berühmten Bibliothek in Schutt und Asche gelegt und so wird Hypatias Tod oft als Tiefpunkt frühchristlicher Intoleranz gegenüber der griechischen Kultur gewertet, ebenso als Ende des goldenen Zeitalters der Stadt Alexandria. Wir können von Glück reden, dass die meisten von uns in Gegenden leben, wo es nicht mehr tödlich endet, wenn man als kluge Frau den Mund aufmacht und sich weder männlicher

Autorität noch sexuellem Verlangen unterwirft. Nicht nur in diesem Sinne können wir uns an Hypatia ein Beispiel nehmen, auch was die Sprüche angeht, dass Mädchen kein Mathe können, keine Stadtpläne lesen und auch nicht räumlich denken können – alles *sambexi*!*

---

* Koptisch für »Blödsinn«

Megan Lloyd George

und wie wir aus dem elterlichen Schatten treten

Die Geschichte ist voll mit dubiosen Dynastien: Seien es die Khans, die Medici, die Plantagenets, von den Kennedys bis hin zu den Kims, Dynastien sind wie eine überdrehte TV-Soap mit meuchlerischen Machtspielchen, wo sich Verwandte permanent gegenseitig eins überbraten. Manchmal kann ein Genpool gefährliche Untiefen haben, dann sollte man sich in andere Gewässer retten. Es kann aber auch anders kommen. Wenn eine Generation erfolgreich ist, muss nicht notwendigerweise die nächste gleich alles wieder kaputt machen und den Familiennamen beschmutzen. Es gibt da eine Waliserin, die in den Fußstapfen ihres Vaters nicht nur wunderbar weiterging, sondern auch ganz eigene hinterließ.

Megan Lloyd George wurde als dritte Tochter und als fünftes und jüngstes Kind des »walisischen Genies« David Lloyd George geboren, der 1916 englischer Premierminister wurde (und bis heute der einzige Waliser geblieben ist, der je das Vereinigte Königreich regierte). Megan kam im Schatten des mächtigen Mount Snowdon in dem kleinen Küstenort Criccieth zur Welt. Sie wuchs in der Downing Street auf, allerdings zuerst in der Hausnummer 11, da ihr Vater zunächst Finanzminister war, bevor er Premierminister wurde. Ihre walisische patriotische Mutter bestand nicht nur darauf, alle ihre Sprösslinge in Wales zur Welt zu bringen, sondern sprach auch mit ihnen *Cymraeg* (also walisisch). Die kleine Megan lernte deshalb bis zu ihrem vierten Lebensjahr ausschließlich walisisch. Sie wurde zu Hause unterrichtet, zum Teil von Frances Stevenson, der langjährigen Geliebten ihres Vaters, die Megan nicht ausstehen konnte. (Die Geschichte zwischen Vater Lloyd George und Frances lief ungefähr 30 Jahre – bis Megans Mutter starb und der Weg zur Heirat frei war. Frances wird in der Zeit das ein oder andere darüber gelernt haben, was es heißt, die andere Frau zu sein ...) Lloyd George war bekannt dafür, ein Hallodri zu sein, schon bevor öffentlich bekannt wurde, dass auch in Westminster der Filz regiert.

Dass sie schon früh mit politischen Debatten konfrontiert wurde, hat Megans Interesse an der Politik von klein auf beflügelt. Am Ende des Ersten Weltkriegs begleitete Meg ihren Vater zur Pariser Friedenskonferenz von 1919, wo die Großen Drei (der englische Premierminister David Lloyd George, der französische Ministerpräsident Georges Clemenceau und US-Präsident Thomas Woodrow Wilson) sich zum Ziel setzten, einen Frieden auszuhandeln, der »alle Kriege beenden« sollte. Zwar war die Konferenz insofern nicht hundertprozentig erfolgreich, als es ihnen nicht gelang, die Welt vor den Zerstörungen eines erneuten weltweiten Konflikts zu bewahren, aber Meg war danach überzeugt, ein Leben in der Politik antreten zu wollen.

Nachdem sie Neuere Geschichte und Politik studiert hatte, bewarb sich Megan 1929 (logischerweise auf Walisisch) für die Liberal Party um den Wahlkreis Anglesey, den sie auch gewann. Fortan nahm sie neben ihrem Vater und ihrem Bruder Gwylim im Britischen Unterhaus Platz und wurde das erste weibliche Parlamentsmitglied aus Wales. Llongyfarchiadau!* Als brillante Rednerin in jedweder Sprache blieb sie der Politik ihr Leben lang treu.

1936 statte sie zusammen mit ihrem Vater einen Besuch bei Adolf Hitler ab: Es war eine im Grunde entehrende Veranstaltung, bei der Vater Lloyd George Hitler als »den größten lebenden Deutschen« lobte. Dem Vernehmen nach war Megan nicht ganz so begeistert. Seitdem sie internationale Angelegenheiten mit eigenen Augen hatte beobachten können, stand sie dieser Politik der Zugeständnisse skeptisch gegenüber und war gar nicht so sehr ihres Vaters Tochter, wie viele Leute dachten. Sie war vielmehr diejenige, die ihrem Vater 1940 riet, den Rücktritt von Premierminister Richard Chamberlain zu fordern, als dessen Zugeständnisse Hitler gegenüber zunehmend in die Kritik gerieten. Außerdem fand sie Gefallen an der Vorstellung eines walisischen Regionalparlaments, was

---

* Walisisch für »Herzlichen Glückwunsch!«

damals vollkommen absonderlich erschien, jedoch zeigt, wie vorausschauend sie tatsächlich war. In den Vierziger- und Fünfzigerjahren wandte sie sich immer mehr dem linken Spektrum zu und wechselte 1955 zur Labour Party. 1957 gewann sie den Parlamentssitz für Carmarthen (im Westen von Wales), den sie behielt, bis sie im Alter von 64 Jahren an Brustkrebs starb.

Fernab vom Rampenlicht unterhielt Megan eine lange illegitime Affäre mit ihrem Politikerkollegen Philip John Noel-Baker, aufregenderweise der einzige Mann, der sowohl eine olympische Silbermedaille im Mittelstreckenlauf gewann wie auch den Friedensnobelpreis. Weniger aufregend war, dass er Megan fallen ließ, als seine Frau starb, vermutlich in einem Anfall von viel zu später Reue. In ihrem Privatleben lief zwar nicht alles rund, aber Megans größte Leidenschaft lag in der Öffentlichkeit. Sie war schon zu Lebzeiten berühmt dafür, alles richtig gemacht zu haben: Sie hat gegen die Nazis und den spanischen Faschismus das Wort ergriffen, leidenschaftlich für die Rechte der Frauen und die Gleichheit der Waliser gekämpft. Wo der Ruf ihres Vaters ein wenig fragwürdig ist, wenn es um Frauen und seine Bewunderung für den schlimmsten Diktator geht, den die Welt je gesehen hat, da strahlt Megan als Leuchtfeuer aufklärerischer Beliebtheit. *Diolch yn fawr**, Ms. Lloyd George!

Unsere Eltern üben zwangsläufig einen großen Einfluss auf unser Leben aus, aber es ist wichtig, dass wir unseren eigenen Weg gehen und uns weder von ihrem Erfolg einschüchtern noch von ihren Fehlern lähmen lassen. Missverständnisse zwischen Generationen sind unausweichlich: Wann etwa fangen unsere lieben Oldies eigentlich an zu begreifen, wie anstrengend es ist, gleichzeitig mit Snapchat, Instagram und Twitter zu jonglieren und dann auch Facebook im Griff zu behalten? Und wann verstehen sie, wie überwältigend und verwirrend die Abkürzungen auf Datingseiten sind? Und was bitte ist MW4MW?** Um glücklich erwachsen zu werden, sollten wir in Megans Fußstapfen treten, die Vorfahren respektieren, stolz auf unsere Eltern sein – und bei all dem vor allem unseren eigenen Kopf haben.

---

*   Walisisch für »Danke schön«
** Man and Woman Looking for Man and Woman, natürlich! (Mann und Frau suchen Mann und Frau)

Fe del Mundo

und wie Schwestern sich gegenseitig beflügeln

Die sagenhafte philippinische Kinderärztin Fe del Mundo hat das Kunst-stück fertiggebracht, die erste Frau zu werden, die je in die Harvard Medical School aufgenommen wurde. Dieser Teil der Uni war damals eine Bastion männlichen Machotums und es dauerte danach noch mal zehn Jahre, bevor man sich offiziell dazu herabließ, auch Frauen offiziell dort studieren zu las-sen. Das allein ist ja schon beeindruckend, aber was sie später noch erreicht hat, ist mehr als genug, um diese winzige Titanin berühmt werden zu lassen – und alles nur wegen ihrer Schwester.

Fe wurde in Manila als sechstes von acht Kindern geboren. Die Familie war allerdings nicht arm, ihr Vater war ein erfolgreicher Rechtsanwalt, aber die Kin-dersterblichkeit war auf den Philippinen hoch, und drei ihrer Geschwister star-ben noch im Säuglingsalter. Es war daher ein harter Schlag, als Fes geliebte Schwester Elisa, die doch die gefährlichsten Kleinkindjahre schon überstanden hatte, mit elf Jahren an einer Bauchfellentzündung starb. Und Achtung, jetzt kommt erst mal die ganz große Keule des schlechten Gewissens: Immer wenn wir uns gerade mit unserer lieben Schwester streiten, sollten wir erst mal froh und dankbar sein, überhaupt eine zu haben. Fe hat berichtet, dass Elisa ein klei-nes Notizbuch geführt hatte, in dem unter anderem stand, dass sie später Ärz-tin werden wolle – und Fe hatte entschieden, dasselbe Ziel zu verfolgen, denn das sei ja wohl das Mindeste, was sie im Andenken an ihre Schwester tun könnte.

Fe startete am »University oft the Philippines Medical College«, als sie fünf-zehn war. Sie spezialisierte sich auf Pädiatrie, vermutlich aufgrund der Tatsache, dass einige ihrer Geschwister gestorben waren und sie andere Familien davor bewahren wollte, dasselbe durchzumachen. Sie schloss das Studium als Jahrgangsbeste ab und erhielt vom philippinischen Staatspräsidenten ein Stipendium, um in den USA an einer Uni ihrer Wahl weiterzustudieren. Das kluge Mädchen wählte Harvard und wurde dort 1936 versehentlich auch angenommen. Verwirrt vom exotischen Klang des Namens, hatten die Herrschaften nicht erkannt, dass sie eine Frau war. Sie erinnerte sich später amüsiert, dass man ihr einen Platz in einem Studentenwohnheim für Männer zugewiesen hatte. Obwohl sie die einzige Frau auf dem Mediziner-Campus war, schloss sie das Studium ab, wechselte danach zur Boston University und sicherte sich einen Master-Abschluss. 1941, mitten im Donnergrollen des Zweiten Weltkriegs kehrte sie, von der Regierung herbeordert, nach Hause zurück.

Anfang 1942 landeten japanische Truppen in Manila, dann wurden ungefähr 5 000 Briten, Amerikaner und andere *dayos** in Internierungslager gesteckt. Viele wehrlose Kinder blieben zurück. Als Fe nachts nicht schlafen konnte, kam ihr die Idee, außerhalb des Hauptlagers ein Kinderheim einzurichten. Nach wenigen Wochen hatte sie eine Patientenliste mit mehreren Hundert Namen und fünfundzwanzig hart arbeitende Mitarbeiterinnen und Mitarbeiter. Nach Kriegsende kam ihre Karriere richtig in Schwung, und bereits 1948 leitete sie als erste Frau ein staatliches Krankenhaus. Als ihr die vom Staat verordnete Bürokratie und Schreibarbeit zunehmend auf den Wecker gingen (kommt uns das etwa bekannt vor?), fasste sie den Plan, ein eigens konzipiertes Kinderkrankenhaus aufzubauen, das sie selbst führen konnte und das sowohl präventive Maßnahmen wie auch medizinische Hilfe für kranke Kinder anbieten würde.

Um diesen Traum wahr zu machen, verkaufte Fe all ihr Hab und Gut einschließlich ihrer Wohnung und konnte 1957 das *Children's Medical Center of the Philippines* mit 100 Betten eröffnen und bereits ein Jahr später das *Institute of Maternal and Child Health* (IMCH), eine Mutter-Kind-Klinik, die heute noch weltweit als Vorreiter der Pädiatrie gilt. Unter ihrer Ägide konnten große Fortschritte in der Erforschung von Denguefieber, Kinderlähmung und Masern

---

* Tagalog für »Fremde«

(speziell im Kindesalter) gemacht werden. Sie trieb Impfprogramme erfolgreich voran und warb für Stillen und Verhütung. Zusätzlich entwarf sie einen raffinierten Bambus-Inkubator, der ohne Strom funktionierte und für junge Eltern in ländlichen Gegenden ein Geschenk des Himmels war. Sie war in ihrer Klinik immer präsent – sie wohnte nämlich im zweiten Stock des Gebäudes und ist nie dort ausgezogen. Fe war ein Bonsai im Arztkittel von gerade mal 1,50 m, und obwohl sie kein Problem damit hatte, den kränksten ihrer Patienten nahe zu kommen, trug sie gerne mal zweifarbige Pumps und war immer perfekt frisiert. Auch dann noch übrigens, als sie mit neunundneunzig im Rollstuhl die Visite gemacht hat.

Fes Trauer um den verlorenen Traum ihrer Schwester erwies sich als beflügelnder Ansporn, Großes zu leisten. Ohne jetzt zu dick auftragen zu wollen, eigentlich fühlen wir aber doch alle wie Schwestern und können in jeder Frau Inspiration und Ansporn finden. Es gibt kaum etwas Traurigeres als fehlende Solidarität unter Frauen. Wenn eine Journalistin in einem Artikel spöttisch schreibt, die Hände einer Sängerin sähen aber schon ziemlich runzlig aus, oder uns eine »Freundin« erzählt, keiner glaubte, unsere neue Beziehung würde lange halten – könnte jede der beiden genauso gut sagen: »Frauenfreundschaften? Glaub ich nicht dran.« Und wie im Märchen wird dann ein klitzekleiner Teil von uns ausgelöscht. Also: Raus aus der Schlangengrube, keine versteckten Gemeinheiten mehr. Frauen halten zusammen. Basta.

Sappho

und die Fähigkeit, sich selbst zu bestätigen

*W*enn es um Kritik geht, gibt es wahrscheinlich niemand, der fieser über uns urteilt als wir selbst. Wie aber können wir diese ewig mäkelnde innere Stimme zum Schweigen bringen? Die Ur-Lyrikerin Sappho aus Lesbos steht schon parat, um uns zu lehren, wie wir uns selbst akzeptieren lernen, auch wenn wir nicht überall schön sind.

Die Lady von Lesbos war zu ihrer Zeit ein Star – die berühmte Bibliothek von Alexandria (siehe Hypatia Seite 69) listete neun Bände ihres Werkes in ihren Beständen auf, und nicht wenige Bibliothekare zählten sie zu den neun wichtigsten Dichtern. In dieser Ehrengalerie der Dichter war sie übrigens die einzige Frau. Platon, der ja meist als nicht besonders wohlwollend dargestellt wird, wenn es darum geht, die Dichtkunst zu beschreiben, sah sich immerhin dazu veranlasst, sie als »Zehnte Muse« zu bezeichnen.

Im Mittelalter aber waren plötzlich fast alle ihre Werke verschollen. Manches ist einfach dem Zahn der Zeit geschuldet, und es ist wohl auch nicht sonderlich hilfreich gewesen, dass ihre Sprache, der äolische Dialekt, irgendwann ausgestorben ist, aber trotzdem: Die verklemmten Männer, die Sapphos Talent aus der Geschichte tilgen wollten, sind sicher auch daran schuld. Christliche Zensoren waren nämlich zutiefst beunruhigt angesichts der lustvoll-freudigen Sexualität in ihren Gedichten (ein natürlich völlig unparteiischer Kleriker bezeichnete sie als »sexgeile Hure, die von ihrer eigenen Lüsternheit singt«), und man sagt, dass Papst Gregor VII. ihre Werke auf dem Scheiterhaufen habe verbrennen lassen. Wenn Sappho selbst das alles noch erlebt hätte, hätte ihr

SAPPHO (circa 610 v. Chr.–570 v. Chr.)

Selbstbewusstsein wahrscheinlich einen kleinen Knacks gekriegt, aber ihre Dichtungen sind trotzdem zum Klassiker geworden, weswegen wir alle Mut fassen und keinesfalls aufgeben sollten, selbst wenn uns heftige Kritik entgegenbläst.

In den vergangenen zwei Jahrzehnten sind auf Fragmenten von Mumien-Kartonagen ganze Sappho-Gedichte entdeckt worden, die seit dem Mittelalter verschollen waren. (Kartonage besteht aus recyceltem Papyrus, es wurde im alten Griechenland und Ägypten verwendet, oft als »Verpackungsmaterial« für Mumien. Wenn man so etwas findet, ist das ungefähr so, als ob auf der Rückseite einer alten Tapete ein verschollenes Shakespeare-Sonett entdeckt wird.) Wie aber wussten die Archäologen, dass das, was sie da entdeckt hatten, tatsächlich Originaltexte von Sappho waren? Nun, zwei ihrer Gedichte, zumindest große Teile davon, sind ja überliefert, und so konnten diese neuen sapphischen Strophen (man sagt, *sie* habe diese vierzeilige Gedichtform erfunden) eindeutig zugeordnet werden. Es spricht für ihr stabiles Selbstbewusstsein, dass sie gleich eine neue Form der Dichtung geschaffen hat, um ihr eigenes Genie am besten auszudrücken.

Alle Aspekte ihres Werks, ihrer Familie und ihrer Sexualität sind bereits ausführlich seziert worden und waren Anlass für allerlei Spekulationen. Um ehrlich zu sein, wissen wir nur sehr wenig über sie selbst. Was wir aber wissen, ist, dass sie immer wieder mit der sehr toleranten Insel Lesbos in Verbindung gebracht wurde, deren Hauptstadt Mytilini damals ein brodelndes Chaos politischer Dramen und Rivalitäten war und deren Einwohner als extrem entspannt galten. In einer Enzyklopädie aus dem zehnten Jahrhundert ist zu lesen, dass Sappho die Mutter einer Tochter sei, Schwester unzähliger Brüder und verheiratet mit einem Mann namens Kerkylas von der Insel Andros. Nun ist es aber so, dass *kerkos* im umgangssprachlichen Altgriechisch auch »Penis« bedeuten kann und der Inselname *andros* »Mann«. Es könnte natürlich sein, dass hier ein antiker Kalauer abgeschrieben wurde. Wir wissen also nicht, ob sie wirklich lesbisch war oder nicht, denn die Ansichten über Homosexualität waren in der Antike ganz anders als heute. Im siebten Jahrhundert vor Christus war Sexualität nicht eindeutig definiert, nicht einmal im Vergleich zu unserer aufgeklärten, gedanklichen Flexibilität im einundzwanzigsten Jahrhundert: Beziehungen zwischen erwachsenen Männern und pubertierenden Jungs waren verblüffend alltäglich, und ebenso oft knüpften Frauen und Teenie-Mädchen erotische Bindungen. Ganze fünfhundert Jahre nach ihrem Tod behauptete der römische Dichter Ovid, Sappho habe eine Art romantisches Mädchenpensionat unterhalten, in dem sie junge Mädchen in der Kunst der Liebe unterrichtete – und dass sie selbst ihr eigenes Leben mit einem Sprung von der Klippe beendet habe, weil der junge Fährmann Phaon ihre Liebe nicht erwidert habe. Die Wahrheit ist aber, dass wir die Wahrheit nicht kennen, und obwohl die historische Forschung jahrhundertelang über Sapphos sexuelle Orientierung gerätselt hat, gibt es nicht einmal einen einzigen Beweis dafür, dass sie sich darüber überhaupt irgendwelche Gedanken gemacht hat.

Alles, was wir über Sappho wirklich wissen, stammt aus den Gedichten, die sie hinterlassen hat. Sie hatte einen tiefen Zugang zu ihren erotischen Gefühlen und ging sehr offen damit um. Solon von Athen, einer der großen weisen Männer des griechischen Altertums, hörte eines ihrer Gedichte und bat darum, man möge es ihn lehren: »Auf dass ich es lerne und dann zu sterben vermag.« (Eine antike Fünf-Sterne-Bewertung!) Sie war soooo gut. In ihrem berühmten Gedicht mit dem eher reizlosen Titel »Fragment 31« beobachtet sie eifersüchtig, wie ein Typ mit einem Mädchen flirtet, für das sie selbst entflammt ist. Sie klingt darin wie eine Frau, die es total erwischt hat. Es ist eine glühende Beschreibung dessen, wie sich Lust körperlich bemerkbar macht und wie überwältigend die Liebe sein kann: mit Ohrensausen und schwitzigen Händen. Symptome, die jede kennt, die schon mal richtig verknallt oder verliebt war. Bemerkenswert ist vor allem, wie vertraulich und offen ihre Worte sind. Ihr Augenmerk liegt auf ihren Gefühlen und wie nackt sie sich durch sie fühlt. Statt dies nun aber zum Anlass für Selbstverachtung zu nehmen, badet Sappho in ihren Schwächen und Fehlbarkeiten. Diesen unerschrockenen Blick lenkt sie genauso auch auf andere Aspekte ihres Lebens – es gibt ein großartiges Gedicht über das Altern, in dem sie ihre schmerzenden Knie und die faltige Haut beklagt. Ja, sie ist alt, aber sie versteckt sich nicht, sondern sie schreibt darüber, und dadurch wird es zum Teil ihres Selbst.

Sapphos Dichtung gibt uns klare Anhaltspunkte, wie wir Rückgrat zeigen und uns selbst den Rücken stärken können. Das Wichtigste ist: Wir sind nicht perfekt, und das ist auch gar nicht schlimm, im Gegenteil, es ist etwas, das wir mit den tollsten Menschen der Geschichte gemeinsam haben. Unser ganzes Leben lang ecken wir immer wieder am Urteil anderer Leute an – so wie Sapphos Werk über die Jahrhunderte –, aber wir sollten standhaft bleiben und versuchen, uns nicht um solche Kinkerlitzchen zu kümmern. Wen interessiert es, ob wir auf Mädchen oder Jungs stehen? Wir verdienen es, geliebt zu werden, und sollten unsere Gefühle so genießen, wie wir sie erfahren. Und wir sollten sie zu unseren eigenen Gunsten hegen und pflegen. Solange unsere Seele nur intakt ist, ist es völlig egal, wie wir aussehen. Sappho hat selbst gesagt: »Dem Manne, der schön ist, wird Schönheit erscheinen, doch der gute Mann wird sogleich schön sein.«

Emmeline Pankhurst

und ein leidenschaftlich verfolgtes Ziel

*W*ir leben in sehr ungewissen Zeiten. Wenn überall auf der Welt lächerliche Männer mit großen Armeen und roten Knöpfen das Sagen haben, kann es sehr verlockend sein, sich einfach die Ohren zuzuhalten und »Lalalalala« zu singen, damit man das Getöse von rechts und links und überallher nicht anhören muss. Verlockend ja, aber falsch. Emmeline Pankhurst, Meisterin im Kampf für das Frauenwahlrecht, würde ein ernstes (aber sehr motivierendes!) Wörtchen mit uns reden.

Emmeline Goulden wurde in Manchester, im Stadtteil Moss Side, geboren und nahm die radikale Gesinnung ihrer vor politischer Leidenschaft glühenden Familie bereits mit der Muttermilch auf. Sie war die Älteste von zehn Kindern und soll ihre erste Kundgebung für Frauenrechte bereits im zarten Alter von acht Jahren besucht haben. Ihre vorausschauenden Eltern schickten sie später nach Paris in ein Internat, wo sie neben den üblichen Handarbeiten und Anstandsregeln auch die Kunst der Buchhaltung sowie Chemie lernte. 1879 heiratete sie den 24 Jahre älteren Anwalt Richard Pankhurst, einen Kumpel des Reformers John Stuart Mill. Dank der Unterstützung ihres Mannes gründete Ms. P. die Women's Franchise League, die unter anderem erreichte, dass verheirateten Frauen bei kommunalen (wenn auch nicht landesweiten) Wahlen ein Mitspracherecht zugesichert wurde. Dies war einer der ersten Schritte im Kampf für das Frauenwahlrecht – bis dahin konnten Frauen froh sein, wenn sie selbst bestimmen durften, wer die Vorsitzende des örtlichen Strickclubs wurde. Danach war es aber nur jenen Frauen erlaubt, an die

Wahlurne zu treten, die klug genug gewesen waren, sich vorher einen Ehemann zu angeln.

Nachdem Richard im Alter von 64 Jahren gestorben war, suchte Emmeline einen Weg aus dem Mief der Trauer heraus und fand erneut Zuspruch im engagierten, sozialen Wahlkampf. 1903 gründete sie mit ihren drei Töchtern Christabel, Sylvia und Adela die Women's Social and Political Union (WSPU). Das Ziel der Pankhurst-Truppe war simpel: Wahlrecht für Frauen bei jeder Wahl, bei der auch Männer wählen durften. Dass im ganzen politischen Spektrum in dieser Frage nichts so richtig voranging, frustrierte Emmeline, und sie setzte zusammen mit ihren Genossinnen die Zeichen auf Sturm. Ihr Schlachtruf war »Keine Worte, sondern Taten!«. Und sie meinten es wörtlich.

Zu den dramatischen Aktionen der WSPU zählten unter anderem Brandanschläge, das Befüllen von Briefkästen mit Gift und sogar (für die *Fifty-Shades-of-Grey*-Fans unter uns ...) ein Angriff mit einer Reitgerte auf Winston Churchill am Bahnhof Temple Meads in Bristol. Eine Dame nahm sogar ihr Fleischmesser mit in die National Gallery, um an der *Venus* von Diego Velázquez ein Zeichen zu setzen! Später sagte sie aus, sie habe die schönste Frau der Geschichte angegriffen, um dafür Rache zu nehmen, dass die Regierung die Frau mit der schönsten *Seele* angegriffen habe – unsere Emmeline. Eine andere Frau, Emily Wilding Davison, lief im Juni 1913 während des Epsom Derbys auf die Pferderennbahn und wurde vom Pferd des Königs getötet. Man muss dazu sagen, dass einigen Leuten die spektakulären Stunts ein bisschen zu viel wurden; Sylvia und Adela traten aus der WSPU aus und verursachten damit ein endgültiges Familienzerwürfnis.

Als 1914 der Erste Weltkrieg ausbrach, rief die pragmatische Emmeline einen Waffenstillstand aus. Ihr war bewusst, dass es eine größere Angelegenheit gab, für die es sich zu kämpfen lohnte – und dass es überhaupt keinen Sinn hatte, eine Wahl zu fordern, wenn es hinterher vielleicht gar kein Land mehr gab, in dem man wählen konnte. Also setzte sie ihre ganze Energie dafür ein, Wege zu finden, wie Frauen sich an den Kriegsanstrengungen beteiligen konnten, und als die Jungs an die Front ausrückten, um die Heimat zu verteidigen, übernahmen immer mehr Frauen traditionell männliche Aufgaben. Plötzlich gab es weibliche Straßenbahnfahrer, Landarbeiter und Feuerwehrleute – und die Damen hatten auch Jobs im öffentlichen Dienst, bei der Polizei und in Fabriken. Kein Wunder, dass Frauen bald wissen wollten, warum sie weniger verdienten als ihre männlichen Kollegen für dieselben Arbeiten. (Und es ist doch total krass, echt nicht zu fassen, dass wir hundert Jahre später immer noch dieselbe Frage stellen müssen!) Die Rechte der Frauen waren zurück im Rampenlicht, und im Jahr 1918 weitete ein Volksvertretungsgesetz das Wahlrecht auf alle Frauen über dreißig aus – mit ein paar Einschränkungen: Die Frauen mussten Grund besitzen oder mit einem Grundbesitzer verheiratet sein oder als Hochschulabsolventin in einem Universitäts-Wahlkreis wählen. Für unsere jüngeren Schwestern aus der Arbeiterklasse war da noch nicht viel zu holen.

Emmeline starb 1928 – dramatischerweise nur zwei Wochen, bevor schließlich den Frauen das gleiche Wahlrecht zugestanden wurde wie den Männern. Ein paar Erbsenzähler unter den Historikern haben orakelt, ob es wirklich Ms. Pankhursts Verdienst war oder ob nicht vielleicht nur die Weltveränderungen des Krieges dazu geführt haben, dass man schließlich den Frauen zutraute, mit ihrem Wahlrecht vernünftig umzugehen und es nicht für Schnickschnack zu verplempern. Mussten etwa allen Ernstes erst so viele Männer sterben, damit die Regierung die Frauen nicht mehr übersehen konnte? In unseren Augen verdient Emmeline nach wie vor unseren Respekt und noch wichtiger ist, dass wir es ihr schuldig sind, in unserer Demokratie präsent zu sein und teilzunehmen. Ihr Aktivismus hat den Weg für eine Zukunft geebnet, in der die Gleichstellung von Frauen bisher nicht von der Tagesordnung verschwunden ist. Ja, Politik ist heutzutage unvorhersehbar und manchmal auch deprimierend, aber wir Frauen haben den Sonderauftrag, genau das Recht auszuüben, das erst so kürzlich gewonnen und so hart erkämpft worden ist. Tatsächlich gehen wir so weit, alle unsere Leserinnen aufzufordern, bei der nächsten Wahl mitzumachen – egal ob ein Parlament, eine Abteilungsleiterin oder auch nur das hässlichste Gemüse der Landausstellung gewählt wird –, dann doch bitte das Suffragetten-Gewand anzulegen oder sich zumindest in den WSPU-Farben violett, weiß und grün zu kleiden.

Ada Lovelace

und wie man aus einer schwierigen Kindheit das Beste macht

*W*enn es etwas Schlimmeres gibt als ein kaputtes Elternhaus, dann wohl ein kaputtes Elternhaus im Rampenlicht. Der schillernde, ewig flirtende George Gordon, seines Zeichens Lord Byron, war ein echter Womanizer und hatte schnell die Finger unter jedem sich bietenden Rocksaum. Es ist immer unendlich schmerzhaft, wenn ein Elternteil die Familie im Stich lässt, aber umso mehr, wenn man dann auch noch Opfer von Klatsch und Tratsch wird. Lord Byrons Tochter Ada Lovelace, die später Mathematikerin wurde, schaffte das Kunststück, einen intellektuellen Triumph zu feiern, statt in emotionalem Chaos zu versinken. Sie ließ nicht zu, dass ihr das peinliche Verhalten ihres Vaters hinderlich werden konnte. Ada wird heute überall als Autorin des weltweit ersten Algorithmus gefeiert, der je veröffentlicht wurde, und gepriesen als eine der Ersten, die sich überhaupt vorstellen konnten, was heutige Computer zu leisten imstande sind. Die Trennung ihrer Eltern jedoch warf einen dunklen Schatten über ihre Kindheit, und Ada musste hart dafür kämpfen, ihn wieder loszuwerden, sowohl indem sie sich einen eigenen Weg ohne die Hilfe ihres berühmten Vaters erschloss als auch, indem sie gegen sein schlechtes Beispiel ankämpfte.

Ada hatte ihren illustren Vater nie mehr gesehen, seitdem er sich von der Familie abgesetzt hatte. Sie war erst fünf Wochen alt und ihre verlassene Mutter hatte sein Porträt mit einem dicken Vorhang abgehängt. (Es lässt sich nicht leugnen, dass der Byron'sche Haushalt einen gewissen Hang zum Dramatischen hatte.) Adas Mutter gehörte aber nicht zu denen, die ihre Wut nur an Theaterrequisiten auslassen. Sie selbst war gebildet und hielt ihre Tochter dazu an, sich den Naturwissenschaften zuzuwenden, um sie davor zu bewahren, in die Fußstapfen ihres Papas zu treten und eine Dichterin zu werden, die ebenfalls ständig sämtliche Hüllen fallen lässt. Sie engagierte also zwei Spitzenkräfte als Hauslehrer für ihre Tochter, obwohl Universitäten damals noch keine Frauen annahmen.

Als Ada siebzehn war, traf sie Charles Babbage, Superhirn und »Vater des Computers«. Sie korrespondierten ausgiebig über seine ehrgeizigen Pläne, erst eine dampfbetriebene Rechenmaschine zu erfinden und später seine Pionierarbeit, die Analytical Engine. Mit siebenundzwanzig veröffentlichte Ada dann eine maßgebliche Schrift über ebendiese Rechenmaschine »Analytical Engine«, wobei der Artikel nicht großartig zur Kenntnis genommen wurde (alle Damen der Geschichte werden diese Situation kennen und die Augenbrauen heben), bis der gute alte Benedict Cumb... – sorry, Alan Turing in den Fünfzigerjahren damit größere Aufmerksamkeit erregte. Trotz ihres oft schlechten Gesundheitszustands (der später zur Opiumsucht führte) arbeitete die Asthmatikerin Ada Lovelace Tag und Nacht an ihrer Forschungsarbeit. Wenn sie mit einem schwanzgesteuerten Vater, einer verbitterten Mutter, einer patriarchalischen Gesellschaft und einer ernsthaften Krankheit fertigwerden konnte – und trotzdem Großes erreicht und einen Beitrag für die Zukunft geleistet hat, dann werden wir das ja wohl auch können.

Um ganz ehrlich zu sein, muss man natürlich noch sagen, dass ihre Hingabe an die Wissenschaft Ada nicht zu einer langweiligen Streberleiche gemacht hat. Es sind Zweifel an ihrer Treue zu ihrem Ehemann laut geworden, und sie hat auch versucht, ihr mathematisches Können dafür einzusetzen, um ein gewinnträchtiges System für ihr liebstes Hobby Kartenspiele und Pferdewetten zu entwickeln (leider erfolglos). Sie war zweifellos ein Original und ihrer Zeit weit voraus, weswegen jedes Jahr Mitte Oktober zu ihrem Gedenken und dem aller Frauen in Wissenschaft und Technik ein Ada-Lovelace-Day ausgerufen wird. Eine gute Gelegenheit, zu ihren Ehren eine Laudanum-Schorle zu schlürfen und eine Runde Poker zu spielen.

Katharina von Bora

und der Weg zur Unternehmerin

Jede von uns kennt die Lebensphasen, in denen man das Gefühl hat, dass alles, wirklich alles im Chaos versinkt. Zeiten, in denen einfach nichts mehr funktioniert. Das Konto ist überzogen, der Wasserhahn tropft, der Chef will den Bericht, den wir noch längst nicht fertig haben, sofort sehen; der Partner fühlt sich missachtet, und die Katze betrügt uns wahrscheinlich mit der Nachbarin. Halt. Einmal tief Luft holen. Wir sollten uns davon nicht erdrücken lassen. Schauen wir uns stattdessen Katharina von Bora an, die ein Leben in Angriff nahm, das sie sich nicht ausgesucht hatte und aus dem es keinen Ausweg zu geben schien, und am Ende nicht nur ihren eigenen Kram geregelt bekam, sondern auch das Leben eines der bedeutendsten Männer der Weltgeschichte managte.

Katharina wurde 1499 in eine adelige, aber verarmte Familie hineingeboren, die sich keine kostspielige Mitgift leisten konnte, mit der man sie bequem hätte verheiraten können. Ihre Mutter hatte erkannt, dass Käthe ziemlich was auf dem Kasten hatte, starb aber, als diese erst fünf Jahre alt war. Wie damals üblich, beschlossen ihr Vater und ihre Stiefmutter, sie in ein Kloster zu geben, und brachten sie nach Nimbschen. Katharina wurde also Nonne. Nicht das Schlechteste für ein kluges, tüchtiges Mädchen, denn im Kloster lernte sie Lesen und Schreiben, übte Latein, erfuhr viel über Haushaltsführung und erwarb einige brauchbare Fähigkeiten wie zum Beispiel das Bierbrauen.

Das Klosterleben erfüllte Käthe jedoch nicht ganz. Außerhalb der Klostermauern brodelten Dinge, die die Welt verändern sollten. 1517 hatte der

Reformator und ehemalige Augustinermönch Martin Luther seine 95 Thesen, diesen sagenhaften Verriss der römisch-katholischen Kirche, ans Portal der Wittenberger Schlosskirche genagelt. Damals brach ein internationaler Tumult los, den wir heute als Reformation kennen, und Luther war daraufhin aus der katholischen Kirche rausgeflogen, sprich: exkommuniziert worden. Irgendwer hatte einige seiner Flugblätter in das Kloster geschmuggelt, und diese landeten geradewegs vor Käthes Nase. Luther kritisierte an der katholischen Kirche unter vielem anderen auch den Zölibat. Käthe und ihre Freundinnen im Kloster hatten dieselbe Meinung und schrieben Luther einen Groupie-Brief, baten um Hilfe und beschlossen, das Klosterleben hinter sich zu lassen. Ihre Bitte blieb nicht unerhört: Am 4. April 1523 wurden sie dann in einem Heringsfass aus dem Kloster geschmuggelt und nach Wittenberg gebracht, wo sie bei den Familien von Luthers Freunden unterkamen, bis sie Ehemänner gefunden hatten. (Es war nämlich so, dass sie als Klosterflüchtlinge zwar durchaus Unterstützung bekamen, doch konnten sie in der damaligen Gesellschaft natürlich auf keinen Fall als alleinstehende Frauen leben, sondern mussten heiraten.)

Katharina lebte bei der Familie des Malers Lucas Cranach des Älteren, wo sie im Haushalt half und mit Luthers Anhängern diskutierte, während Martin und seine Kumpel verhandelten, wer sie heiraten sollte. Käthe aber weigerte sich stetig, ihre Vorschläge anzunehmen, und schließlich fand sich Luther selbst bereit, sie 1525 zu ehelichen. Er traf diese Entscheidung nicht aus großer Leidenschaft, bemerkte aber, dass es »dem Papst zusetzen« würde, was ihm natürlich gefiel. Das Verhältnis zwischen Katharina und Martin wuchs schließlich zu einer Beziehung voller Zuneigung heran. Und natürlich rief diese Ehe einen Skandal hervor: Entlaufene Nonne heiratet exkommunizierten Ex-Mönch – das klingt schwer nach Vorabendserie. Erasmus von Rotterdam spekulierte, dass die beiden heiraten *mussten*, weil Käthe in anderen Umständen sei – war sie aber nicht. Es gab übrigens in den 1580ern eine Holzschnittreihe mit recht eindeutigen Darstellungen der beiden. Die Eheschließung war Luthers Anliegen definitiv förderlich, und wie wir wissen, ist jede Publicity gute Publicity.

Käthe und Martin bekamen sechs Kinder, von denen zwei bereits als Kleinkinder starben, und sie nahmen zusätzlich vier Waisen auf, sodass Käthe von

Anfang an gut beschäftigt war, aber sie gab sich nicht damit zufrieden, als Mutter brav ihren Weg zu gehen und den guten Geist des Hauses zu spielen. Bei der Hochzeit war Luther pleite und lebte in einer zwar geräumigen, aber heruntergekommenen Junggesellenbude. Käthe nahm sich der Sache an: Immer mehr von Luthers zahlreichen Studenten wohnten bei ihnen und zahlten Miete, und Käthe brachte Luthers Verleger dazu, ihm Geld für seine Werke zu bezahlen. Außerdem stellte sie eine Landwirtschaft auf die Beine und verkaufte Gemüse auf dem Markt; sie betrieb eine kleine Brauerei und hielt Vieh, so wie sie es im Kloster gelernt hatte. Luther beschrieb sie als »Priester, Brauer, Gärtner und was sie sonst noch alles zu sein vermochte« und nannte sie »mein lieber Herr Käthe«. Offenbar nahm sie auch gern an den lebhaften Disputen an ihrem gut besuchten Esstisch teil und vertrat selbstbewusst ihre Meinung.

Luther trat erneut die hergebrachten Sitten mit Füßen und setzte sie in seinem Testament als Haupterbin und Vormund der Kinder ein. Es war damals unüblich, einer Frau eine derart verantwortungsvolle Aufgabe zu übertragen. Als er 1546 starb, war Katharina am Boden zerstört und musste kämpfen, um ihre Familie finanziell über Wasser zu halten, denn in diesen Zeiten gab es gewisse äußere Faktoren, die das erschwerten, unter anderem Krieg und Pest. Im Jahr 1552 starb sie an den Folgen eines Kutschenunfalls, doch ihr Vermächtnis hat überdauert: Ihre zupackende, pragmatische Art und das Zeichen, das sie und Martin mit ihrer Ehe setzten, waren für Luthers Arbeit von großer Bedeutung. Hätte Katharina nicht dieses kleine Familienunternehmen geführt, wäre Luther wohl nicht in der Lage gewesen, all das zu schaffen, was er erreicht hat. Und hätte Katharina nicht die kühne Entscheidung getroffen, aus dem Kloster zu fliehen, hätte sie sich nicht das geschaffen, was sie erreicht hat. Wenn also das nächste Mal die Welt über uns zusammenbricht, folgen wir einfach Käthes Beispiel – man muss ja nicht gleich die Flucht antreten – und legen Prioritäten fest, erkennen, was uns guttut, und sehen zu, dass wir die Situation Stück für Stück entschärfen. Vielleicht machen wir ja auch eine kleine Craft-Beer-Brauerei auf?

Mekatilili wa Menza

und lasst uns tanzen

Die Hände zum Himmel. Und schon fühlen wir uns allen, die mitraven, verbunden. Wer sich darauf richtig einlässt, erlebt das Tanzen als große Freude im Leben, die ganz umsonst zu haben ist. Die Freiheit, die wir dabei empfinden, haben wir mit Tänzerinnen und Tänzern aller Jahrhunderte gemein. Von den höfischen Tänzen der Renaissance mit ihren strengen Regeln bis hin zur Leidenschaft des argentinischen Tangos (der in den 1980er-Jahren aufgrund seiner »gesellschaftlichen Bedeutung« von der Regierung verboten wurde) ist die Tanzfläche schon immer ein Ort gewesen, wo sich insbesondere Frauen ausdrücken konnten. Soweit wir wissen, ist die Rebellenführerin Mekatilili wa Menza die Erste gewesen, die sich den Tanz politisch zunutze gemacht hat. Nicht direkt als Waffe, aber auf jeden Fall als Mittel zum Widerstand.

Mekatilili gehörte zum Stamm der Giriama und lebte in einer Gegend, die heute im Westen Kenias liegt. Sie wuchs dort als einzige Tochter einer sehr armen Familie mit vier Geschwistern auf. Über ihre frühe Kindheit wissen wir kaum etwas, ein Ereignis lässt uns jedoch erahnen, was ihre spätere politische Haltung beeinflusst haben könnte: Als junges Mädchen musste sie mit ansehen, wie einer ihrer Brüder von arabischen Sklavenhändlern aufgegriffen wurde. Die Historiker glauben, dass dieses traumatische Erlebnis dazu geführt hat, dass sie einen sehr feinen Sensor für Unterdrückung entwickelt hat.

Im ausgehenden neunzehnten Jahrhundert hat David Livingstone, Missionar und Entdecker in Personalunion, verkündet, dass es nur einen Weg gebe, den Sklavenhandel auszurotten, nämlich indem man Handel, (christlichen)

MEKATILILI WA MENZA (circa 1840–1925)

Glauben und Zivilisation nach Afrika bringe. Das Thema Handel war offensichtlich das beliebteste dieser drei – es gab ja eine ordentliche Menge Gold einzutauschen. Und so begann der sogenannte ›Wettlauf um Afrika‹, bei dem die gierigen Mächte Europas (genauer gesagt England, Frankreich, Portugal und Deutschland) große Teile des Kontinents kolonisierten. Die Engländer übernahmen ab 1895 in Kenia die Regie, und im Jahr 1913 versuchten die Kolonialherren, nicht nur die Giriama-Männer als billige Arbeitskräfte zu nutzen, sondern sie auch für die Britische Armee zu rekrutieren, damit sie im kurz darauf ausbrechenden Krieg gegen Deutschland kämpfen sollten. Für Mekatilili, die nun schon über fünfzig war, kam das überhaupt nicht infrage. Die Vorstellung, dass ihre Stammesbrüder gedrängt wurden, ihr Leben für einen Krieg aufs Spiel zu setzen, mit dem sie gar nichts zu tun hatten, regte sie so auf, dass sie den britischen Amtsleuten vehement und lautstark widersprach. Man sagt, dass sie bei einem Treffen sogar dem örtlichen Verwalter eine Ohrfeige verpasste. Als Frau war es Mekatilili eigentlich noch nicht einmal erlaubt, das Wort zu erheben, aber in der Kultur der Giriama durften Witwen sogar vor dem Stammesältesten sprechen – und sie nutzte dieses Privileg aus.

Mekatilili hielt mit ihrer Meinung nicht hinterm Berg, wenn es um hohe Steuern und Einberufungen in die Armee ging und darum, wie sie mit ansehen musste, dass die traditionellen Stammesreligionen und die Kultur den Bach runtergingen. Wie aber hat es diese ältere Dame, die ja keine gehobene Position innehatte, geschafft, sich die Aufmerksamkeit der Leute zu verschaffen? Ganz einfach, sie tanzte. Wie der Teufel. Als leidenschaftliche Verfechterin von Stammesritualen war sie sich der Macht eines ganz speziellen Tanzes sehr wohl bewusst: des *kifudu*, der üblicherweise bei Beerdigungen getanzt wird. Eine Tänzerin führt ihn, von männlichen Musikern begleitet, vor, um durch ihren Tanz Gemeinschaften zusammenzubringen und die Vorfahren in dem Moment, da sie die Erde verlassen, zu ehren. Mekatilili tanzte von Dorf zu Dorf wie der Rattenfänger von Hameln, stachelte die Massen auf, hielt außergewöhnliche Kundgebungen ab und hielt Reden, in denen sie über die verfluchten Engländer klagte und darüber, dass diese ihr Land vor die Hunde gehen ließen. Allem Anschein nach war sie die geborene Führungspersönlichkeit und ein sehr charismatischer Mensch – und der aufsehenerregende Eindruck, den sie hinterließ, war genauso ihrer verbalen Eloquenz gedankt wie ihrer körperlichen Ausdruckskraft.

Die breite Unterstützung, die Mekatilili bekam, führte letztendlich zum Giriama-Aufstand, der wiederum die Engländer so verunsicherte, dass sie diese höchst anregende politische Choreografin im Oktober 1913 verhafteten, dazu noch ihren Mit-Aufrührer, den Widerstandskämpfer Wanje wa Mwadorikola. Die beiden wurden quer über den Kontinent deportiert, damit sie weit weg von ihren Gemeinschaften eingesperrt werden konnten. Das tatkräftige Duo jedoch entkam, marschierte die tausend Kilometer zurück nach Hause, um den Kampf fortzuführen, und verliebte sich unterwegs offenbar. Den Engländern war es ein Rätsel, wie die beiden diesen Marsch überhaupt überleben konnten. Statt nun aber das Stehvermögen der beiden anzuerkennen, vermutete man, Mekatilili besäße übernatürliche Kräfte. Für ihre Stammesangehörigen festigte dies nun ihren Ruf als Prophetin ungeheuren Ausmaßes. Mekatilili wurde erneut verhaftet und diesmal an die somalische Grenze gebracht, doch erneut gelang es ihr zu entkommen. Und natürlich nahm sie die politische Agitation sofort wieder auf.

Im Jahr 1919 waren die Engländer nach dem Ersten Weltkrieg so sehr am Ende, dass sie einknickten und etliche Befugnisse, die man den Stämmen zuvor entzogen hatte, wieder zurückgaben. Die Beweislage ist dürftig, aber es scheint, als ob man Mekatilili zur Sprecherin des Frauen-Ältestenrates gemacht hätte und Wanje zum Vorsitzenden des Männerrates. Mekatilili starb 1925 im Alter von achtzig Jahren, und wir können uns an der Vorstellung erfreuen, dass sie bis zu ihrem seligen Ende getanzt hat.

Diese groovende Großmutter zeigt uns, dass es immer mehrere Wege gibt, wie wir uns für das engagieren können, was uns bewegt. Jede von uns kann ihr besonderes Talent für ein bestimmtes Anliegen nutzen. Tanzen gehört zu den grundlegendsten und dynamischsten Ausdrucksmöglichkeiten, die wir Menschen haben: Unsere Hüften lügen nicht. Und nichts hebt die Stimmung so sehr wie ein wilder, aufrührerischer Rave. Also: Schuhe aus, Garderobe auf Vordermann bringen, Moonwalk üben und lostanzen, als ob die ganze Welt zuschaute!

Wang Zhenyi

und den Science Slam rocken

Viele Damen in diesem Buch hätten vor Lachen in ihr Taschentuch geprustet, wenn sie gehört hätten, dass man gelähmte Gliedmaßen mithilfe von kybernetischen Implantaten im Gehirn reaktivieren kann. Oder dass man in der Lage ist, in einem 13,3 Milliarden Lichtjahre entfernten Sonnensystem Sauerstoff festzustellen und zu lokalisieren. Bevor wir uns nun aber in Selbstbeweihräucherung ergehen und die großen und kleinen Sprünge der menschlichen Forschungsgeschichte allzu sehr feiern, sollten wir uns vor Augen halten, dass die Welt der Wissenschaft auch ziemlich gestrig sein kann, zumindest wenn es um Leute mit zwei X-Chromosomen geht.

Eine neuere Studie hat ergeben, dass Frauen weltweit nur 12,8 Prozent der Arbeitskräfte im MINT-Bereich (Mathematik, Informatik, Naturwissenschaft, Technik) ausmachen. Und was ein englischer Biochemiker und Nobelpreisträger zu dem Thema sagte, macht auch nicht gerade Mut: Er behauptete, wenn Frauen im Labor seien, passierten genau drei Dinge – »man verliebt sich in sie, sie verlieben sich in dich, und wenn man sie kritisiert, fangen sie an zu heulen«.

Die Welt der Wissenschaft hat uns Frauen aber mehr zu bieten als diesen alten Frauenfeind, nämlich eine strahlende Zukunft voller Möglichkeiten. Und sollten wir selbst im Laborkittel noch sexy aussehen, wen kümmert's? Wir sollten uns auf jeden Fall nicht stören lassen beim Verfolgen unserer Ziele. Und welches Mädchen würde es nicht toll finden, den NASA-Rover über den Mars zu steuern? Oder Flavoristin zu werden und sich neue Gerüche und Geschmacksrichtungen auszudenken, die einem den Mund wässrig machen?

105

Oder als Umweltschützerin zu arbeiten, die mit Regierungen zusammenarbeitet, um unseren Planeten in seiner Fülle zu erhalten? Wir Menschen sind von Natur aus neugierig und wollen die Geheimnisse der Welt um uns herum erforschen, wahr ist aber auch, dass uns ebendiese Neugier leider in ermüdenden, lehrplantreuen Schulstunden ausgetrieben wird.

Wang Zhenyi war eine Frau des achtzehnten Jahrhunderts, die wusste, wie wichtig Mathematik und Naturwissenschaften für die Bildung des Menschen sind – ungefähr so wie heute Brian Cox in der BBC und Ranga Yogeshwar in der ARD. Sie liebte ihre Wissenschaft von Herzen und erkannte, dass der Schlüssel zum Lernen der Zugang zur Bildung ist. Sie selbst hatte das Glück, in einem Haushalt voller Bücher aufzuwachsen, und wurde von ihren Großeltern und ihrem Vater unterrichtet. Als umwerfende Universalgelehrte beherrschte sie nicht nur Mathematik und Astronomie exzellent, sie schrieb auch Gedichte und war eine herausragende Reiterin und Kampfsportlerin. All das gelang ihr zu einer Zeit, als die Gepflogenheiten des Feudalsystems das Leben einer Frau stark einschränkten. Frauen wurden als moralisch, emotional und intellektuell minderwertig betrachtet – und kleine Füße waren viel wichtiger als große Gedanken (siehe Kaiserinwitwe Cixi auf Seite 239).

Zhenyi liebte einen Text mit dem schönen Titel *Die Grundlagen der Rechnung*, abgefasst von dem berühmten (männlichen) Mathematiker Mei Wending in aristokratischer, recht unzugänglicher Sprache. Daher schrieb sie *Die einfachen Grundlagen des Rechnens* in einer klaren, leicht verständlichen Sprache auf, heute wäre das etwa wie *Rechnen für Dummies*. Im gleichen Stil schrieb sie drei Bände über das Theorem des Pythagoras und die Trigonometrie. Es war nicht einfach. Sie erklärte: »Es gab Zeiten, da musste ich seufzend den Stift beiseitelegen. Aber ich liebe die Wissenschaft, ich werde nicht aufgeben.«

Außerdem experimentierte sie eifrig. Ihre »Erklärung einer Mondfinsternis« wird nicht nur heute noch als einigermaßen zutreffend bezeichnet, es macht sogar Spaß, sie zu lesen, weil sie eine unkomplizierte optische Erklärung eines komplexen astronomischen Ereignisses ist. Immerhin lebte sie zu einer Zeit, wo alle glaubten, Mondfinsternisse seien Ausdruck von Gottes Zorn. Die meisten Leute hatten damals wahrscheinlich schon begriffen, dass nicht irgendwo ein großer Drache auftaucht, um Dunkelheit zu versprühen, aber dennoch hielt man die Verdunklung für ein schlechtes Omen. Nicht so Ms. Wang: »Eigentlich ist der Mond der Grund«, schrieb sie. Und sie bewies dies in einem berühmt gewordenen physikalischen Experiment. Sie stellte in einem Gartenpavillon einen runden Tisch als Erde auf, hängte eine Lampe als Sonne an die Dachsparren darüber und nahm einen runden Spiegel als Mond. Indem sie die Bedingungen für eine Mondfinsternis nachbildete, bewies sie, dass diese eintreten, sobald der Mond in den Schatten der Erde tritt – und nicht, wenn ein wild gewordener Gott schmollt.

Zhenyis Lyrik ist nicht minder beeindruckend: Ohne Schnickschnack und direkt, anders als das blumige Zeug, das damals als weibliche Dichtung bekannt war. Auch die Themen und Motive waren ungewöhnlich. Folgendes schrieb sie zum Thema Gleichheit der Geschlechter:

Es ist weisgemacht worden,
Frauen sind den Männern gleich.
Seid ihr nicht überzeugt,
eure Töchter könnten ebensolche Helden werden?

Zhenyi starb verstörend jung infolge einer Krankheit, sie war erst neunundzwanzig Jahre alt und doch ein Star der Wissenschaft, deren glühende Intelligenz viel zu früh ausgelöscht wurde. Sie hatte verstanden, dass Wissenschaft faszinierend, verblüffend und geheimnisvoll sein kann – man muss nur die Schönheit erkennen, die in ihr steckt. Und sie ließ sich nicht in eine Schublade stecken, weder als Wissenschaftlerin noch als Künstlerin – sie hat bewiesen, dass man beides sein kann. Also, liebe Frauen, schüttelt den Staub von euren Laborkitteln, schaltet eure Nervenbahnen auf Empfang und lasst euch auf eine Karriere als Meeresbiologin auf den Malediven ein oder rockt Las Vegas als Soundingenieurin. Man weiß ja nie, vielleicht wird auch nach euch noch mal ein Krater auf dem Planeten Venus benannt, so wie einst nach Wang Zhenyi.

Emily Dickinson

und entspannter leben ohne FOMO

Die Kollegin, der du in inniger Hassliebe verbunden bist, trägt einen ekelhaft niedlichen Blumenhut und postet bei Insta sonnendurchflutete Festivalfotos, deine beste Freundin »beklagt« sich auf Facebook, wie »aufgeweckt« ihr wundersüßes Baby ist; deine Cousine schafft absurd unmögliche Yogahaltungen in superteuren, superschicken Sportklamotten am Strand. Bei Sonnenuntergang. Auf Bali ... Und unsereins? Wir sitzen schön gemütlich daheim in der Bude und ruhen uns aus – nachdem wir beim Netflix-Gucken eine Tiefkühlpizza gegessen und dabei alte Krümel aus der Sofaecke gepult haben. Wenn wir es riskieren, soziale Medien zu durchforsten, fühlt sich das manchmal an, als würden überall nur Chia-Kurkuma-Lattes geschwenkt. Allen, wirklich *allen*, die irgendwo anders sind als wir selbst, scheint es richtig gut zu gehen – #yolo #treatyoself #machwasdraus #mangoenntsichjasonstnichts. Kein Wunder, dass wir nicht nur manchmal Angst haben, etwas zu verpassen. Aber wollen wir wirklich nur für Instagram leben? FOMO, die Fear of Missing Out, diese ständige Angst, etwas zu verpassen, kann uns schneller, als uns lieb ist, dazu verleiten, Dinge zu tun, die wir eigentlich gar nicht wollen und uns ruckzuck in einen Sog der Trivialität ziehen. Vielleicht sollten wir uns genauer überlegen, womit wir unsere Zeit verbringen, und uns nicht so sehr darum kümmern, was andere so machen? Auch die Kult-Autorin und Einsiedlerin Emily Dickinson zum Beispiel war nicht immun gegen soziale Ängste. Sie machte sich Sorgen um ihre Freundschaften und schrieb in Gedichten oft über ihre Einsamkeit, aber sie ist niemals nur deshalb irgendwohin gegangen, weil gesellschaftliche

Konventionen das vorschrieben oder Leute das von ihr erwartet haben. Heute zählt sie zu den authentischsten Stimmen, die die englischsprachige Literatur jemals hervorgebracht hat. Die Scheißangst, etwas zu verpassen, kann nicht von ungefähr auch ernsthafte Auswirkungen auf unsere seelische Gesundheit haben, weshalb es sinnvoll ist, von Emily zu lernen.

Emily erblickte in Amherst, Massachusetts, das Licht der Welt. Kein schlechter Ort für ein Mädchen im neunzehnten Jahrhundert, denn dort war Bildung leichter zugänglich als in vielen anderen Gegenden der Vereinigten Staaten. Sie war ein kontaktfreudiges Mädchen und stand ihren Geschwistern sehr nahe. Ihr Leben lang wohnte sie mit ihrer Schwester Vinnie zusammen, und ihr Bruder Austin und seine Familie waren gleich nebenan. Ihr Bruder hatte Susan, eine ihrer besten Freundinnen, geheiratet, eine kluge, wissbegierige und kultivierte Frau, die für Emily eine Art intellektuelle Mentorin wurde (siehe Althea Gibson auf Seite 169). Die beiden schrieben sich jahrelang Briefe, und Susan durfte einige ihrer Gedichte lesen. Weiterhin verband sie die Verzweiflung über die vielen Haushaltsaufgaben der Frauen.

Emily gehörte nicht zu jenen Dichterinnen, die allen und jedem lang und breit erzählen, wie super sie sind: Zu ihren Lebzeiten veröffentlichte sie nur wenige Gedichte, und erst nach ihrem Tod fand die Familie ihre Manuskripte mit fast 1800 Gedichten. Außerdem war sie Meisterin im Briefeschreiben: Mithilfe von Briefen blieb sie in Verbindung mit Menschen, die ihr etwas bedeuteten und die sie intellektuell interessierten – sie boten ihr die Gelegenheit, mehr über die Welt um sie herum erfahren. Mit Anfang zwanzig zog sie sich immer mehr zurück und scheute Begegnungen mit Menschen. Sie erlernte die magische Kunst des Neinsagens, was viele Frauen nicht können, wenn sie um einen Gefallen gebeten werden.

Es wird viel über die Gründe für ihre Einsiedelei gemutmaßt. Die einen glauben, sie sei zu sehr damit beschäftigt gewesen, mit Vinnie den ganzen Haushalt am Laufen zu halten, als die Mutter erkrankte, andere spekulieren, dass der Tod einiger ihr nahestehender Menschen sie deprimiert hat, wieder andere, dass der Grund im Amerikanischen Bürgerkrieg zu suchen ist. Mit der Zeit jedenfalls wurde sie immer exzentrischer und trug nur noch weiße Kleider (ein supercooler Look, aber wahrscheinlich ziemlich waschintensiv), allerdings –

was nur wenige wussten – konzentrierte sie sich auch mehr und mehr auf ihre Lyrik. Während der Rest ihrer Familie der Amherst Congregational Church, einer puritanischen Gemeinde, beitrat, tat Emily genau das gerade eben nicht. Sie hatte überhaupt kein Problem damit, ihren ganz eigenen Weg zu gehen. Nach dem Tod ihres geliebten, erst achtjährigen Neffen Gilbert verließ sie das Haus gar nicht mehr und schrieb einem Freund, der sie eingeladen hatte, ihn zu besuchen: »Ich werde meines Vaters Grund und Boden nicht überqueren, um zu einem anderen Haus oder einer Stadt zu gelangen.«

Auch Emilys Gedichte sind stilistisch einzigartig, lyrisch, tiefgründig und handeln häufig von Tod und Liebe. Ebenso wie sie gesellschaftlichen Erwartungen getrotzt hat, brechen ihre Gedichte mit literarischen Konventionen:

Sag Wahrheit ganz, doch sag sie schräg –
Erfolg liegt im Umkreisen …

Das Rätselhafte ihrer Dichtung hat Anlass zu vielerlei Spekulationen über ihr Liebesleben gegeben:

Sturmnächte – Sturmnächte!
Wär ich bei dir
In solchen Sturmnächten
Schwelgten wir!

Man weiß, dass sie in herzlichem Briefwechsel mit verschiedenen Männern und Frauen stand und dass sie recht spät in ihrem Leben eine romantische Affäre mit Otis Phillips Lord hatte, einem älteren Witwer und Freund ihres Vaters, die bis zu seinem Tod im Jahre 1884 andauerte. Emily selbst starb 1886 mit fünfundfünfzig Jahren – und ihr Sarg war gefüllt mit Blumen aus ihrem geliebten Garten.

Emily widerstand der Angst, etwas zu verpassen, indem sie sich auf ihre Kunst konzentrierte, die sie nicht schuf, um irgendwen zu beeindrucken, sondern einzig für ihre eigene Erfüllung. In unserer aufmerksamkeitsgierigen, oberflächlichen Welt hätte das schon was für sich. Sie erinnert uns auch daran, welche Freude es sein kann, ein eigenes Schlafzimmer zu haben; dies ist der Raum, in dem sie am häufigsten geschrieben hat und von dem sie ihrer Nichte erzählte, dass er ihr den größten Freiraum gewähre. Also, wenn wir das nächste Mal glamouröse Ferienbilder oder zum Schreien komische Party-Schnappschüsse auf der Timeline unserer Freunde entdecken – lasst uns einfach ausloggen und feiern, dass wir alle Zeit der Welt für uns haben, unplugged und ganz so wie die schöne Emily aus Amherst.

Phoolan Devi

und das Gegenteil von »ladylike«

*W*enn wir einen Typen als Gentleman bezeichnen, meinen wir damit, dass er moralisch höchsten Standards entspricht und sich ausnehmend gut benimmt. Wenn eine Frau »ladylike« ist, verströmt das eine Aura des Vornehmen, schwebender Eleganz und lupenreiner Weiblichkeit. Das Attribut »Lady« scheint denkbar ungeeignet, um in einer kannibalistischen Gesellschaft ein Bein auf den Boden zu bekommen, in der man als gesitteter Mensch wie ein Schwächling daherkommt. Es ist allerdings durchaus möglich, sowohl feminin wie auch standhaft zu sein: Wir können hübsche Röcke tragen und in Chefetagen aufsteigen und höflich verkünden, was wir wollen und was wir bei anderen überhaupt gar nicht ertragen können. Ebenso dürfte es eigentlich kein Grund sein, weniger toll gefunden zu werden, wenn wir als »gar nicht damenhaft« bezeichnet werden, weil wir Klartext reden und ziemlich burschikos daherkommen.

Phoolan Devi, die erst als Banditenkönigin, dann als Politikerin Karriere gemacht hat, war nun wirklich keine Lady, kein bisschen. Man weiß zwar nicht exakt, welche Version ihrer Lebensgeschichte nun genau stimmt, aber es ist wohl belegt, dass sie im indischen Bundesstaat Uttar Pradesh in einer Familie aus einer niedrigen Kaste aufwuchs. Schon mit zehn war sie berüchtigt ordinär und setzte ihr Temperament in Szene, als sie mit ihrem älteren Cousin über eine Parzelle Land der Familie stritt. Der reizende Cousin antwortete, indem er ihr einen Ziegelstein an den Kopf warf und ihre Eltern überredete, sie an einen Mann Mitte dreißig aus einem anderen Dorf zu verheiraten.

Phoolans Leben war im wahrsten Sinne des Wortes schon früh gespickt mit harten Schlägen.

Phoolans Ehemann war brutal und missbrauchte sie, worauf sie nach Hause zurückfloh. In ihrem Heimatdorf jedoch wurde sie danach zwangsläufig als Schlampe betrachtet. Anno 1979 stritt sie wieder mit ebendiesem Cousin, bloß ließ er sie diesmal anschließend ins Gefängnis werfen, kein besonders schöner Ort für ein sechzehnjähriges Teenie-Mädchen. Im selben Jahr lief sie entweder weg oder wurde von einer Bande Krimineller gekidnappt, die sich im ländlichen Chambal Tal herumtrieben, und in Robin-Hood-Manier Lastwägen und Landeigentümer überfielen. Der Anführer, Angehöriger einer höheren Kaste, wurde von seinem Stellvertreter Vikram getötet, als er versuchte, Phoolan anzugreifen. Vikram übernahm das Ruder, und Phoolan kämpfte an seiner Seite. Er brachte ihr das Schießen bei und sie tat, was alle taten. Als eine ihrer ersten Aktionen stattete sie ihrem Exmann einen Besuch ab, um ihn ordentlich zusammenzuschlagen, als Rache für die Gewalt, die er ihr als Kinderbraut angetan hatte.

In den Achtzigern lief es für Phoolan fürchterlich schief, als nämlich zwei ehemalige Bandenmitglieder aus einer höheren Kaste aus dem Gefängnis entlassen wurden, Vikram ermordeten und das Kommando übernahmen. Sie vergewaltigten Phoolan und hielten sie drei Wochen lang im Dorf Behmai in einer Hütte gefangen. Ein anderes Bandenmitglied half ihr schließlich zu fliehen, sie gründete eine Splittergruppe und erwarb sich einen Ruf als furchterregende Banditenkönigin.

Für Phoolan war es selbstverständlich, auf die Gewalt und die Respektlosigkeit, die sie in Behmai über sich ergehen lassen musste, mit Gegengewalt zu reagieren. Wie in einer prophetischen Vorschau auf Arya Stark aus »Game of Thrones« sagte sie: »Als ich eine *dacoit* (Banditin) wurde und Listen geschrieben hatte mit allen Leuten, die mich gequält und mich missbraucht haben, war ich in der Position, das mit gleicher Münze zurückzuzahlen – und das hat mir sehr viel Freude bereitet.« Im Februar 1991 kehrte sie mit ihrer Truppe nach Behmai zurück. Getarnt als Polizisten, versammelten sie die Dorfbewohner, und Phoolan wollte die Männer, die Vikram getötet und sie angegriffen hatten, herauspressen: »Ich weiß, dass sie sich hier verstecken. Wenn ihr sie nicht herausgebt, stecke ich jedem von euch meine Pistole in den Arsch.« Als niemand vortrat, wurden die Männer der höheren Kaste – zweiundzwanzig an der Zahl – allesamt ermordet. Ob Phoolan nun tatsächlich dort anwesend war und ob sie allein für die Morde verantwortlich ist, lässt sich nicht mehr klären. Bekannt wurde das Ereignis jedenfalls als »Massaker von Behmai«, und es ist auf jeden Fall die Grundlage der Legende, dass diese junge, eins fünfzig kleine Frau aus einer niedrigen Kaste mit Bandana und Armeehosen eine gefährliche und schreckliche Kriminelle sei.

Nach zwei Jahren auf der Flucht ergab sich Phoolan, und im Gegenzug dafür wurde für sie und ihre Anhänger die Todesstrafe ausgesetzt. Sie inszenierte ihre Kapitulation auf einer Bühne vor Bildern von Mahatma Gandhi und der Kriegsgöttin Durga. Man warf ihr 48 Straftaten vor und hielt sie elf Jahre lang ohne Gerichtsverfahren im Gefängnis fest – bis zu ihrer umstrittenen Begnadigung im Jahr 1994. Während ihrer Gefangenschaft litt ihre Gesundheit, und sie musste operiert werden, schließlich entfernte man ihre Gebärmutter. Angeblich hat der Chirurg angemerkt: »Wir wollen ja nicht, dass sie noch mehr Phoolan Devis ausbrütet.« Im Jahr ihrer Freilassung erschien auch *Bandit Queen*, der Film über ihre Lebensgeschichte, basierend auf einer 1991 erschienenen Biografie. Obschon der Film ein heroisches Porträt von ihr war, missfiel ihr die Tatsache, dass sie eher als Opfer denn als widerstandsfähige Anführerin dargestellt wurde.

Nachdem sie ihre Gefängnisstrafe abgesessen hatte, nutzte Phoolan ihre unbändige Energie für bessere Dinge. Sie heiratete einen Politiker und kandidierte nur fünf Jahre nach ihrer Freilassung aus dem Gefängnis – und obwohl sie weder lesen noch schreiben, noch rechnen konnte – für ein politisches Amt und machte Wahlkampf für die Rechte der Frauen und der Armen. Aber nur zwei Jahre später musste die Mittdreißigerin, die ihr Leben mit Gewalt bestritten hatte, auch durch Gewalt sterben. Sie wurde vor ihrem Haus von einem Mann einer höheren Kaste ermordet, der das Massaker von Behmai rächen wollte.

Was aber können wir von dieser misshandelten, gewalttätigen, streitsüchtigen Person lernen? Phoolan wird als eine der heldenhaftesten Frauen der Geschichte gefeiert und als eine der bösartigsten diffamiert. Als Vorbild jedenfalls ist sie problematisch. Mord ist in keinem Fall eine akzeptable Antwort, egal auf was, aber in der Gesellschaft, in welcher Phoolan lebte, war auch grundlose Gewalt gegen Frauen an der Tagesordnung und Gegenwehr unüblich. Nach ihrer Gefangenschaft wandte Phoolan ihr energisches Gemüt und ihre angstfreie Art, ihre Schwierigkeiten zu meistern, den positiveren Dingen in ihrem politischen Leben zu. Auch ihr großartiges Fluchen kann man nur bewundern, nichts hilft unter bestimmten Umständen so gut wie ein kräftiges Schimpfwort – alle Vornehmheit beiseite. Als sie in einem Interview gefragt wurde, ob die Obszönität, die ihrer Rolle im Film angeheftet wurde, der Wahrheit entspreche, antwortete sie: »Nein, überhaupt nicht. In Wirklichkeit fluche ich viel mehr.« Phoolan Devi treffend zu beschreiben ist schwierig. Sie war ganz sicher keine Lady, aber Mann, sie war ganz Frau.

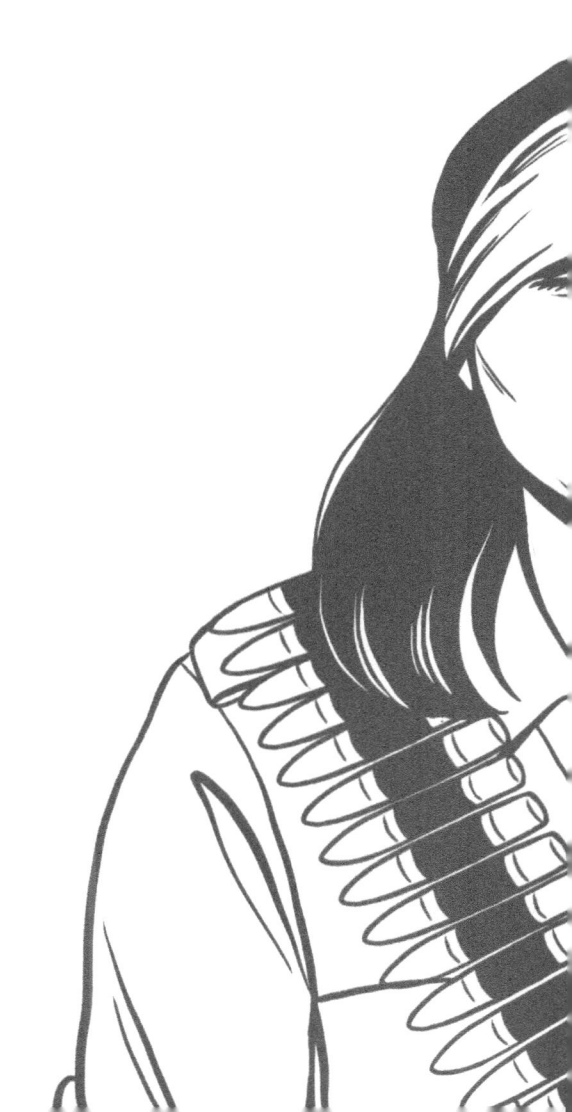

Kleopatra

und die Macht der emotionalen Intelligenz

Keiner weiß besser, welche Knöpfe sie bei uns drücken müssen, als unsere Brüder und Schwestern. Die Beziehung ist intensiv, und es kann einiges so richtig schiefgehen, wenn wir miteinander um die Aufmerksamkeit unserer Eltern kämpfen. Wer von uns hat denn nicht versucht, seinen Geschwistern zu erzählen, dass sie im Kaufhaus gekauft worden seien, oder ist mit der Schere auf die Haare ihrer Lieblingspuppe losgegangen, weil ... nur so? Es gibt aber eine lehrreiche Geschichte für diejenigen unter uns, die von ihren herzallerliebsten Brüdern und Schwestern bis zum Äußersten getrieben werden – so geschehen bei der großen Königin von Nil. Zwar war sie berühmt für ihre politischen Machtspielchen, leidenschaftlichen Affären und ihr gewaltiges Charisma, aber Kleopatra – oder Kleopatra Thea Philopator, wie ihr voller Name auf Griechisch lautet, also die Göttliche, Vaterliebende – hätte uns einiges über Familiendynamik erzählen können. Und sie bewies dies nie wieder so skrupellos wie in ihrem Aufstieg zur Macht.

Kleopatra regierte zunächst gemeinsam mit ihrem Vater Ptolemaios XII. Auletes bis zu dessen Tod, da war sie achtzehn Jahre alt. Gemäß ägyptischer Sitte durfte sie nicht allein ohne männlichen Gefährten auf dem Thron bleiben und wurde deswegen mit ihrem zwölfjährigen Bruder Ptolemaios XIII. verheiratet, was im alten Ägypten nicht so bizarr war, wie es heute klingt. Es gab zwar eigentlich keine Diskussion, wer das Sagen hatte, aber die kluge Kleo hatte den Namen ihres Bruders nach und nach aus allen offiziellen Dokumenten streichen lassen. Kleopatra wusste, wie mächtig ein scharfer Geist sein

KLEOPATRA (circa 69–30 v. Chr.)

kann und welche Bedeutung erhabene Gesten besitzen – und sie wusste, wie sie das einsetzen musste, was wir heute emotionale Intelligenz nennen. Sie hatte eine unglaubliche Stimme (und nicht wenige glauben, dass es mehr diese Stimme war, die sie zur Verführerin machte, und weniger ihre Schönheit) und sprach zwölf Sprachen fließend, was bedeutete, dass sie weder Übersetzer noch Diplomaten oder Berater brauchte, wenn sie mit ausländischen Potentaten verhandelte. Nicht selten traf sie wichtige Entscheidungen, ohne überhaupt mit ihrem Hofstaat darüber zu reden. Ihr oberster Berater konnte mit solchen Alleingängen nicht gut umgehen und fädelte heimtückisch eine Verschwörung ein, um Kleopatra zu stürzen und sie ins Exil zu schicken. Stattdessen setzte man ihren geschmeidigeren kleinen Bruder ein.

Zur gleichen Zeit war Cäsar dabei aufzusteigen und hatte soeben seinen Rivalen Pompeius in Griechenland besiegt, der zufällig auch der Vormund von Kleopatra und ihren Geschwistern war. Pompeius suchte Zuflucht in Ägypten, wurde aber vom inzwischen halbwüchsigen Ptolemaios XIII. und seinem Gefolge getötet. Diese Aktion war eigentlich dazu gedacht, Cäsars Gunst zu sichern, tatsächlich aber erzürnte es ihn: Er stand seinem römischen Landsmann und ehemaligen Schwiegersohn noch immer einigermaßen loyal gegenüber, und falls jemand für Recht und Ordnung sorgen musste, dann selbstverständlich Cäsar höchstselbst, nicht irgendein machthungriger Jüngling. Er reiste also gen Ägypten und bezog im herrschaftlichen Palast Quartier. Kleopatra beobachtete dies aus der Ferne, erkannte die Gelegenheit, ihre Position zurückzuerobern, und ließ sich – in einen Teppich eingerollt – zu Cäsar liefern. Wie man das halt so macht. Der mächtige Heerführer war augenblicklich bezaubert, und als ihr kleiner Bruder am nächsten Morgen zur Besprechung antrat, hatten Julius und Kleo schon eine lauschige Nacht miteinander verbracht. In dem folgenden Krieg ertrank Ptolemaios XIII. bedauerlicherweise im Nil, und Arsinoe, die Schwester, welche ihm beigestanden und sich in Kleopatras Palast zur Königin erklärt hatte, wurde nach Ephesus in den Artemis-Tempel verbannt. Ihren neuen Lover Marcus Antonius überredete Kleopatra ein paar Jahre später, Arsinoe umbringen zu lassen, womit die schöne Weisheit bewiesen wurde, dass einen niemand so gut reinreiten kann wie die eigene Familie.

Kleopatras Maßnahmen sind für den heutigen Geschmack sicher ein wenig zu drastisch, um seine Geschwister auszubooten – und wir würden eher Fe del Mundos schwesterliche Liebe empfehlen (siehe Seite 79). Wenn man aber mitten in einem Kleinkrieg über irgendwelche Kleinigkeiten steckt, können wir von ihr lernen, wie wir andere auf uns aufmerksam machen: mit Kühnheit, Zielstrebigkeit, der Erkenntnis, dass Wissen Macht ist, Selbstvertrauen und der Bereitschaft, ein wenig Theater zu spielen und ein Drama anzuzetteln, wenn nötig. Für den Fall, dass es zum Äußersten kommt, hält sie eine interessante Strategie für den Sieg bereit. Sei gegrüßt, Kleopatra, du geradezu unbeschreibliche Ägypterin, von der es bei Shakespeare heißt, du seist »noch farbenstrahlender als jene Venus, wo die Natur der Malerei erliegt«.

Dorothy Parker

und die hohe Kunst der literarischen Rache

Es ist eine allgemein anerkannte Wahrheit, dass genau in dem Augenblick, in dem wir anfangen, so richtig in eine Beziehung zu investieren, das Objekt dieser Begierde sich als emotional unreif und soziopathisch entpuppt. Wenn wir erst einmal bei dieser betrüblichen Diagnose angelangt sind, hat es überhaupt keinen Sinn mehr, das Verhalten dieses geliebten Idioten ändern zu wollen. Das wissen wir aus Erfahrung. Aber wir sollten auch daran denken, was für eine tolle Gelegenheit uns das bietet, um mit Freundinnen abzulästern, uns bei Mama auszuheulen und so richtig fiese WhatsApp-Nachrichten an unser gesamtes Netzwerk zu schicken. Eine spitzzüngige Gleichgesinnte finden wir in der jüngeren Geschichte: Quälende Erfahrungen in der Liebe hat sie in großartige Kunstwerke umgewandelt. Dorothy Parker war im Grunde eine literarische Alchimistin, die ihre Niedergeschlagenheit in erstklassiges Ironie-Gold verwandelte. Niemand erinnert sich heute mehr an ihre Ehemänner, keiner kennt mehr die Namen ihrer liederlichen Liebhaber. Ihre Worte aber sind in unsere Seele eingeschrieben als die besten Bonmots, die jemals zu Papier gebracht wurden. Wie sagte sie damals so treffend, als sie einmal alle Karten auf einen Kater gesetzt hatte: »Geschieht mir recht, wenn ich alle meine Eier in einen Bastard lege.« Gemeint war ein Mann, von dem sie ungewollt schwanger wurde, worauf sie dann eine Abtreibung vornehmen ließ. Oder: »Nimm mich oder verlass mich – oder beides nacheinander, das ist doch so üblich« oder »Eierlaufen und Pusteball – klingt wie Kindergeburtstag, beschreibt aber mein Verhältnis zu Männern«.

Dorothy Rothschild war das vierte Kind einer relativ wohlhabenden New Yorker Familie, die glücklich in Manhattan lebte – bis die Mutter starb. Der Vater heiratete eine fromme Katholikin, mit der Dotty überhaupt nicht klarkam und die sie weder als »Mutter« noch als »Stiefmutter« ansprechen wollte, nicht mal den Vornamen sagte sie, sie bezeichnete sie immer nur als »die Haushälterin«. Autsch. Dotty hatte einen guten Blick dafür, wie man aus einer persönlichen Tragödie eine gute Story machen konnte. Es kann heute nicht mehr genau festgestellt werden, wie viel von ihrem Familienmythos wirklich in ihr Werk hineingespielt hat, aber wir wissen, dass sie 1917 Edwin Pond Parker II., einen heimlichen Alkoholiker und Börsenmakler, geheiratet hat. Die Ehe verlief unglücklich, und wahrscheinlich hatte sie diverse Affären, insbesondere mit dem Schriftsteller Charles MacArthur (der bereits zitierte »Bastard«). Außerdem stürzte sie sich in die Arbeit.

1918 wurde Dorothy Theaterrezensentin bei *Vanity Fair* – und damit Nachfolgerin keiner Geringeren als PG Wodehouse. Rasch erwarb sie sich dort den Ruf als eine der spitzesten Zungen des damaligen Journalismus. Regelmäßig nahm sie am täglich stattfindenden Mittagstisch der geschwätzigsten Geister der Zeit teil, dem berüchtigten Algonquin Round Table, eine illustre Runde aus Literaten, Schriftstellerinnen, Schauspielerinnen und Journalisten, die bei ihren Treffen über dieses und jenes und alle und jeden herzogen. In den Zwanzigerjahren wurde sie bei *Vanity Fair* gefeuert und arbeitete fortan freiberuflich. Sie veröffentlichte Gedichte und Geschichten und wurde ab 1927 Literaturkritikerin mit einer eigenen Kolumne bei der *New York Times*, der sie bis zu ihrem Tod treu blieb.

Dorothy lebte in einer Zeit, als der Hedonismus der Zwanzigerjahre einen Umsturz im Leben der bürgerlichen Frauen bedeutete: Sie ließen sich die Haare kurz schneiden, rauchten, tranken und gingen in sexueller Freiheit auf, sie gaben patzige Antworten, fuhren Auto, frönten dem Konsum und hörten Jazz. Die angesehene ältere Generation betrachtete sie als gefährliche, verantwortungslose Macht des Bösen. Feministinnen alter Schule, die für politische Gleichbehandlung auf die Straße gegangen waren, rangen die Hände und stellten die Egozentrik der Flapper, so wurden die Girls der Goldenen Zwanziger genannt, infrage. Sie machten sich Gedanken, ob sie, die alles wollten, am

Ende nicht sehr viel weniger hätten und einsam, verbittert und vom Leben enttäuscht sein würden. Kommt uns das bekannt vor, liebe Frauen des 21. Jahrhunderts? Für Dorothy Parker jedoch hatte die Freiheit, die conditio humana zu beschreiben, Vorrang vor allem anderen – auch wenn es manchmal schmerzhaft, manchmal herzzerreißend, oft aber auch sehr komisch war.

Ihre Ehe mit Edwin wurde in den späten Zwanzigern geschieden, und 1932 lernte sie Alan Campbell kennen, einen sehr viel jüngeren Schauspieler, der schon ein paar Kurzgeschichten veröffentlicht hatte. Sie heirateten 1934 und wurden bald darauf von einem Agenten angesprochen – Baby, ich bring euch ganz groß raus in Hollywood! Tatsächlich wurden sie wirklich erfolgreiche Drehbuchautoren, einmal waren sie sogar für den Oscar nominiert. In Los Angeles wurde Dorothy auch zur politischen Aktivistin, sie rief zum Widerstand gegen den aufkommenden Faschismus in Deutschland und Spanien auf und wurde daraufhin vom FBI beobachtet. Auch diese zweite Ehe scheiterte, aber ihr Engagement dauerte an, und in ihrem Testament legte sie fest, dass nach ihrem Tod all ihr Hab und Gut an Martin Luther King Jr. übergehen sollte. Ihren Grundbesitz vermachte sie der NAACP (siehe Rosa Parks ab Seite 39).

Auch ihre eigene Grabrede hatte sie bereits geschrieben, ein weiteres Meisterstück literarischer Knappheit, leider jedoch gab es einen Streit um ihr Testament, sodass die Urne mit ihrer Asche noch lange herumstand, unter anderem siebzehn Jahre im Aktenschrank ihres Anwalts, bis die NAACP durchsetzte, dass sie in ihrem Hauptquartier in Baltimore beigesetzt werden sollte.

Also, wenn wir das nächste Mal feststellen, dass jemand nach dem dritten Date einfach auf Nimmerwiedersehen verschwindet oder wir ratlos dastehen, weil unser Partner einfach nicht in der Lage ist, Gefühle auszudrücken, sollten wir an Dorothy Parker denken und an ihre außergewöhnliche und unvergessliche Gabe, auch die peinlichste Abfuhr in prägnante, geschliffene Worte zu fassen. In ihren Beschreibungen von Frauenschicksalen spielt zwar auf jeden Fall auch Verzweiflung eine Rolle, aber ihr Trotz, gepaart mit teuflischem Verstand und übermenschlicher Cocktail-schlürfender Energie zum Feiern, scheint stets hindurch. Sie war Gegnerin alles Langweiligen und Mondänen, eine Göttin der Frechheit mit messerscharfem Verstand.

Fanny Cochrane Smith

und der ungewöhnliche Klang unserer Stimme

Nichts ist frustrierender als arrogantes, unausstehliches Verhalten im Konferenzraum. Der eine kann nicht mal die halbe Stunde Diskussion aushalten, ohne auf seinem Handy herumzutippen. Der Nächste hat immer die altbekannten Nun-macht-schon-Gesten parat, wenn jemand anderer als er selbst spricht, und schließlich die allerschlimmste Variante: Das Gespräch dreht sich endlos im Kreis, weil jeder den gleichen Mist wiederholt wie der davor, nur mit anderen Worten, und am Ende kommt überhaupt gar nichts dabei heraus.

Was uns Frauen am häufigsten im Job stört, ist die Schwierigkeit, sich Gehör zu verschaffen. Studien haben bewiesen, dass wir – wenn wir es denn schaffen, Redezeit zu bekommen, und man uns zuhört – als weniger kompetent wahrgenommen werden als die männlichen Kollegen. Fanny Cochrane Smith, der allerletzte Mensch, dessen Muttersprache das indigene Tasmanisch war, wusste nur zu gut, wie wichtig es ist, die eigene Stimme zu finden und zu behalten. Ihre Geschichte lehrt uns, wie man das Schlimmste, was einem das Leben in den Weg stellen kann, überwindet und sich selbst treu bleibt, selbst dann, wenn alle anderen einem den Mund verbieten wollen.

Als die ersten europäischen Entdecker 1803 nach Tasmanien kamen, zählte man dort noch rund viertausend Aborigines. Einhundert Jahre nachdem die für ihre unsensible Art bekannten britischen Truppen ihren Fuß auf die Insel gesetzt hatten, war so gut wie keiner mehr da. Von Anfang an war die Beziehung zwischen Siedlern und Ureinwohnern katastrophal, denn die Briten benahmen sich barbarisch, Mord und Vergewaltigung waren beliebte Freizeitbeschäftigungen. Im Jahr 1830 war die Aborigine-Bevölkerung Tasmaniens so gut wie ausgelöscht, und irgendwer hatte dann die Spitzenidee, dass Rassentrennung den Konflikt auf geradezu magische Weise lösen würde. 1834 wurden 134 Aborigines davon »überzeugt«, sich zur Abschreckung auf Flinders Island anzusiedeln, damit man sie dort »zivilisieren und christianisieren« konnte. Flinders Island war trostlos, das Wetter war schrecklich, und anbauen konnte man dort auch nichts. Abgeschnitten von ihrer Heimat und ihrer Kultur, starben viele Ureinwohner an einer tödlichen Kombination aus körperlicher und geistiger Not.

Fanny Cochrane war unter den ersten Kindern, die auf Flinders Island geboren wurden, ihre Mutter hieß unheilvollerweise Tanganutura, was »bitterlich weinend« bedeutet. Fannys Name wurde ihr von den »Zivilisierern« auf Flinders zugeteilt, ein weiterer Anschlag auf die Kultur der Aborigines. Mit sieben Jahren wurde sie auf die Hauptinsel gebracht, vorgeblich, damit sie dort Haushaltsaufgaben erlernen konnte, tatsächlich aber lebte sie in einem Waisenhaus, das einem unbarmherzigen Gefängnis glich – man stelle sich Oliver Twist plus extra Gewaltanwendung vor. Im Alter von zwölf Jahren kehrte sie auf die Insel zurück, um im Haushalt des Gefängniskatecheten zu arbeiten, eines klassischen Brutalo-Aufsehers, der sie entsetzlich behandelte und häufig ankettete. Sie revanchierte sich, indem sie versuchte, sein Haus in Flammen aufgehen zu lassen.

1847 war schließlich klar, dass das Flinders-Projekt gescheitert war. Die 47 Überlebenden, unter ihnen Fanny, wurden zurück aufs Festland gebracht. Dort heiratete sie William Smith, einen Ex-Sträfling aus England, der wegen seines Hangs zum Eseldiebstahl auf die weite Reise geschickt worden war. Die beiden führten zusammen ein eindrucksvolles Leben, bekamen elf Kinder, unterhielten eine Pension und lebten vom Holzverkauf. Fanny war berühmt für ihre Kochkunst und ihre Kraft – sie lief regelmäßig die fünfzig Kilometer bis nach Hobart, um dort Vorräte einzukaufen. Doch obwohl sie für sich und ihre Familie ein gutes Leben aufbaute, vergaß sie ihr unterdrücktes Volk nicht. Sie konvertierte zwar zum Methodismus, weigerte sich jedoch, die engen Bindungen an ihr Volk aufzugeben, schwelgte in Bush-Craft, traditionellen Riten und Liedern. Im Jahr 1876 beanspruchte Fanny den Status, die letzte

Aborigine mit ausschließlich tasmanischen Vorfahren zu sein, was 1889 auch vom tasmanischen Parlament bestätigt wurde. Stellen wir uns nur mal vor, wie seltsam es sich anfühlen muss, zu wissen, dass man der letzte Mensch auf der Erde ist, der die Sprache, Musik und Geschichten der eigenen Kultur kennt! Statt sich aber aus existenzieller Wut und Einsamkeit in ein Mauseloch zu verkriechen, entschied sich Fanny, durchs Land zu reisen und dafür zu sorgen, dass sie und die Sprache ihres Volkes gehört würden.

Während eines solchen Vortrags begegnete sie Horace Watson, einem reichen Unternehmer und frühen Marketing-Guru. Er erkannte Fannys historische Bedeutung und ihren Status als letzter Türöffner zu einer fast schon ausgestorbenen Sprache und beschloss daher, ihre Reden und ihren Gesang phonografisch aufzuzeichnen. Das können wir uns noch heute anhören. Fanny starb 1905, doch 2003, knapp einhundert Jahre später, entschieden die tasmanischen Aborigines, darunter Fannys Nachkommen, diese indigene Sprache zu rekonstruieren. Im Jahr 2013 hatten sie dann ausreichend viele Wörter zusammengetragen, um ein Lexikon zusammenzustellen – eine beachtliche Leistung bei einer Sprache, die beinahe ausschließlich mündlich überliefert wurde.

Fanny Cochrane Smith hat im wörtlichen und im übertragenen Sinne ihre eigene Stimme gefunden, sie war die Brücke, die noch heute zwischen zwei Kulturen besteht. Ihre kratzigen, trillernden Aufzeichnungen rühren uns an, denn sie sind voller Trotz und Freude. Indem sie sich selbst in den Vordergrund gestellt und gesprochen hat, hat sie uns ein unbezahlbares kulturelles Erbe hinterlassen.

Mary Stopes

und warum wir (nicht unbedingt) Kinder haben müssen

Jede Frau hat das Recht, selbst über ihren Körper zu entscheiden, und man sollte meinen, dass die Debatte darüber längst erledigt sein müsste. »Unglaublich: Wir kämpfen immer noch gegen diesen Mist!« stand auf einem Plakat beim Protestmarsch für Frauen- und Menschenrechte in Washington, D.C., im Januar 2017. Ein unqualifizierter Herr nutzte seine ersten Amtshandlungen dazu, eine Präsidentenverfügung zu unterschreiben, nach welcher den Einrichtungen, die über Schwangerschaftsabbrüche aufklären, die Zuschüsse gekürzt werden. Und genau deswegen können wir uns jetzt nicht zurücklehnen und unsere Eierstöcke schaukeln. Eine neue Studie hat nämlich ergeben, dass 44 Prozent aller Schwangerschaften weltweit ungeplant sind. Schwangerschaft und Geburt sind gewaltige gesundheitliche und psychologische Anstrengungen, mal ganz abgesehen von der folgenden lebenslangen Erziehung der Sprösslinge. Für viele Feministinnen ist die Möglichkeit, selbst zu entscheiden, ob sie sich das aufbürden wollen, das einzig wirklich Befreiende, was Frauen in der Geschichte überhaupt geschafft haben.

Es lohnt sich also, zu einer mutigen Frau zurückzublicken, die dazu beigetragen hat. Marie Stopes, die Pionierin auf dem Gebiet der Familienplanung, wurde in Edinburgh geboren, ihre Mama war eine Suffragette, der Papa Archäologe. Schon ihre erste Karriere klingt ziemlich abgefahren: Sie war Paläobotanikerin, suchte nach Fossilien, schloss fürs Erste das Studium am University College in London ab, setzte am Münchner Institut für Botanik den

Doktor drauf und rundete ihre akademische Laufbahn ab, indem sie die erste weibliche Wissenschaftlerin der Manchester University wurde. Man hatte ihr den Job zwar nur aus Versehen angeboten, konnte dann aber irgendwie schlecht einen Rückzieher machen (an dieser Stelle können wir uns ein kleines Grinsen nicht verkneifen). Ihre erste Ehe mit ihrem Wissenschaftlerkollegen Reginald Ruggles Gates funktionierte nicht (im wahrsten Sinne des Wortes), denn sie fand heraus, dass er impotent war. Die Ehe wurde dann recht bald annulliert.

Mary kannte sich nicht nur mit der Fortpflanzung von Blumen aus, sondern interessierte sich auch für ihre eigene Sexualität und machte eine Wissenschaft daraus. In ihrer Biografie ist die Rede davon, dass sie, während sie nach der Scheidung allein lebte, eine Art Tagebuch führte: »Auflistung der Symptome sexueller Erregung in Einsamkeit«. Klingt irgendwie lohnender, als To-do-Listen abzuhaken. Es ist auch davon auszugehen, dass sie auf ihren Reisen eine leidenschaftliche Affäre mit einem japanischen Professor hatte. Aus ihrer Erfahrung der sexuellen Frustration in der Ehe entstand ein revolutionäres Sex-Handbuch, das für Frauen geschrieben war und mit der Vorstellung aufräumte, dass es für Frauen unschicklich sei, sich am Sex zu erfreuen. (Damals war es sehr viel damenhafter, wenn Frauen einfach in die Kissen sanken und an ihr Vaterland dachten, statt Spaß zu haben.) Ihr Buch mit dem Titel *Married Love* (Liebe in der Ehe) brachte ihr viel Ruhm ein – und den gleißenden Zorn der katholischen Kirche, der sich noch steigerte, als sie einen weiteren überwältigenden Bestseller nachschob: *Wise Parenthood* (Kluge Elternschaft), der nichts weniger war als ein Ratgeber zur Empfängnisverhütung. Ein Jahr später heiratete sie Humphrey Verdon Roe, der ihre Ansichten zur Geburtenkontrolle teilte.

Die wirklich richtungsweisende Arbeit allerdings wurde in Marys Kliniken geleistet. 1921 eröffnete sie in London *The Mothers' Clinic* (Mütter-Klinik), eine wirklich bahnbrechende Einrichtung, wo Ärztinnen kostenlose Ratschläge und Verhütungsmittel an Frauen verteilten, die selbst entscheiden wollten, ob sie noch ein weiteres Mäulchen stopfen konnten bzw. wollten – oder nicht. Das klingt zwar unwiderlegbar vernünftig, doch reagierten viele Leute empört. Der katholische Schriftsteller Dr. Halliday Sutherland schrieb ein Buch, in dem er andeutete, dass Mary den Deutschen schmeichele (was in der Zwischenkriegs-zeit eine schwere Anschuldigung war), Versuche mit Armen anstelle und dass Teile ihrer Arbeit ungesetzlich seien. Sie zerrte ihn wegen übler Nachrede vor Gericht, und nach einem langen Hin und Her, Berufung und Anfechtung gab es als Zugabe ein paar dubiose Urteile. Mary verlor am Ende, aber die Aufmerk-samkeit, die ihren Ansichten zuteilwurde, war mit Geld nicht zu bezahlen. In den Zwanzigerjahren eröffnete sie weitere Kliniken und schuf in den Dreißi-gerjahren das *National Birth Control Council* (so etwas wie ein staatliches Institut für Geburtenkontrolle), das heute noch als *Family Planning Association* Millio-nen von Menschen hilft, ihre Familienplanung sowie die Gesundheit im Hin-blick auf Sexualhygiene und Fortpflanzungsmedizin selbst in die Hand zu nehmen.

Mary hatte ein beeindruckendes Selbstbewusstsein, war durchaus anfällig für Selbstherrlichkeit und teilte ein paar Ansichten, die ziemlich verstörend sind und die wir nicht einfach vom Tisch fegen können. Sie war eine radikale Frau, allerdings dehnte sich dieser Radikalismus auch auf einige recht absei-tige Dinge aus. Ihre bedenklichste Überzeugung bestand darin, Sterilisatio-nen zu fördern, besonders die von armen Leuten. Abgesehen davon war sie Rassistin, unter anderem war sie nämlich der Ansicht, dass Süditaliener einer »niederen« Rasse angehörten. Und obwohl die Kliniken, die heute ihren Namen tragen, sich hauptsächlich mit diesem Thema beschäftigen, war sie gegen Abtreibungen eingestellt und bezeichnete sich selbst als Anhängerin der Erbgesundheitslehre, die zum Ziel hatte, nur positive Genanlagen weiter-zuvererben. Darüber zerstritt sie sich mit ihrem eigenen Sohn, der dum-merweise eine kurzsichtige Frau heiratete. Sie war unbestreitbar extrem, und viele ihrer Ansichten sind nach heutigen Maßstäben kein bisschen akzepta-bel, und dennoch hat ihr Hauptanliegen das Schicksal von Millionen von Frauen verbessert. Sie starb bereits 1958 an Brustkrebs, doch in den Siebzi-gerjahren entstand die Stiftung Mary Stopes International, die ihre Pionier-arbeit fortsetzte. Ihre Kliniken sind bis heute in Großbritannien führend auf dem Feld der Familienplanung, und weltweit sind zahlreiche Außenstellen entstanden.

Wir alle können Mary und den anderen Pionierinnen und Pionieren in der

Wissenschaft, die wirksame Verhütungsmittel erfunden haben*, dankbar sein, dass wir kein Leben voller unablässiger Geburten und Geschlechtskrankheiten mehr fristen müssen. Nach all dem, was wir heute zur Auswahl haben, kann man gar nicht zu cool sein, um sich um seine eigene Gebärmutter zu kümmern: entweder mithilfe von Pille, Kondom, Hormonimplantat, Spirale, bizarren Dingen wie dem Kondom für Frauen oder dem Pessar, ein Retro-Modell aus den Siebzigern. Wir können die Waffen selbst wählen. Und wenn doch etwas »schiefgegangen« ist, ist das auch noch kein Grund zur Panik! Da war nämlich diese Frau, deren unermüdlichem Aktivismus und Mut, sich Gehör zu verschaffen, wir es verdanken, dass die meisten von uns heute im einundzwanzigsten Jahrhundert die Wahl haben. Und es ist eine Tragödie, dass es immer noch Nachbarländer gibt, wo das nicht so ist. Egal auf welche Weise wir unsere Fortpflanzungsorgane pflegen, wir sollten immer daran denken, dass es *unser* Körper ist und kein blöder Sack – weder in unserem Schlafzimmer noch auf dem Richterstuhl – das Recht hat, uns vorzuschreiben, was wir tun sollen. Merke: Sex ist wundervoll, Fortpflanzung dagegen nur eine von mehreren Möglichkeiten.

---

* Ein Hoch auf Margaret Sanger, Gregory Pincus, Carl Djerassi, Katherine McCormick, Richard Richter und all die anderen hilfsbereiten ChemikerInnen, BiologInnen und AktivistInnen!

Betty Ford

und wissen, wann es genug ist

*W*enn man vom Guten zu viel hat, kann das wunderbar sein«, sagte die unerschütterliche Mae West (siehe Seite 33). Aber woher wissen wir, wann sich feuchtfröhliche Zeiten zu etwas Gefährlichem verwandeln? Wie kann man feststellen, dass man nach durchfeierten Nächten vielleicht ein bisschen zu oft einen Kater hatte? Na ja, immerhin saufen wir uns nicht so oft ins Koma wie vorangegangene Generationen, aber leider, leider stellt Alkoholmissbrauch in Großbritannien nach wie vor den größten Risikofaktor für die Gesundheit aller Menschen zwischen fünfzehn und neunundvierzig dar. In Deutschland gingen in den vergangenen Jahren jeweils etwa eine halbe Million Krankenhausaufenthalte von 16- bis 64-Jährigen auf eine alkoholbedingte Erkrankung zurück. Abgesehen vom Alkohol, der seit Ewigkeiten die Rauschmittelliste anführt, raucht in Deutschland etwa ein Sechstel aller Sechzehn- bis Vierundzwanzigjährigen einiges an Zigaretten, und konsumiert Drogen, vor allem die drei beliebtesten Cannabis, Kokain und Ecstasy.

Betty Ford, die ehemalige First Lady und eine der reizendsten Republikanerinnen, die man je gesehen hat, wusste besser als die meisten anderen, wo die Grenze zwischen gesunden und ungesunden Entspannungshilfen verläuft. Elizabeth Anne Bloomer, so ihr voller Name, stammt aus Chicago. Ihr Vater war Verkäufer und starb, als sie sechzehn war, ihre Mutter arbeitete als Immobilienmaklerin, um die Familie über Wasser zu halten. Betty hatte Talent fürs Tanzen (siehe Mekatilili wa Menza auf Seite 101) und Unterricht bekommen, seitdem sie acht Jahre alt war. Später lernte sie dann in Martha Grahams berühmtem Ensemble in New York. Ihre Mutter war nicht hundertprozentig glücklich mit der Berufswahl ihrer Tochter und schien überhaupt ein schwieriger Mensch zu sein. Als Betty noch ein kleines, dickes Mädchen war, heftete sie ein Schild an ihren Rücken mit der Aufschrift »Bitte nicht füttern!«. Betty kehrte nach Grand Rapids in Michigan zurück, wo sie als Model und Modeeinkäuferin arbeitete und eine Tanzschule für benachteiligte Kinder führte. 1942 heiratete sie, doch die Ehe hielt nur fünf Jahre. Nicht lange nach der Scheidung traf sie den örtlichen Rechtsanwalt Gerald Ford.

Zu Beginn ihrer Beziehung machte Gerald Wahlkampf und bewarb sich um ein Amt – und tatsächlich kam er dann auch der Arbeit wegen zu spät zu seiner eigenen Hochzeit. Nach der Wahl zogen sie nach Washington, und Betty blieb zu Hause und versuchte, mit dem Stress klarzukommen, den die Erziehung ihrer vier Kinder so mit sich brachte. Gerald machte derweil Politik. Wie viele Mütter kleiner Kinder fing auch Betty an, sich auf ihren Entspannungsdrink am Abend zu freuen, gab später jedoch zu, dass sie gelegentlich auch tagsüber ein Löffelchen Wodka in ihren Tee gerührt hat. Im Jahr 1960 hatte sie aufgrund eines eingeklemmten Nervs Schmerzen, was wiederum eine Medikamentenabhängigkeit zur Folge hatte. Betty begann eine Therapie, und ihr Mann versprach, sein Amt als Vizepräsident mit dem Ende von Nixons folgender Amtszeit niederzulegen.

Die Pläne der Familie Ford, es langsamer angehen zu lassen, wurden vom Watergate-Skandal zunichtegemacht. 1974 musste Nixon deshalb zurücktreten, und Gerald sprang ein, um dessen Amt zu übernehmen. Im selben Jahr wurde bei Betty aufgrund ihrer Brustkrebserkrankung eine Mastektomie vorgenommen, und sie tat einen ungewöhnlichen Schritt: Sie ging damit in die Öffentlichkeit. Betty Ford ermutigte Hunderte von Frauen, sich untersuchen zu lassen, und füllte ihre Rolle als First Lady auf eine beispiellos offene und ehrliche Weise aus. In den Siebzigerjahren waren die Menschen in den USA noch ziemlich zugeknöpft und prüde. Entsprechend schockiert reagierte man, als bekannt wurde, dass sie und Gerald im Weißen Haus das Schlafzimmer teilten. Und erst recht, als Betty für Abtreibungen und Waffengesetze eintrat und die Öffentlichkeit darüber spekulierte, ob sie ihrer Tochter am Ende auch noch erlauben würde, voreheliche Sex zu haben und Gras zu rauchen. Später

sprach sie sogar offen über ihr Facelifting und setzte sich für die gleichge-
schlechtliche Ehe ein. Konservative Kommentatoren nannten sie »No Lady«
statt First Lady (siehe Phoolan Devi auf Seite 115), aber es gab auch viele Menschen, die von ihrer Offenheit und ihren Tanzeinlagen bei Staatsempfängen
entzückt waren – und 1975 wurde sie vom *Time Magazine* zur *Woman of the Year*
gewählt. Als ihr Mann 1975 erneut für das Präsidentenamt kandidierte, war
sie so beliebt, dass seine Unterstützer Buttons mit der Aufschrift »I'm Voting
for Betty's Husband« (Ich wähle Bettys Mann) trugen. Als Gerald gegen Jimmy
Carter verlor, zog sich die Familie nach Kalifornien zurück.

Während dieser gesamten Zeit schritt Bettys Alkohol- und Schlafmittelab-
hängigkeit weiter voran, bis schließlich ein Punkt erreicht war, an dem ihre
Tochter beschloss, dass die Familie eingreifen musste und Betty gegen ihren
Willen in eine Entzugsklinik gebracht wurde. Noch heute halten prominente
Leute derartige Zusammenbrüche lieber geheim, Betty aber war anders. Sie
sprach in aller Öffentlichkeit über ihre Sucht, und redete davon, wie sie durch
den Druck, die Kinder zu erziehen, und das Gefühl der Unzulänglichkeit, weil
sie keinen Hochschulabschluss hatte (siehe Isabella Beeton auf Seite 145), aus
der Bahn geworfen wurde. Aber sie ließ ihren Worten auch Taten folgen und
eröffnete 1982 das erste *Betty Ford Center*, in dem Abhängige mit dem Ziel
behandelt werden, clean und gelassen zu werden. Unter den dort Behandelten
waren illustre Namen wie Liz Taylor, Ali MacGraw, Johnny Cash und Tony
Curtis. Sie reiste weiterhin durchs Land und sprach über Suchtprobleme,
beendete diese Tätigkeit aber nach dem Tod ihres Mannes 2006. Betty starb im
Jahr 2011 im Alter von 93 Jahren und liegt neben ihm auf dem Gelände des
Gerald Ford Museum in Grand Rapids begraben.

Wenn es darum geht, ob wir vielleicht zu viel feiern, sollten wir genauso ehrlich zu uns selbst sein, wie Betty es zu allen anderen war. Alkoholfreie Tage sorgen dafür, dass wir eine Vorstellung davon bekommen, wie sehr unsere gute
Laune von irgendwelchen Hilfsmitteln abhängt. Es ist normal, wenn man
nach einem harten Tag gerne einen Drink möchte, aber wenn die Gefahr
besteht, dass man unter Alkoholeinfluss sich oder anderen wehtun könnte, ist
der Zeitpunkt gekommen, an dem man eingestehen muss, dass es zu viel
geworden ist. Wir sollten immer dafür sorgen, gute Freunde zu haben, die

offen zu uns sind, und wir sollten auf sie hören. Dank Bettys Arbeit ist es zum Glück kein Stigma mehr, Hilfe zu suchen, und sie hat mit dafür gesorgt, dass es auch ausreichend Auswahl gibt. Lasst uns deshalb mit einem Glas Wasser auf Betty anstoßen und weitertanzen!

Isabella Beeton

und wie wir das Hochstaplersyndrom ignorieren

*A*ch! Überall ist das Hochstaplersyndrom dafür verantwortlich, dass talentierte Menschen sich selbst im Weg stehen und in ihrem Weiterkommen gehemmt werden. Egal, wie gut unsere Noten sind, egal, welche beruflichen Erfolge wir verbuchen können, tief in unserem Inneren glauben wir doch, dass all die Komplimente bloß gelogen sind und man uns beim nächsten Fehler überführen wird. Wir zweifeln an unseren eigenen Fähigkeiten und leiden eben an diesem sogenannten Hochstapler-Syndrom. Ärgerlicherweise sind es meist talentlose Schwachköpfe ohne jedes Charisma, die niemals auch nur einen Hauch dieser schrecklichen Paranoia in sich spüren. Stattdessen sind es vor allem echt begabte, leistungsstarke Menschen, die an diesen tückischen Zuständen verzweifeln. Was also können wir dagegen tun? Es gab da in der Vergangenheit eine gewisse Hausfrau, die *wirklich* am Hochstaplersyndrom hätte leiden müssen, und zwar mehr als die meisten von uns. Tatsächlich aber hat sie ihrer eigenen Unzulänglichkeit ins Gesicht gelacht und in ihrem kurzen Leben mehr erreicht, als viele von uns bis ins hohe Alter zustande bringen.

Wenn wir den Namen Mrs. Beeton hören, haben wir gleich das Bild einer matronenhaften Dame mit Reifröcken vor Augen, die mit der Rührschüssel in der Hand die Dienstboten zusammenstaucht und drakonische Anordnungen für den Haushalt brüllt. Und ja, es stimmt, dass Mrs. Beeton in ihrem berühmten *Book of Household Management* gerne mal Unsinn verbreitet hat, zum Beispiel: »Ich war schon immer der Ansicht, dass nichts so nachhaltig Anlass für

Familienstreitigkeiten gibt wie eine unordentliche Hausfrau, die grauenvoll kocht.« Oder auch: »Wenn die Frau des Hauses Frühaufsteherin ist, ist ihr Haus ordentlich und wohl geführt. Wenn sie aber lange im Bett liegen bleibt, werden ihre Bediensteten (wie wir beobachtet haben) unweigerlich einige Eigenschaften ihrer Herrin übernehmen und wahrscheinlich Faulpelze werden.« Lass gut sein, Mrs. B., ein paar von uns brauchen morgens einfach ein bisschen länger, um wach zu werden.

Isabella Beeton war eine junge, vorausschauende Unternehmerin, Übersetzerin, Journalistin und Redakteurin, die – man glaubt es nicht – eigentlich kaum kochen konnte. Bella stammte aus London und war das älteste von 21 Kindern. 1856 heiratete sie den Verleger Samuel Beeton und begann, Artikel für seine monatlich erscheinende Frauenzeitschrift *Englishwoman's Domestic Magazine* zu schreiben. Ihre ersten Beiträge waren Kolumnen zum Thema »Kochen, Einmachen und Haltbarmachen«, die großen Erfolg hatten – obwohl sie vergessen hatte, im Rezept für Biskuitkuchen das Mehl aufzulisten. In der nächsten Ausgabe hatte sie dann eine Entschuldigung abdrucken müssen. Eigentlich hat Mrs. Beeton viele Rezepte schlicht geklaut. Nachdem ihre Tante sie darauf hingewiesen hatte, dass es Jahre dauern würde, bis sie echte kulinarische Expertise erreichen würde, beschloss sie, aus den Kochbüchern, die sie besaß, die Rosinen herauszupicken, und schrieb dank des zur damaligen Zeit laxen Urheberrechts die besten Rezepte einfach ab. Mrs. B. wurde immer mal wieder des Diebstahls von geistigem Eigentum beschuldigt, aber sie hat tatsächlich etwas Neues eingeführt: die Zutatenliste am Anfang eines Rezepts, damit die Kochende von vornherein alles Notwendige griffbereit hatte. (Sie hat zwar nicht erwähnt, dass man wie in Kochshows alles in Weckgläsern und Designer-Messbechern abmessen soll, aber es hätte ihr sicherlich gefallen.)

Als Samuel Beeton in seiner Eigenschaft als publikumsangepasster Verleger merkte, dass er da ein heißes Eisen hatte, das nur noch geschmiedet werden musste, beschloss er, einen Sammelband zu veröffentlichen: *Mrs. Beeton's Book of Household Management*, das leider nie ins Deutsche übersetzt wurde. Das Buch wurde sofort ein Bestseller und wird noch immer nachgedruckt, mehr als 150 Jahre nach dem ersten Erscheinen. Der Grund für den Erfolg liegt darin, dass es nicht nur eine Sammlung von zweitausend Rezepten ist, sondern außerdem allerlei andere Haushaltsangelegenheiten bespricht, zum Beispiel Themen wie Menüplanung, der Umgang mit Dienstboten, Kindererziehung und die allzeit beliebte naturkundliche Abhandlung über Fische, die »*Natural History of Fishes*«. Praktischerweise ist auch ein von einem Arzt verfasstes Kapitel über Krankheiten enthalten, ein von einem Anwalt verfasstes über Fragen des Grundstückseigentums und Ähnliches mehr. Obschon Isabella über die Jahre viel Kritik hat einstecken müssen, zielt es bewundernswerterweise darauf ab, Familien zur Sparsamkeit anzuhalten, und es handelt von der Saisonabhängigkeit der Lebensmittel und vom guten Wirtschaften. Zu Beginn der Industrialisierung lebten erstmals in der Geschichte viele Frauen nicht mehr in der Nähe ihrer Familien. Sie konnten zwar ein hübsches Liedchen auf dem Klavier klimpern, hatten aber keinen blassen Schimmer von den komplizierteren Anforderungen, die die Organisation eines Haushalts an sie stellte. Isabella verglich die Haushaltsführung mit dem Befehligen einer Armee. (Vielleicht sollten wir den hübschen Begriff der »Hausfrau« durch »Familienverwalterin« oder »Direktorin für Haushaltsangelegenheiten« ersetzen.) Mrs. B. jedenfalls zeigte den verwirrten Damen ihrer Generation, wo es langging.

Isabella starb erschreckend früh, mit achtundzwanzig Jahren, nachdem sie während der Geburt ihres vierten Kindes an einer Infektion erkrankt war. Nach ihrem Tod wuchs ihr Ruhm noch weiter. Ihr Buch wurde ständig aktualisiert, oft zur Hochzeit verschenkt und ist bis heute ein fester Bestandteil von Kochbuchsammlungen. Bemerkenswert ist, dass die dynamische und unkonventionelle Mittzwanzigerin mit nur dürftigen Kochkünsten zu einer Marke geworden ist und noch heute als Synonym für perfekte Haushaltsführung gilt. Wenn uns also mal wieder das Hochstaplersyndrom packt und wir an unserer eigenen Leistung zweifeln, sollten wir an diese Lady denken. Eine Haushaltsgöttin, die eigentlich alles Mögliche war, aber genau das gerade eben nicht. *Sie* war eine Hochstaplerin, und sie hat diese Rolle ausgefüllt. Ihr war klar, dass sie auf dem Weg zum Ruhm Risiken eingehen, die eigenen Grenzen akzeptieren und verstehen musste, dass man trotz gewisser Fehler unglaublich toll sein kann. Wenn wir das nächste Mal morgens um Viertel vor acht verzweifelt eine

Strumpfhose ohne Laufmasche suchen oder unser einziges Paar regenfeste Schuhe und dabei noch eine brühend heiße Tasse Kaffee schlürfen und auf dem Handy Mails beantworten, sollten wir Isabellas Lifehack befolgen: »Wenn alles seinen Platz hat, ist für alles Platz.«

George Eliot

und die wahre Schönheit

*D*er Romanautor Henry James war sechsundzwanzig, als er die geniale George Eliot zum ersten Mal traf – und sie war fünfzig: »Sie ist wunderbar hässlich, einfach herrlich abscheulich. Sie hat eine niedrige Stirn, stumpfe graue Augen, eine gewaltige herabhängende Nase, einen riesigen Mund mit unregelmäßigen Zähnen, dazu ein endloses Kinn und einen gewaltigen Kiefer.« Nun mal langsam, lieber Henry! Ist ja nicht so, als ob du als Schönheitskönig ausgezeichnet worden wärst. Nicht zuletzt wegen seiner berühmt gewordenen Beschreibung und der Porträts, die wir von dieser überragenden Romanautorin haben, geht eigentlich jede Bemerkung über ihr Aussehen mit einem Lob ihrer literarischen Werke einher.

Als Mary Ann Evans wurde sie im mittelenglischen Warwickshire geboren, und ihr Vater erkannte früh die Fähigkeiten seiner klugen, ernsten Tochter. Er sorgte dafür, dass sie eine gute Erziehung genoss, allerdings nur, bis ihre Mutter starb. Da war sie sechzehn, musste nach Hause kommen und sich um den Haushalt kümmern – damals ein ganz alltäglicher Rückschritt für junge Frauen. Es wurde einfach erwartet, dass sich unverheiratete Töchter um ihre Väter kümmern. Wofür sonst war eine Frau denn da, wenn nicht, um sich um einen Mann zu kümmern? Aber für die anspruchsvolle Seele der kleinen Mary Ann standen die Sterne trotzdem günstig, denn durch den Job ihres Vaters als Gutsverwalter von Arbury Hall Estate und die Liebenswürdigkeit der Dame des Hauses hatte sie Zugang zur umfangreichen Bibliothek des Anwesens. Findig, wie sie war, hat sie ihre Ausbildung einfach alleine weitergeführt.

Nachdem ihr Bruder und ihre Schwester beide geheiratet und das Haus verlassen hatten, blieb Mary Ann die einzige Gefährtin des Vaters. Die Familie Evans war gläubig und an sozialen Themen interessiert, wie etwa den Armen in der Gemeinde zu helfen. Mary Ann beschäftigte sich also nicht besonders mit ihrem Aussehen, obwohl ihr wohl bewusst war, dass sie nicht gerade ein Hingucker war. Intellektuell dagegen war sie wie eine hinreißend schöne Blüte. Als sie mit ihrem Vater nach Coventry umzog, fand sie in der Familie Bray hippe neue Freunde, die ihr neumodische radikale Ideen nahebrachten – zum Missfallen ihres Vaters übrigens. Darüber hinaus begann sie eine journalistische Laufbahn und schrieb Artikel für eine Lokalzeitung, die Mr. Bray gehörte.

Im Jahr 1849, da war sie dreißig, starb Mary Anns Vater – und sie verlor keine Zeit, sondern machte sich auf in die große weite Welt. Fünf Tage nach der Beerdigung zog sie los in Richtung Europa. Wieder zurück in Großbritannien, ließ sie sich in London nieder und logierte bei ihrem alten Bekannten, dem Verleger John Chapman. Dieser verschaffte ihr einen Job als Redaktionsassistentin seiner Zeitschrift, eine einflussreiche Position, an der sie jahrelang Freude hatte. Sowohl Chapmans Frau wie auch dessen Geliebte (wie zu erwarten die Nanny seiner Kinder) waren weder von Mary Ann noch von Chapmans Interesse an ihr erfreut, weswegen sie für eine Weile in die Wüste geschickt wurde, oder zumindest aufs Land. Es war sowieso nicht Chapman, der Mary Anns große Liebe werden sollte.

1851 nämlich lernte sie den Schriftsteller George Henry Lewes kennen, und die beiden verliebten sich Hals über Kopf. Das einzige Problem war, dass George Henry durch moralisch-rechtliche Widrigkeiten auf Gedeih und Verderb mit einer anderen Frau verheiratet war. Seine Frau Agnes lebte zwar mit einem Kumpel von ihm zusammen und hatte mit diesem »Hausfreund« mehrere Kinder, doch George hatte diese Kinder leider offiziell als seine anerkannt. Damit hatte er ihren Ehebruch stillschweigend hingenommen und auch eine Scheidung unmöglich gemacht. Der gläubige Gutmensch Mary Ann brachte daraufhin ihren Bruder zur Weißglut, weil sie fortan mit ihrem Geliebten in Sünde lebte. Da man sie nun als Schlampe betrachtete, wurde sie in den folgenden Jahren zwar nicht mehr zu Familienfeiern eingeladen, doch ihrer Karriere hat dieser Schritt sehr gutgetan.

Ermutigt von George Henry, veröffentlichte sie im Jahr 1857 mit achtunddreißig Jahren ihr erstes literarisches Werk, die Kurzgeschichte »The Sad Fortunes of the Reverend Amos Barton«* unter dem Pseudonym George Eliot. Es wurde ein rasender Erfolg. Sie wählte ein männliches Pseudonym, damit ihr Werk auch ernst genommen würde und um zu verhindern, dass – wie bei weiblichen Autoren immer noch üblich – irgendjemand ihren Beziehungsstatus und ihre körperlichen Reize überprüfte. »Amos« war der erste Teil ihres Kurzgeschichtenbands *Scenes of Clerical Life***, der 1858 erschien. Danach folgten *Adam Bede* (1859), *Die Mühle am Floss* (1860), *Silas Marner* (1861), *Romola* (1862), *Felix Holt, der Radikale* (1866), *Middlemarch* (1871) und *Daniel Deronda* (1876) – eine erstaunliche Quote! *Middlemarch* ist ein unglaubliches Werk, das regelmäßig ganz oben auf der Liste der bedeutendsten englischen Romane steht. Wer es heute liest, ist noch genauso beeindruckt von Georges psychologischem Einfühlungsvermögen wie die Menschen damals, kurz nach Erscheinen des Buches. Zu ihren Fans zählten damals Charles Dickens, Emily Dickinson (siehe Seite 109) und Queen Victoria selbst (siehe Seite 283). Nach dem Erscheinen von *Adam Bede* wurde George Eliots wahre Identität enthüllt, aber auch ihre skandalösen Lebensumstände konnten ihrer Beliebtheit nichts mehr anhaben. Mit den J.K.-Rowling-artigen Einnahmen aus George E.s Schriftstellerei konnte sich das Paar ein Haus in der Nähe des Regent's Park kaufen und lebte dort bis zu George Lewes' Tod anno 1878.

Einsam und verlassen widmete sich die Schriftstellerin zunächst einzig dem Andenken an ihren Mann. In den folgenden Jahren jedoch entwickelte sich eine sehr enge Freundschaft zu John Cross, einem alten Freund des Paares. Konventionen hin oder her, und obwohl er zwanzig Jahre jünger war als sie, heiratete Mary Ann ihn 1880. Die Hochzeitsreise nach Venedig allerdings verlief recht traumatisch, denn John sprang aus dem Fenster in einen Kanal. Das Schöne daran war nur, dass sie sich endlich mit ihrem Bruder versöhnen konnte, da sie ja nun mit sechzig endlich eine angesehene, verheiratete Frau war. Leider war die Wiedervereinigung nicht von langer Dauer, denn noch im

---

*   Das traurige Schicksal des Hochwürden Amos Barton
**   Szenen aus dem kirchlichen Leben

selben Jahr starb Mary Ann an Nierenversagen. Sie liegt neben ihrem geliebten George auf dem Highgate Cemetery in London begraben.

George Eliot sah nicht besonders gut aus. Ja und? Sie war beruflich erfolgreich, hatte die Liebe ihres Lebens gefunden und sich sogar kurz vor ihrem Tod noch einen Toyboy geangelt – man muss also nicht jung und scharf sein, um Sex zu haben. Und wie Henry James in dem Brief, in dem er ihr Aussehen kritisiert, so schön sagt: »Und dieser unermesslichen Hässlichkeit wohnt eine mächtige Schönheit inne, die in wenigen Minuten hervorprescht und so den Geist umschwärmt, dass sich jeder, ebenso wie ich, in sie verliebt. (...) Ja, siehe an, ich bin regelrecht verliebt in diesen großartigen pferdegesichtigen Blaustrumpf.« Das ist zwar auf jeden Fall eine respektlose Bemerkung über eine literarische Legende, aber dieser sogenannte Blaustrumpf hat ein Leben voller Leidenschaft und Erfolg gelebt. Und ist damit ein wunderbares Vorbild für uns Frauen, nicht zuletzt auch wegen ihres Pferdegesichts.

Annemarie Schwarzenbach

und das unangepasste Leben

Es ist nicht immer leicht, den eigenen Weg zu gehen. Viel einfacher ist es doch, mit dem Strom zu schwimmen – selbst dann, wenn eigentlich klar ist, dass es für einen selbst nicht so richtig passt. Unsere Eltern, Partner und Freunde machen sich alle gewisse Vorstellungen davon, wie wir unser Leben gestalten sollten, und wenn wir etwas ganz anderes tun wollen, brauchen wir dafür ein ziemlich stabiles Selbstvertrauen und reichlich Entschlossenheit. Die Schweizer Schriftstellerin und Fotojournalistin hat stets dagegen gekämpft, Konventionen blind gehorchen zu müssen, und die gängigen Werte immer wieder infrage gestellt. Ihr kurzes, oft kompliziertes Leben war geprägt von Rebellion und Abenteuern, immer auf der Suche nach Grenzen, die ausgedehnt werden können – sowohl im buchstäblichen Sinne wie auch im übertragenen.

Die kleine Annemarie wurde 1908 in eine der reichsten Züricher Familien hineingeboren – bestens ausgestattet für ein sehr bequemes Leben. Vater Schwarzenbach war ein weltweit erfolgreicher Seidenproduzent, ihr Opa Chef der Schweizer Armee. Und doch entsprach ihre Kindheit und Jugend nicht den Klischees des Vornehmen, denn ihre Mutter war nicht nur dominant, sondern wohl auch bisexuell, wobei ihr Vater um die »innigen Freundschaften« seiner Gattin wusste. Und Annemarie kleidete sich oft genug wie ein Junge, was ihre Eltern durchaus förderten.

Nach ihrem Geschichtsstudium in Zürich promovierte sie 1923 und veröffentlichte kurz danach ihre Novelle »Freunde um Bernhard«. Sie zog dann nach Berlin und hing mit den hippen Mann-Kindern Erika und Klaus ab (siehe Seite 43). Annemarie gab mit ihrer androgynen Schönheit und lässigen Eleganz eine außergewöhnliche Figur ab, und das Berlin der Zwanziger mit schnellen Autos, Frauen und Drogen (sie bevorzugte übrigens Morphium) passte perfekt zu ihr. Als überzeugte Antifaschistin hatte sie erbitterte Streitereien mit ihrer Mutter und dem Rest ihrer Familie, die ihren Lebensstil ablehnten und mit den Nazis sympathisierten.

Annemarie begann ihre Reisen im Jahr 1933, zunächst in die Pyrenäen und den Nahen Osten. Sie bereiste Beirut, Jerusalem, Bagdad, Teheran und dokumentierte schriftlich und per Fotokamera, was sie sah. In Teheran lernte sie auch den französischen Diplomaten Claude Clarac kennen – er war schwul und wurde ihr Ehemann. Mit dieser Heirat ergatterte Annemarie einen Diplomatenpass, die französische Staatsbürgerschaft und einen Freund fürs Leben. Dennoch erkrankte sie bald darauf an einer medikamentenbedingten Depression, und der Skandal um ihre Affäre mit der Tochter des türkischen Botschafters war ihrer Genesung auch nicht besonders förderlich.

Von Sommer 1936 bis weit ins Jahr 1937 reiste sie mit der Fotografin Barbara Hamilton-Wright durch Amerika und beschrieb ausführlich die Armut und Verzweiflung der Menschen in den Zeiten der Großen Depression und der Rassentrennung in Nordamerika. Annemarie skizzierte ihre Beobachtungen in mehreren politisch wie moralisch prägnanten Artikeln. Bei einer späteren USA-Reise machte sie 1940 die Bekanntschaft der amerikanischen Schriftstellerin Carson McCullers, die sich gefährlich obsessiv in sie verliebte. Sie erwiderte McCullers Gefühle zwar nicht, doch die Nachwehen der Affäre führten zu einem Selbstmordversuch Annemaries und einem Aufenthalt in einer psychiatrischen Klinik.

Annemarie kehrte 1938 nach Europa zurück und pendelte fortan zwischen Schreibphasen und Klinikaufenthalten. 1939 reiste sie mit der Schriftstellerin Ella Maillard in einem Sportwagen nach Afghanistan. Ella wurde irgendwann des Reisens müde, wollte aber Annemarie von ihrer Sucht heilen – die beiden trennten sich schließlich in Kabul, als es Annemarie trotzdem gelang, wieder Drogen zu kaufen. Sie reiste weiter nach Turkestan und wirbelte dort erneut einen Skandal auf, als sie sich in eine gewisse Marie verliebte – die Ehefrau des Archäologen Joseph Hackin.

In ihrem Drang, immer in Bewegung zu bleiben, reiste sie erneut: nach Belgisch-Kongo, nach Lissabon, nach Marokko. Immer schreibend, immer im Kampf gegen ihre Sucht. Und dann, als sie im Sommer 1942 daheim in der Schweiz war, fuhr sie in typischer Annemarie-Manier freihändig Fahrrad – sie fiel hin und verletzte sich schwer am Kopf. Drei Tage lang lag sie im Koma, und als sie erwachte, erkannte sie niemanden mehr. Man brachte sie in ihr Haus in der Schweiz, wo sie am 15. November im Alter von nur vierunddreißig Jahren starb.

Ja, es gab in Annemaries Leben durchaus ein paar Aspekte, die man eher als Warnung verstehen sollte denn als Inspiration. Wir verneigen uns jedoch vor dem Abenteuergeist und der Furchtlosigkeit, die ihr Wesen durchströmten. Trotz ihrer Sucht und ihrer Kette unglücklicher Beziehungen war sie eine enorm produktive Frau, die in ihrem kurzen Leben mehrere Bücher sowie 365 Zeitungsartikel und 35 Fotoessays in Deutschland, Amerika und der Schweiz veröffentlicht hat. Was Annemarie ausmachte, war ihr Unwille, sich Konventionen zu beugen und mit dem Strom zu schwimmen. Jede von uns ist mal ein bisschen träge, aber wir sollten die Freude genießen, die darin liegt, unseren eigenen Weg zu gehen und auf unsere eigene Art durchs Leben zu reisen.

Odette Sansom

und wie wir auf peinlichen Situationen
eine Karriere aufbauen

Wir kennen das alle. Dieses grausame, erniedrigende Gefühl, wenn wir »Antworten« anklicken und Sekunden später feststellen, dass wir mit der Maus auf »Allen antworten« waren – und dass wir unsere Lästereien über den unfähigen Kollegen aus Versehen an die ganze Abteilung verschickt haben. Oder wenn wir einer Arbeitskollegin schreiben, dass wir uns gegen einen Bewerber entschieden haben, weil er so hässliche Schuhe trug, und das an den uneleganten Bewerber selbst schicken. Im einundzwanzigsten Jahrhundert kann das Wörtchen »Senden« eine ganze Reihe unschöner Folgen nach sich ziehen. Bei Odette Sansom jedoch stellte sich heraus, dass das Absenden von Informationen an den falschen Empfänger auch ein Versehen mit lebensverändernden Auswirkungen sein kann.

Odette Marie Céline Brailly stammte aus Nordfrankreich, ihr Vater war ein hochdekorierter Kriegsheld, der im Ersten Weltkrieg gefallen war. Odette erzählte in einem Interview, dass sie jeden Sonntag sein Grab besucht hatten und ihr Großvater sie und ihren kleinen Bruder immer daran erinnert hatte, dass es im Falle eines erneuten Kriegs ihre Pflicht sein würde, ihrem Vater nachzueifern. Heutigen Kinderpsychologen würden die Haare zu Berge stehen bei derart großer Last der Verantwortung, aber schon damals war Odette aus ganz anderem Holz geschnitzt. Als Kind hatte sie zahlreiche Krankheiten überstanden, von denen eine sie zwei Jahre lang beinahe blind gemacht hatte. 1931 heiratete sie den englischen Hotelier Roy Sansom und zog nach der Geburt des ersten gemeinsamen Kindes mit ihm nach London.

Bei Ausbruch des Zweiten Weltkriegs verpflichtete sich Roy beim Militär, und Odette zog mit ihrer Schwiegermutter und mittlerweile drei Töchtern in ein idyllisches Städtchen in Somerset, nachdem London in der Luftschlacht um England durch den nächtlichen Bombenhagel zum Kriegsgebiet geworden war. Im Radio hörte sie dann, dass die Admiralität Urlaubsfotos aus der nordfranzösischen Küstenregion suchte. Die deutsche Luftwaffe kontrollierte den französischen Luftraum, weswegen die Royal Air Force Bilder brauchte, um Gegenangriffe vorzubereiten. Odette schickte Fotos und legte einen Zettel bei, auf dem sie schrieb, dass sie Französin sei und die Gegend wie ihre Westentasche kenne. Aus Versehen adressierte sie den Umschlag an die Navy, die ihn an die Army weiterleitete, wo er schließlich bis zur Sondereinsatztruppe »Special Operation Executive« gelangte. Den Verantwortlichen dort war sofort klar, dass sie eine potenzielle Agentin sein könnte. Allerdings stellte sich die Frage, ob sie als Mutter kleiner Kinder bereit war, ihr Leben zu riskieren. Und, wie würde sie zurechtkommen, wenn sie gefangen genommen und gefoltert werden würde?

Anfangs war sie von dem Gedanken abgeschreckt und fürchtete sich vor der Vorstellung, ihre Kinder zurückzulassen. Berichte über das Leiden der Menschen im besetzten Frankreich überzeugten sie jedoch, und sie meldete sich schließlich zur Ausbildung an. Odette lernte alles, was zum Spionagegeschäft dazugehört wie Morsen, den Umgang mit Feuerwaffen, Selbstverteidigung und Widerstand im Verhör. Ihr Abschlussbericht war überschwänglich, jedoch war auch ihre größte Schwäche vermerkt, nämlich »der komplette Widerwillen einzugestehen, dass sie sich jemals irren könnte«. Das ist ein Zug, den wir sehr schätzen, besonders wenn man mit den Folgen vermasselter Mails klarkommen muss. (Zu unserer Verteidigung möchten wir festhalten, dass das, was eine Frau wirklich ausmacht, natürlich die Schuhe sind ...)

Agentin S.23, Deckname »Lise«, traf 1942 in Cannes ein und wurde von Peter Churchill, Deckname »Raoul«, in die Resistance eingeschleust. Keine sechs Monate später wurden die beiden von einem Mitglied dieser Gruppe verraten. Als sie gefangen genommen wurden, heckten sie eine Geschichte aus, von der sie hofften, dass sie ihnen Schutz bieten würde: dass sie erstens verheiratet seien (immerhin hatten sie zu diesem Zeitpunkt eine Affäre) und zweitens dass Peter der Neffe des berühmten Winston sei. Odette übernahm sämtliche Verantwortung für das Fehlverhalten und behauptete, ihr »Ehemann« ahne nichts von ihren Undercover-Tätigkeiten. Sie wurde auf grausamste Weise gefoltert, man zog ihr die Fußnägel heraus und verbrannte ihren Rücken mit heißen Eisen.

Irgendwann begriffen ihre Fänger, dass sie aus ihr nichts herausbekommen würden, verurteilten sie stattdessen zum Tode und schicken sie 1944 ins Konzentrationslager Ravensbrück. Der Lagerkommandant glaubte ihre Geschichte über die Verbindung zu Churchill und dachte, er habe mit dieser Geisel einen ganz dicken Fang gemacht. Odette blieb in Einzelhaft, aber als die Alliierten näher rückten, floh der Kommandant und nahm Odette, im Glauben, über sie mit den Amerikanern verhandeln zu können, in seinem Auto mit. Als sie im Mai 1945 schließlich ausgeliefert wurde, erzählte Odette ihren Befreiern sofort, wer der Kommandant war und wofür er verantwortlich war. Es gelang ihr sogar, belastendes Material aus seinem Auto mitzunehmen, und sie sagte später gegen ihn aus.

Erstaunlicherweise überlebte auch Peter Churchill den Krieg. Als er und Odette nach London zurückkehrten, ließ sie sich von Roy scheiden und heiratete Peter. (Später ließ sie sich auch von ihm scheiden und heiratete einen anderen Agenten der Sondereinsatztruppe.) Der tapferen Frau Sansom wurde der Verdienstorden des *Most Excellent Order of the British Empire* verliehen, als erste Frau erhielt sie das Georgskreuz am Band für Tapferkeit. Ihr Leben wurde verfilmt, und sie besuchte mit Peter die Dreharbeiten. Es wird erzählt, dass die Dialoge so lebensecht waren, dass sie dort zum ersten Mal zusammenbrach und weinte. Sie starb 1995 im reifen Alter von zweiundachtzig Jahren als Symbol für Mut, Widerstand und universales Kriegerinnentum. Odette Sansom war eine Hausfrau, die zur stahlharten Agentin wurde – und zwar wegen eines simplen Adressierungsfehlers.

Sophia Duleep Singh

und das Verlassen der Komfortzone

Man kann nicht leugnen, dass die ökonomischen Ungerechtigkeiten in unserer Welt eine neue Dimension erreicht haben: Die Hälfte des globalen Vermögens gehört nur dem einen reichsten Prozent der Weltbevölkerung. Und auch wenn uns selbst der eine oder andere Cent zum Milliardenvermögen fehlt, sollten wir uns dennoch immer glücklich schätzen, in einem reichen Land und in einem Sozialstaat zu leben. Und wir sollten darüber nachdenken, was wir dazu beitragen können, um die Welt *noch* ein bisschen besser zu machen. In der Geschichte gibt es eine große Anzahl von Frauen, für die es nie infrage kam, sich auf ihren vergoldeten Lorbeeren auszuruhen. Zum Beispiel Sophia Duleep Singh, eine Frauenrechtlerin, von der kaum jemand gehört hat. Sie hat sich nicht damit zufriedengegeben, ihr Debütantinnenleben wie üblich mit der Hundezucht zu verbringen, sondern nahm ihr Schicksal selbst in die Hand und ging gegen die Ungerechtigkeiten in ihrer Umgebung vor.

Als geborene Prinzessin, die sich später zur Revolutionärin wandelte, war Sophia eine Frau voller märchenhafter Gegensätze. Ihre Erziehung war unfassbar privilegiert: Als Tochter des Maharadschas von Punjab wuchs sie auf dem Landsitz Elveden im englischen Suffolk auf, wo sich in einem Gehege Geparden und Leoparden tummelten und Pfauen über den Rasen stolzierten. Als sie erwachsen wurde, stellte man sie bei Hofe vor, und als ihr Vater starb (einsam in Paris und vollkommen pleite), bekamen Sophia und ihre Schwester Bamba von ihrer Patentante – keine Geringere übrigens als Queen Victoria (siehe Seite 283) – eine Hofdienstwohnung im Faraday House auf Hampton Court Green zur Verfügung gestellt. Dort genoss sie den ganzen Schnickschnack der Aristokratie, ernährte ihre Hunde mit Steaks und Brandy und wurde zur berühmten Fahrrad-Fashionista – besonders hatte es ihr das Modell 41 von Columbia angetan, das »Ladies' Safety Bicycle«.

So weit, so begütert. Eine Reise nach Indien im Jahr 1903 jedoch veränderte Sophias Blick auf die Welt und rührte an ihrem Gewissen. Die grausame Armut und Ungerechtigkeit, die sie dort erlebte, entsetzten sie. Sie kehrte nach Hause zurück und suchte nach etwas, wofür es sich zu kämpfen lohnte. In der Frauenrechtsbewegung »Women's Social and Political Union« fand sie es schließlich. Es war eine Initiative, in der nur Frauen arbeiteten und für ihr Wahlrecht im England Edwards VII. kämpften, geleitet von Emmeline und Christabel Pankhurst (siehe Seite 89). Diese Frauen waren Medienprofis, und sie wussten genau, wie sie Schlagzeilen machten.

Prinzessin Sophia scheute keine Mühe, um sich beim Establishment unbeliebt zu machen. Sie wurde stolzes Mitglied der »Women's Tax Resistance League«, deren Mitglieder sich weigerten, Steuern zu zahlen, mit der logischen Begründung, dass Frauen ja ohne Wahlrecht keinen Einfluss darauf haben, wofür die Steuergelder verwendet würden. Sie verkaufte Ausgaben der Zeitschrift »The Suffragette« vor den Toren von Hampton Court Palace, dem königlichen Schloss im Südwesten Londons. Sie warf sich sogar vor das Auto des Premierministers, doch selbst das reichte nicht aus, um endlich verhaftet zu werden. Die Mächtigen versuchten alles, um Sophias Aktivitäten unter dem Radar zu halten, sie hatten einfach zu viel Schiss davor, die Patentochter der Königin hinter Gitter zu bringen. »Kann man sie irgendwie aufhalten?«, fragte ein damaliges Mitglied des Abgeordnetenhauses, dem wir zur Antwort ein »Verdammt noch mal, nein!« entgegenrufen. Sophia hat ihr Leben damit zugebracht, Geld aufzutreiben, um für das Frauenwahlrecht zu kämpfen, und wir können stolz in ihre Fußstapfen treten. Wir sollten uns ein Thema suchen, genauso wie Sophia, und dann Aufmerksamkeit erregen, werben, agitieren. Wir sollten keine Angst haben, uns aus den Kuschelkissen unserer hyggeligen Komfortzone zu erheben: Ein bisschen Unbequemlichkeit gehört eben dazu, wenn wir Dinge erreichen wollen, auf die wir am Ende richtig stolz sein können.

Althea Gibson

und wie wichtig MentorInnen sein können

Christian Dior und Yves Saint Laurent, Karl Lagerfeld und Cara Dele-vigne, Mr. Miyagi und Karate Kid – die besten Partnerschaften entstehen oft-mals zwischen Mentor und Schützling. Heute gibt es in den meisten Firmen irgendeine Form von Mentoring-Programm, und selbst wenn wir jetzt mit den Augen rollen und das wieder für eine neue Aktion der Personalabteilung hal-ten, die sowieso nichts bringt, stimmt es trotzdem, dass viele einflussreiche und außergewöhnliche Menschen von anderen inspiriert worden sind. Mento-ren können in unterschiedlicher Gestalt auftreten, es können Lehrer sein, Eltern, Freunde, Kollegen oder sogar auch Ehepartner (siehe Akiko Yosano Seite 53). Allen gemeinsam aber ist, dass sie uns motivieren und die Gewissheit geben, dass da jemand ist, der uns den Rücken stärkt. Und übrigens sind es auch gerade sie, die ernsthaft mit uns reden, wenn wir kurz davor sind, alles in den Sand zu setzen.

Althea Gibson, Tennis-Amazone und die erste schwarze Frau, die jemals in Wimbledon einen Ball geschlagen hat, hatte ein bemerkenswertes Netzwerk von Mentoren, von denen in entscheidenden Momenten immer jemand auf-tauchte, um sie voranzutreiben. Althea war das älteste von fünf Kindern und hatte eine harte Jugend im Harlem der Dreißigerjahre. Ihre Familie hatte kaum Geld, und Althea tat sich schwer mit der Schule, sie schwänzte öfter mal und fuhr lieber mit der U-Bahn quer durch die Stadt. Der Sport bot ihr einen Aus-weg, denn sie wohnte zufällig in einer Straße, die zur »Police Athletic League« gehörte, was bedeutete, dass sie tagsüber für Autos gesperrt war, damit die

Kinder dort wie in einem Verein Sport treiben konnten. (Applaus für diese Idee, die Kinder auf die Straße zu holen, statt sie von der Straße bekommen zu wollen!)

Althea war wie geschaffen fürs Tennis, sie war in Sportschuhen eins achtzig groß, hatte lange Arme und Beine und damit die Reichweite und die Kraft für ein erfolgreiches Spiel. Schon im Alter von zwölf Jahren wurde sie New Yorks Meisterin im Paddle-Tennis, das auf einem Kleinfeld mit Holzschlägern gespielt wird, und die Nachbarn sammelten Geld, damit sie in der American Tennis Association (ATA) Turniere spielen konnte. Und prompt gewann sie mit siebzehn die Junioren-Meisterschaften. Die ATA war eine Alternative zur United States Lawn Tennis Association (USLTA), die schwarze Spielerinnen und Spieler nicht starten ließ. Althea wurde bei ATA-Turnieren vom Tennisfunktionär Dr. Robert Walter Johnson entdeckt, der auch den späteren Wimbledon-Sieger Arthur Ashe unter seine Fittiche nahm. Johnson sorgte dafür, dass Althea intensiver trainieren konnte, und wurde ihr persönlicher Coach. Billy Davis, der damalige ATA-Meister der Herren, schlug vor, sie solle am besten mit Sydney Llewellyn trainieren, einem harten, aber inspirierenden Kerl, den Althea sehr viel später heiraten sollte – etliche Jahre, nachdem sie sich zum ersten Mal am Netz getroffen hatten. Noch immer aber war sie nicht zu USLTA-Turnieren zugelassen. Dann nahm sich Alice Marble, die vierfache US-Meisterin, Altheas Dilemma an und schrieb einen beschämenden Brief an die Zeitschrift *American Lawn Tennis*: Sie fragte, warum denn ihre weißen Kolleginnen Althea nicht die Ehre erweisen und gegen sie spielen würden, da sie doch so unglaublich gut sei? »Es ist nämlich so«, schrieb Alice, »dass ich im Sommer immer sehr schnell braun werde, aber ich bezweifle, dass irgendjemand deswegen mein Recht, bei den US-Meisterschaften zu spielen, je infrage gestellt hat.«

1950 endlich wurde Althea eingeladen, bei dem Turnier mitzuspielen, das heute als »US-Open« bekannt ist. Sie schied zwar im Viertelfinale aus, doch ihre Zeit sollte noch kommen. Sechs Jahre später hieß es für sie im Damen-Einzel der French Open Spiel, Satz und Sieg. Damit wurde dies der erste Grand-Slam-Sieg eines afroamerikanischen Sportlers überhaupt, weiblich wie männlich. Im Jahr danach räumte sie in Wimbledon ab und gewann endlich auch die US-Open. Diesen Doppelsieg wiederholte sie noch einmal 1958. Vorteil Gibson!

Auf der Höhe ihres Erfolgs, im Jahr 1958, beendet Althea ihre Karriere. Sie hatte alles erreicht, aber sie war auch – ganz prosaisch – pleite. Es gab damals noch keine Preisgelder und schon gar kein Sponsoring. Abgesehen davon hatte sie der Welt noch vieles mehr zu bieten. In den folgenden Jahren versuchte sie sich als Sängerin, spielte in einem Western mit (an der Seite von John Wayne), schloss sich den Harlem Globetrotters an und absolvierte vor deren Matches Showkämpfe. Außerdem schrieb sie mit *I Always Wanted to Be Somebody* und *So Much to Live For* sogar gleich zwei Autobiografien. Darüber hinaus wurde sie das erste schwarze Mitglied in der Ladies Professional Golf Association, ein weiterer Durchbruch in einem weißen Elitesport. Sie bewarb sich 1977 dann auch noch um einen Senatssitz in New Jersey für die Demokraten und wurde Zweite. Viele Jahre lang war sie danach in New Jersey im Ministerium für Sport und Freizeit tätig.

Althea hatte schon immer Geldprobleme gehabt und später auch gesundheitliche Schwierigkeiten, sie wurde fast zum Opfer des harschen amerikanischen Gesundheitssystems. Doch diesmal sprang ihre ehemalige Doppelpartnerin Angela Buxton in die Bresche und half ihr. Die Britin Buxton hatte selbst gegen Vorurteile zu kämpfen gehabt, als man ihr in jungen Jahren die Mitgliedschaft in einem der besten Londoner Vereine verweigert hatte, weil sie Jüdin war. Angela aber kämpfte und wurde 1955 Weltranglistenneunte. Aber gab es eine Doppelpartnerin für sie? Verdammt noch mal, ja! Bei den French Open im Jahr 1956 fanden sich die beiden Außenseiterinnen zusammen – und ihre Partnerschaft erwies sich als Segen: Sie gewannen das Finale in Frankreich und ein paar Wochen später auch in Wimbledon. Sehr viel später, im Jahr 2001, als Althea zunehmend zurückgezogen lebte, rief sie ihre ehemalige Tennispartnerin Angela, und erzählte ihr, wie krank sie sei und wie einsam – und dass sie an Selbstmord denke. Da stürzte Buxton sich in die Arbeit und sammelte Geld, um ihrer Freundin zu helfen. Mehr als eine Million Dollar kamen zusammen. Althea starb dennoch 2003. Sie war 1971 in die International Tennis Hall of Fame gewählt worden, und in Amerika widmete man ihr sogar eine offizielle Gedenkbriefmarke.

171

Altheas Karriere war bahnbrechend, und obwohl sie wusste, dass sie selbst genug Stehvermögen dafür hatte, war sie immer denjenigen dankbar, die ihr den Rücken gestärkt haben. »Ich wollte immer wer sein«, schrieb sie, »und dass ich das geschafft habe, verdanke ich zur Hälfte meinem Mut, auf dem Weg eine Menge einzustecken, und zur Hälfte den vielen Leuten, denen ich so viel bedeutet habe, dass sie mir geholfen haben.« Im Lauf der Zeit war sie selbst eine wunderbare Mentorin geworden: Die große Venus Williams sagte einmal, sie fühle sich geehrt, in Altheas Fußstapfen treten zu dürfen. Wir sollten uns deshalb nicht zieren und das Vorbild finden, das uns inspiriert und uns hilft, wenn uns das Leben einen Stoppball ins Feld spielt. Mentoring kann jede Form annehmen, die uns gefällt. Wir können einfach unseren Personalberater bitten, uns mit der Kollegin zusammenzubringen, von der wir meinen, dass sie es draufhat, oder wir krallen uns einen vertrauenswürdigen Arbeitskollegen, werfen ihm unsere Ideen an den Kopf und machen mit ihm den Hausfrauentest. Und dann denken wir daran, diesen Gefallen auch den jüngeren Kolleginnen und Kollegen zu tun, die sich an uns wenden. Denn schließlich steckt in allen von uns ein bisschen Yoda.

Elizabeth I.

und wie wir mitreißend vor Publikum reden

*T*rockener Mund? Ja, sicher. Völlig abwegige Angst davor, sich gleich übergeben zu müssen? Immer. Stimme verzerrt, quietschig und hoch? Jedes Mal. Herzlich willkommen im Reich des Lampenfiebers und der Redeangst. Die wenigsten von uns können Reden und Vorträge ganz gelassen angehen, meistens verspüren wir im Vorfeld eine fiese, immer größer werdende Sorge, die uns im schlimmsten Fall die Kehle zuschnürt. Wenn wir es aber schaffen, diese Angst zu bekämpfen, werden wir reich belohnt werden. Wir können uns die englische Königin Elizabeth I. zum Vorbild nehmen, denn »Good Queen Bess« nutzte ihr ganzes rednerisches Handwerkszeug, um in einer Welt, die fast ausschließlich von Männern dominiert war, ihren Ruf zu betonieren und das Volk für sich zu gewinnen.

Die kleine Lissy hatte einen schwierigen Start ins Leben, denn als sie zweieinhalb war, beschuldigte ihr Papa, König Heinrich VIII., ihre Mama Anne Boleyn, sich in fremden Betten herumzutreiben, und ließ sie köpfen. Heinrich verstieß seine kleine Tochter vom Hof und ließ sie zum Bastard erklären (großartige Vaterkompetenzen!), aber nach einigem Hin und Her wurde die fünfundzwanzigjährige Elizabeth schließlich nach dem Tod ihrer Schwester Mary im Jahr 1558 doch noch Königin.

Sie erbte ein Land, das durch religiöse Konflikte tief gespalten war, und eine ihrer ersten Amtshandlungen als Königin war das Wiedereinsetzen des Protestantismus. Sie brauchte im Zwischenmenschlichen all ihre Überredungskunst, ihre Intelligenz und ihre sorgsam einstudierte Aura der Autorität –

und innerhalb eines Jahres hatte sie das religiöse Klima im Land radikal verändert. Sie feuerte den Papst als Oberhaupt der englischen Christen und setzte die anglikanische Kirche wieder ein – mit ihr selbst als Chefin, versteht sich. Elizabeth I. machte ihren Standpunkt klar, dass es nicht ihr Stil sei, ihre Untertanen zur religiösen Einheit zu zwingen, wie es ihre Schwester Mary mithilfe von Folter und Ausräucherungen getan hatte (Lisbeth wünschte sich offenbar einen hübscheren Beinamen als »Bloody«). Mit der Aussage, sie wolle den Menschen »nicht in die Seele schauen«, offenbarte sie erste Anzeichen rhetorischer Kunst.

Elizabeth war furchtbar klug, sie sprach fließend Französisch, Altgriechisch, Latein und Italienisch – sie hatte auch Spaß daran, Klassiker zu übersetzen, und verfasste aus Jux eigene Sonette. Aber selbst für eine Super-Streberin wie sie muss es doch bedrohlich gewesen sein, in einem Raum voll mit älteren, erfahrenen und intriganten Männern zu sitzen und die eigene Meinung zu äußern. Wie man eine großartige Show auf die Bühne bringt, hat sie vielleicht bei einem ihrer liebsten Hobbys gelernt: »Gloriana«, wie der Dichter Edmund Spenser die Königin nannte, war eine begeisterte Förderin der Künste, und während ihrer Regentschaft blühten die englische Literatur und vor allem das Theater auf, nicht nur Edmund Spenser und William Shakespeare, auch andere literarische Größen wie Christopher Marlowe und Thomas Kyd verschafften sich Gehör. Schauspielern auf der Bühne zuzusehen und dabei rhetorische Fertigkeiten abzukupfern ist ein super Tipp, wenn wir unsere Redegewandtheit schulen wollen.

Dank ihres Jobs war das Privatleben der jungfräulichen Königin durchaus von öffentlichem Interesse. Sie hatte viele Verehrer und lehnte zahllose Heiratsanträge ab. Ihr Status als Single machte das Parlament beim Thema Thronfolge zunehmend nervös, und irgendwann weigerte man sich, ihr mehr Geld zur Verfügung zu stellen. Sie würde erst wieder welches bekommen, wenn sie sich endlich mit irgendwem verlobt hatte. Da hatten sie aber nicht mit Elizabeth gerechnet. Sie war total verärgert und gekränkt und holte zum rhetorischen Schlag aus: »Zum gegenwärtigen Zeitpunkt ist das nicht zuträglich; und es wird für Euch auch niemals gefahrlos sein und für mich stets gefährlich bleiben.«

Genauso wie sie ihre Verehrer auf Abstand hielt, wies sie auch zahlreiche Drohungen aus dem Ausland zurück, besonders herrschaftlich und eindrucksvoll gelang ihr das 1588 mit dem triumphalen Sieg gegen die spanische Armada. Die feindschaftlichen Beziehungen zwischen dem protestantischen England und dem katholischen Spanien erreichten mit dem versuchten Einmarsch von Philip II. ihren Tiefpunkt. Elizabeths Auftritt bei ihren Truppen am Vorabend der Schlacht von Tilbury zeugte von ihrer Begabung für Abenteuerlust und Selbstdarstellung. Nach Augenzeugenberichten erschien sie auf einem grauen Pferd (der perfekte farbliche Kontrast, um ihr rotes Haar leuchten zu lassen), und trug eine Rüstung, die der hitzköpfigen Rebellenkönigin Boudicca (siehe Seite 21) nachempfunden war. Indem sie sich unter ihre Leute mischte, wurde sie in diesem Augenblick die ultimative Motivationsrednerin. Sie sprach den berühmten Satz: »Ich weiß, ich habe nur den Leib einer schwachen, kraftlosen Frau, doch ich habe das Herz und das Mark eines Königs, eines englischen Königs dazu.« Dies ist mit der krassesten falschen Bescheidenheit gesprochen, die wir jemals erlebt haben. Im ersten Teil nimmt sie vorweg, was ihre Soldaten wahrscheinlich denken, und im nächsten bügelt sie das komplett nieder, macht sich zur Anführerin und pflanzt ihre eigenen eiskalten Absichten in die Gedanken der Soldaten – und da an die allererste Stelle.

Elizabeth wusste ganz genau, wann ein gut getimtes Schulterklopfen angebracht war und wann sie Süßholz raspeln musste. Ihr endgültiger Abschied vom Parlament, bekannt geworden als »Goldene Rede«, wurde ein Triumph, der Befehle mit Gefühlen verband und alle in Tränen aufgelöst zurückließ, vor allem die Zeilen: »Obschon Ihr in der Vergangenheit viele mächtigere und weisere Fürsten in diesem Thron habt sitzen sehen und noch sehen werdet, so gab es noch niemals einen Herrscher, der bedachter und liebevoller war als ich, und auch in Zukunft wird es keinen solchen geben.« Also, wenn wir beim nächsten Mal unserem Geschäftsführer eine komplizierte Präsentation vorlegen müssen, sollten wir an die zähen Massen denken, die Lisbeth vor sich hatte. Und daran, wie sie mit ihrer Redekunst so viele Leute überzeugen konnte, dass man ihre Regentschaft später als das »Goldene Zeitalter« bezeichnet hat. Vielleicht wird man unsere glorreiche Amtszeit in der Buchhaltung auch einmal derart in Erinnerung behalten ... Und nun noch ein paar Tipps: Offensichtlich funktioniert der gute alte Trick nicht, sich sein Publikum nackt vorzustellen. Es könnte mitunter auch ein wenig verwirrend sein. Alkohol – zumindest in kleinen Dosen – richtet keinen größeren Schaden an. Wir sollten nur immer daran denken, dass einem auf See viel Schlimmeres entgegenkommen kann (vor allem aus Sicht der spanischen Armada). Denken wir immer daran, dass 99 Prozent der Leute, die uns zuhören und anschauen, möchten, dass wir richtig was raushauen (oder darüber nachdenken, was sie heute Abend essen wollen). Und zum Schluss: Je öfter wir es machen, umso leichter wird es. Also, Krönchen richten und los geht's!

Agatha Christie

und die Fähigkeit, trotz Liebeskummer Erfolge zu feiern

*D*as literarische Kraftwerk *Dame* Agatha Christie ist die Schriftstellerin mit den absolut meistverkauften Romanen aller Zeiten. Ihre Krimis, vor allem die mit dem umtriebigen Hercule Poirot und mit Miss Marple, sind in der ganzen Welt berühmt und in mehr als hundert Sprachen übersetzt worden. Außerdem hat sie das Theaterstück *Die Mausefalle* geschrieben, das seit 1952 ununterbrochen im Londoner West End gespielt wird. Nebenbei verfasste sie Liebesromane, gewann diverse Preise, wurde in den Adelsstand erhoben, und ihre Bücher wurden verfilmt oder zu Bühnenstücken umgearbeitet. Beruflicher Erfolg bedeutet jedoch nicht automatisch auch ein erfolgreiches Leben. Im Gegenteil, Frauen, die ihre Männer übertreffen, müssen oftmals dafür leiden. Bei Agatha jedenfalls war es so.

Agatha Mary Clarissa Miller stammte aus einer wohlhabenden Familie in Torquay an der englischen Südküste. Als Kind liebte sie das Lesen, und wie so viele heranwachsende Schriftsteller begann sie, als Teenager Geschichten zu schreiben. Als ihr Vater 1901 starb, wurde dadurch die Beziehung zwischen Agatha und ihrer Mutter noch enger, sie lebten und reisten fortan gemeinsam. 1912 lernte Agatha den feschen Piloten Archibald Christie kenne, den sie zwar schon 1914 heiratete, aber erst nachdem er 1918 nach dem Ersten Weltkrieg aus Frankreich zurückkehrte, lebten sie tatsächlich zusammen. Während des Krieges arbeitete Agatha als Apothekerin in Torquay. Diese Erfahrung und das Wissen über Gifte, das sie dort mitnahm, erwiesen sich in ihrem späteren Beruf als sehr nützlich für sie. In ihrer Freizeit begann sie, ihren ersten Krimi zu schreiben, mit dem wunderbar schnurrbärtigen Hercule Poirot: *Das fehlende Glied in der Kette*. Im Jahr 1919 zogen Archie und Agatha in ihre erste Londoner Wohnung, und ihr einziges Kind Rosalind kam zur Welt. Ein Jahr später wurde *Das fehlende Glied in der Kette* veröffentlicht, und von einem Moment zum nächsten änderte sich Agathas Leben.

Plötzlich war sie total angesagt. Bis 1976 veröffentlichte sie fast jedes Jahr einen Roman, manchmal auch mehrere. Der Rubel rollte, und 1925 kauften die Christies ein Haus in Berkshire, das sie »Styles« nannten, nach dem Ort, in dem der Roman spielte, der das Haus finanziert hatte. Archie interessierte sich allerdings nicht besonders dafür, was seine Frau genau machte, sondern spielte lieber Golf. Ein Jahr später war Agatha ziemlich durch den Wind, als ihre geliebte Mutter starb, doch auch diesmal nahm Archie lieber den Schläger in die Hand als seine Frau in den Arm. Genau genommen hatte er da bereits eine Affäre mit der jungen Sekretärin Nancy Neele angefangen, die für Golf sehr viel mehr übrighatte als Agatha. Und eines schönen Dezemberabends verkündete er ihr, dass er die Scheidung wolle.

Das Nächste, was passierte, hat seither für Spekulationen gesorgt. Es war ein Rätsel, an dem sogar Miss Marple zu knapsen gehabt hätte. Kaum war Archie zu seiner Freundin abgeschwirrt, brachte Agatha ihre Tochter ins Bett, ließ sie in der Obhut des Dienstmädchens und brauste davon. Ihr Auto fand man am nächsten Tag, Agatha jedoch nicht. Es folgte ein großer Medienwirbel mit allen möglichen Mutmaßungen – dass Archie seine Frau ermordet habe, dass sie ihn nun mit einem vorgetäuschten Mord reinlegen wolle (etwa wie in *Gone Girl*), dass das Ganze nur ein Werbegag sei, der den Verkauf ihres neuesten Buches ankurbeln solle.

Agathas Verschwinden war Thema auf allen Titelseiten, und Hunderte von Polizisten waren mit den Ermittlungen befasst. Arthur Conan Doyle nahm sogar einen ihrer Handschuhe mit zu einem Hellseher und bat ihn um Hilfe (danke, Arthur!). Nach elf Tagen wurde Agatha im heutigen Old Swan Hotel in Harrogate aufgefunden, wo deswegen mittlerweile zu ihren Ehren ein jährliches Festival für Krimi-Fans stattfindet. Als kleinen Fingerzeig an ihre Rivalin hatte sie als Teresa Neele aus Südafrika eingecheckt und ihren Spaß gehabt, gesungen, Klavier gespielt – ganz anders als normalerweise. Sie war eigentlich eher schüchtern und altmodisch, ein Mauerblümchen. Als Archie kam, um sie abzuholen, erkannte sie ihn zunächst gar nicht. Die Ärzte diagnostizierten daraufhin einen Zusammenbruch mit Amnesie, was andere Leute als Symptom einer Gehirnerschütterung infolge eines Autounfalls interpretierten, der eventuell ein Selbstmordversuch gewesen sein könnte. Agatha erholte sich wieder, und 1928 ließen sie und Archie sich scheiden, unmittelbar danach heiratete er Nancy. Agatha gönnte sich als Herzschmerz-Urlaub eine Reise im Orient-Express (man könnte *Mord im Orient-Express* auch als indirekten Hinweis auf diesen Trip verstehen).

Während Agathas Stern weiterhin strahlend am literarischen Himmel seine Bahnen zog, reiste sie viel herum. Bei einer ihrer Exkursionen lernte sie den Archäologen Max Mallowan kennen, den sie 1930 heiratete und mit dem sie ein ruhigeres Leben führte. Während des Zweiten Weltkrieges meldete sie sich wieder zum Freiwilligendienst in einem Krankenhaus und schrieb ein paar ihrer besten Romane. 1956 wurde sie zum *Commander of the British Empire* ernannt und später in den Adelsstand erhoben, womit sie zur *Dame* wurde. Ein Jahr danach wurde sie Präsidentin des »Detection Clubs«, einer Schriftstellervereinigung, die mit folgendem Schwur Treue gelobt: »Versprich, dass deine Detektive gut und wahrheitsgemäß diejenigen Verbrechen aufklären, die ihnen dargeboten werden, und sich weder auf göttliche Eingebung noch auf weibliche Intuition, Hokuspokus, Mauscheleien, Zufall oder einen Akt Gottes berufen, noch von ihnen Gebrauch machen!« 1976 starb sie friedlich zu Hause in Oxfordshire und hinterließ ein literarisches Vermächtnis, das seinesgleichen sucht.

Man hält Agathas Bücher oft für recht gemütliche, vornehme Kriminalromane, tatsächlich aber sind sie viel grausamer und dunkler, als diese Einschätzung suggeriert. Das berühmte Melodrama um ihr Verschwinden, nachdem sie sitzengelassen wurde, hat ihr konservatives Image ziemlich unterspült. Wir können von ihrem Verhalten in diesem Nachspiel lernen. Sie sorgte nämlich sehr wohl dafür, dass die Untreue ihres Ehemanns bekannt wurde, und er konnte sich danach auch nicht einfach davonschleichen und sich mit jemand anderem einen gemütlichen Lebensabend machen, ohne dass es in der Öffentlichkeit ziemlich komisch rübergekommen wäre. Wir sind zwar nicht unbedingt dafür, dass man seinen Ex gleich als Mörder hinstellen sollte, aber wir sind schon der Ansicht, dass eine Frau, die sitzengelassen wird, durchaus das Recht auf ein bisschen Drama und Schmutzige-Wäsche-Waschen hat. Und natürlich auf einen hübschen Urlaub, der ihr hilft, darüber hinwegzukommen. Wer weiß schon, wen eine Dame unterwegs so trifft? Und als letzten Verweis darauf, dass Agatha doch cooler ist, als wir allgemein denken, sei noch erwähnt, dass sie in den Zwanzigerjahren während ihres Südafrikaurlaubs die erste britische Frau wurde, die im Stehen surfen konnte. Golf ist doch echt läppisch.

Grace Hopper

und wie wir mit Fehlern klarkommen

*D*ie Computerpionierin und hochrangige Marineoffizierin Grace Hopper war so unglaublich beeindruckend, dass es schwerfällt, das Wort »Fehler« im Zusammenhang mit ihr auch nur zu denken. Tatsächlich aber musste auch sie im Laufe ihres Lebens mit Fettnäpfchen, Frust und eigenen Unzulänglichkeiten klarkommen. Grace kam in New York als Älteste von drei Kindern zur Welt, und wie so viele Heldinnen in diesem Buch hatte auch sie einen Papa, der seinen Töchtern dieselbe Bildung ermöglichen wollte wie seinem Sohn. Ihre Mutter liebte Mathematik, was nicht schaden kann, wenn man ein Naturwissenschafts-Wunderkind großzieht. Grace war immer glücklich, wenn sie ein Rätsel zu lösen hatte, und es ist überliefert, dass sie mit sieben Jahren einen Wecker zerlegte, nur um zu sehen, wie er funktionierte. Als ihr das nicht gelang, baute sie sieben weitere Uhren auseinander und versuchte, das Geheimnis zu lüften. Unsereins hätte an dieser Stelle die Einzelteile irgendwo versteckt und dann behauptet, unser kleiner Bruder sei schuld. Aber Grace machte einfach unbeirrt weiter.

Nachdem sie in der Schule in Mathe, Physik, Bio und Chemie überragend abgeschnitten hatte, wollte die sechzehnjährige Grace gern am elitären Vassar College studieren, vergeigte aber die Lateinprüfung und musste sich ein Jahr gedulden. Sie wusste nun, dass sie zwar viele Talente hatte, Sprachen jedoch nicht dazugehörten. Aber sie erkannte, dass sie mit Durchhaltevermögen weiterkommen würde, arbeitete wie ein Pferd und ergatterte ein Jahr später den Studienplatz. Und sie entschied sich, gleich mal ganz entspannt zwei

Hauptfächer zu studieren, Mathe und Physik. Grace wollte danach eigentlich Ingenieurin werden, aber sie war clever genug zu erkennen, dass es für Frauen zur damaligen Zeit in diesem attraktiven Berufsfeld nur wenig Raum gab, und entschied sich für eine akademische Laufbahn. Nach dem Master-Abschluss in Yale kehrte sie als Lehrkraft nach Vassar zurück. Sie war eine unfassbar gute Lehrerin, und die Studenten strömten in Scharen in ihre Kurse. Sie war nicht nur eine außerordentliche Mathematikerin, sie entwickelte auch eine Art Sammelleidenschaft, was ihre Interessen betraf, und fühlte sich zu verschiedenen Fachgebieten hingezogen. Sie belegte irgendwann Kurse in Architektur, Philosophie, Wirtschaft, Astronomie und Geologie – und sie sprach später fließend Französisch, Deutsch, Latein und Griechisch. Hallo? Fremdsprachen?

Genau an diesem Punkt, an dem man so unglaublich stolz auf das sein kann, was man alles so an humanistischem Wissen angehäuft hat, würden sich die meisten von uns vermutlich auf den eigenen Lorbeeren ausruhen. Am 7. Dezember 1941 um 7.55 Uhr jedoch griffen 360 Flugzeuge der japanischen Luftwaffe Pearl Harbor an und töteten 2 403 Menschen. Grace war entschlossen, sich an den Kriegsanstrengungen zu beteiligen, aber sie wurde für untergewichtig und zu alt befunden. Wie bitte? Zu alt? Mit fünfunddreißig? Es gibt Leute, für die das eine bequeme Entschuldigung wäre, um den Militäreinsatz herumzukommen, aber Grace war keine, die in Kriegszeiten gemütlich als College-Professorin arbeitete. Nach einigen Bittschriften konnte sie sich schließlich an der US Naval Reserve Midshipmen's School in Massachusetts einschreiben.

Grace liebte die Strenge der dortigen militärischen Präzision und schloss ihren Kurs als Beste ab. Auftritt Lieutenant Hopper. Die Navy hatte großen Bedarf an Mathematikern, denn wer die Flugbahn von Raketen berechnen konnte, hatte gegenüber dem Feind Vorteile. Deshalb schickte man Grace ins »Bureau of Ships Computation Project« an der Harvard University, wo man an einer Maschine arbeitete, die sehr schnelle Berechnungen über komplizierte Variablen wie Windgeschwindigkeit, Entfernung und Temperatur anstellen konnte. Hier stand sie dem »Harvard Mark I Computer« Auge in Auge gegenüber, einer Maschine, die 15 Meter lang und zweieinhalb Meter hoch war und

188

850 Meter Kabel enthielt – trotzdem wäre sie an *Angry Birds* gescheitert. Der Apparat arbeitete mit Anweisungen auf Unmengen von Lochkarten, und es gab noch nicht einmal ein Handbuch. Grace lernte dort auch den Forschungsleiter Howard Aiken kennen, ein mürrisches Genie, der sie mit den Worten begrüßt haben soll: »Warum um Himmels willen kommen Sie erst jetzt?« Aiken leitete seine Abteilung ganz so, als seien sie bei der Navy: Jeder trug Uniform, und bezeichnenderweise war ihm der militärische Rang eines Mitarbeiters wichtiger als dessen Geschlecht. Grace machte sich also an die Arbeit, häufte fast täglich Überstunden an und schaffte es, die Maschine innerhalb von Minuten Berechnungen anstellen zu lassen, für die man im Kopf ein Jahr gebraucht hätte. Außerdem entwickelte sie für Mark ein 500-seitiges Handbuch, das eigentlich die Grundlage heutiger Computersprachen war.

Nach dem Krieg blieb Grace als Forscherin in Aikens Team und trieb die Computerprogrammierung voran. Sie gehörte zu den Menschen, die entscheidend dafür gesorgt haben, dass mathematische Symbole durch einfache englische Begriffe ersetzt wurden. Sie behauptete, sie habe dies entwickelt, weil »noch niemand daran gedacht hat, denn es sind ja nicht alle so faul wie ich«. Währenddessen lief auch ihre Navy-Karriere auf Hochtouren. 1983 wurde sie durch ein Dekret des Präsidenten zum Flottillenadmiral ernannt und zwei Jahre später als eine der ersten Frauen zum Konteradmiral. Sie beendete ihre Laufbahn an Deck der *USS Constitution* im Alter von neunundsiebzig Jahren, starb 1992 und wurde mit allen militärischen Ehren beerdigt. 1986 wurde ihr zu Ehren ein Zerstörer der Navy auf den Namen *USS Hopper* getauft.

Grace Hopper war ein außergewöhnliches Genie, das sich in einer komplett männlich dominierten Welt durchgesetzt hat. Sie wusste ganz genau, dass Fehler unvermeidbar sind und wir uns deshalb nicht vor ihnen fürchten müssen. Wichtig ist nur, wie man mit den Widrigkeiten umgeht, die das Leben so bereithält. Wenn wir mit unserer Fehlbarkeit leben lernen, kann dies bereits der Schlüssel zum Erfolg sein. Und ebenso kann ein ständiges Hinterherjagen nach Triumphen zum Unglücklichsein beitragen. Sich auf Lorbeeren auszuruhen, statt etwas Neues zu versuchen, ist schlimmer, als zu scheitern, und wie Grace sagte: »Der gefährlichste Satz von allen ist: ›Das haben wir immer schon so gemacht.‹« Wirklich großartig, Grace.

Sheila Michaels

und die passende Anrede

Mal angenommen, wir treffen einen Mr. John Smith. Was erfahren wir über ihn? Wie alt ist er? Wie verzweifelt? Ist er geschieden? Ist er ein ganz normaler Mann oder eher ein Außenseiter? Ist er Lehrer? Es gibt keinen Anhaltspunkt für Spekulationen. Wie eine Sphinx gibt sein Name nicht mal ein winziges Detail über das Privatleben von Mr. John Smith preis. Was aber ist mit Mrs. John Smith oder Mrs. Emma Smith oder Miss Emma Smith oder Ms. Emma Smith? Je nachdem, was wir in Formularen und Anträgen angeben, kommen bewusst oder unbewusst einige Vorurteile ins Spiel und lassen diejenigen, die dies erst viel später lesen, Vermutungen anstellen. Aber wollen wir wirklich, dass andere Leute sich aufgrund dieser wenigen Informationen ein Bild von uns machen können? Die Geschichte der Anredeformen für Frauen ist interessant und gibt uns Stoff zum Nachdenken.

In den guten alten Zeiten war es noch ziemlich einfach. Die meisten Leute hatten keine Anrede, sie waren einfach John oder Emma Smith, fertig. Aber man muss ja auch an die Herzöge und Markgräfinnen denken – und an das britische Faible für gesellschaftliche Hierarchien. Männer der Mittelklasse wurden als »Master« bezeichnet, was sich später zu »Mister« wandelte, während »Master« für junge Männer bestehen blieb. Später verkürzte sich Mister zum bekannten Mr., das war klar und deutlich, entstaubt und basta. Die Anrede unserer Schwestern zusammenzufassen ist etwas komplizierter. Aber wir versuchen es mal: Ursprünglich wurde eine erwachsene Frau in besseren Kreisen oder auch geschäftlich »Mistress« genannt (sowohl von ihren Dienstboten wie auch ihren

Geschäftskunden), das wurde zu Mrs. abgekürzt (woraus sich Miss und Ms. gleichwertig entwickelten), bis sich im achtzehnten Jahrhundert die Anreden Miss für jüngere und Mrs. für ältere Frauen durchsetzten, und zwar unabhängig davon, ob die jeweilige Frau verheiratet war oder nicht. Ende des neunzehnten Jahrhunderts bedeutete Mrs. verheiratet und Miss unverheiratet; wobei es wie ein kleiner Messerstich für eine erwachsene Frau war, wenn sie als Miss angesprochen wurde, denn das beinhaltete die Andeutung, sie sei eine Prostituierte. Damals war es natürlich so, dass eine Miss unter der Verantwortung ihres Vaters stand und als Mrs. der des Ehemanns unterlag. Die vollständige Unsichtbarmachung einer Frau bestand darin, aus ihr eine Mrs. John Smith zu machen, was in elitären Etikette-Büchern immer noch als völlig normal gilt. Irgendwann im zwanzigsten Jahrhundert war es dann so weit, dass eine Frau, die Mrs. *Emma* Smith hieß, folglich geschieden war. Total verwirrend, unnötig und übergriffig!

Zum Glück gibt es vernünftige Alternativen. In Frankreich hat man die »Mademoiselle« mit all ihren Anspielungen einfach abgeschafft, und »Madame« gilt nun für alle Frauen. Auch in Deutschland wurde das »Fräulein« zu den Akten gelegt, und spätestens ab dem 18. Geburtstag heißen wir alle »Frau«. Die USA führten 1901 die Ms. ein, was alle einschloss und keine Rückschlüsse auf das Privatleben zuließ. So schrieb damals die Zeitung *Sunday Republican*: »Die Abkürzung ›Ms‹ ist einfach, lässt sich leicht schreiben, und die Betroffene kann den Begriff je nach Situation entsprechend anpassen. Ausgesprochen wird es etwa ›Misssss‹, ungefähr so, als ob die Zunge vom Alkohol ein wenig schwer geworden ist und man nicht mehr unterscheiden kann, ob derjenige nun Mrs. oder Miss sagen wollte.« Wie dem auch sei, die Anrede Ms. gelangte erst ins allgemeine Bewusstsein, nachdem die Frauenrechtlerin Sheila Michaels 1969 im New Yorker Radio über den Begriff gesprochen hatte.

Sheila hatte persönliche Gründe, Ms. zu bevorzugen, nachdem ihr diese Anrede auf dem Adressetikett einer marxistischen Zeitschrift aufgefallen war, die eine Freundin abonniert hatte. Sie hatte zuerst angenommen, es handle sich um einen Tippfehler: »Ich hatte diese Anrede noch nie vorher gesehen; sie kam mir vor wie Geheimwissen.« Sheila stammt aus St. Louis, sie war das Ergebnis der Beziehung ihrer Mutter mit ihrem Freund Mr. London. Aufgewachsen aber ist Sheila bei ihrer Mutter und deren Ehemann Mr. Michaels –

bis die beiden sich scheiden ließen und die Mutter einen Mr. Kessler heiratete, der Sheila seinen Nachnamen vermachte. Später aber wurde ihr der wieder entzogen, weil Mr. Kessler nämlich nicht mehr mit ihrem Engagement einverstanden war, und sie kehrte zum Namen Michaels zurück. Alles klar? Als sie ihren Mann Hiraku Shiki heiratete, nannte sie sich Sheila Shiki-y-Michaels. (Zur Frage, ob eine Frau ihren Mädchennamen behalten sollte, siehe Amelia Earhart auf Seite 251) Nach diesem Hin und Her können wir uns gut vorstellen, warum Sheila gerne eine unkomplizierte Anrede haben wollte, die nicht gleich die ganze Lebensgeschichte erzählt. Später erzählte sie, sie suchte nach einem Titel für eine Frau, bei dem sie nicht einem Mann »gehöre«. Für sie sei da kein Platz in den bestehenden Anredeformen.

Nachdem sie die Anrede Ms. übers Radio bekannt gemacht hatte, beeinflusste dies Gloria Steinem, die ihre 1972 gegründete feministische Zeitschrift für moderne Frauen »Ms.« nannte. Sheila führte ein vielfältiges Leben; zunächst wurde sie aufgrund ihrer Bürgerrechtsaktivitäten aus dem College ausgeschlossen. Sie zog 1959 nach New York und arbeitete als Aktivistin, Schriftstellerin, Gastronomin und Taxifahrerin. Ihr Vermächtnis ist und bleibt, dass sie ein Bewusstsein dafür geschaffen hat, wie Frauen ihre Identität und ihre Lebensentscheidungen in die Welt projizieren. Eigentlich wäre es uns doch am liebsten, wenn man zu dem uralten Brauch zurückkehren würde, ganz auf eine Anrede zu verzichten. Da man aber bei jedem kleinen Onlineformular nur die Auswahl hat zwischen Herr und Frau, Mrs. und Mr., Ms., Miss sowie Magister, Dr., Prof., Eure Heiligkeit, Herzog, Gräfin und so weiter, wäre es wohl das Einfachste, einen Doktortitel zu erwerben. Oder in englischen Onlineseiten Ms. einzutragen. Wir möchten an dieser Stelle aber einen Schritt weiter gehen und für die relativ neue Anrede Mx. werben, die in den Siebzigerjahren für alle diejenigen erfunden wurde, die weder ihren Beziehungsstatus noch ihr Geschlecht kundtun möchten – und die von der britischen Regierung in jedweder Korrespondenz akzeptiert wird. Wofür auch immer wir uns entscheiden (und wir haben jedes nur erdenkliche Recht dazu), wir sollten uns der historischen Bedeutung bewusst sein und Ms. Michaels für den Anteil danken, den sie daran hatte, dass wir heute mehr Wahlmöglichkeiten haben und unser Privatleben besser schützen können. Sie hat uns Ballast abgenommen, damit wir uns um die wichtigen Dinge kümmern können. Zum Beispiel, wie wir unseren Witz und unsere Persönlichkeit in unserem Twitter-Account besser zur Geltung kommen lassen.

Soraya Tarzi

und die Bedeutung partnerschaftlicher Gleichberechtigung

Den richtigen Menschen zu finden, mit dem man eine ausgeglichene Partnerschaft führen kann, sollte ganz oben auf unserer Liste #beziehungs-ziele stehen. Die meisten von uns würden heutzutage zugeben, dass Verant-wortung, Liebe und Arbeit ziemlich gerecht aufgeteilt sind – mal abgesehen von dem lästigen Detail, dass Frauen in heterosexuellen Beziehungen immer noch vierzig Prozent mehr an Hausarbeit leisten. Einige Schwestern in ande-ren Teilen der Welt haben da ein viel härteres Schicksal. Das war allerdings nicht immer so: Vor 1900 waren es in den meisten Ländern die Männer, die sich um Geld, Entscheidungen und das Schicksal der Welt kümmerten, wäh-rend die Frauen für Putzen, Kinder und Heimtextilien zuständig waren. In einigen Teilen der Welt ist das bedauerlicherweise immer noch an der Tages-ordnung, und Männer werden bis zum heutigen Tage grausamerweise von Handarbeiten ferngehalten. Erstaunlicherweise war es ausgerechnet das Land Afghanistan, das in den Zwanzigerjahren die Brutstätte fortschrittlichen Frau-endaseins war.

Soraya Tarzi wurde im ausgehenden neunzehnten Jahrhundert in Syrien in eine mächtige afghanische Familie hineingeboren, die aus ihrer Heimat hatte fliehen müssen. Ihr Papa war ein weltgewandter intellektueller Machtmensch, der zuweilen als Vater des afghanischen Journalismus bezeichnet wird. Als der neue Emir Ḥabībullāh Khan an die Macht kam, stieg die Familie Tarzi wieder in der Gunst der Mächtigen und saß in der Regierung. Die junge Soraya fiel dem charmanten Sohn des Emirs, Amanullah, auf, und das Paar heiratete

SORAYA TARZI (1899–1968)

1913. Anders als damals und in seiner Kultur üblich blieb Amanullah monogam und heiratete keine weiteren Frauen.

In der afghanischen Politik ging es damals recht turbulent zu, und Ḥabībullāh wurde 1919 ermordet, was Amanullah im Alter von siebenundzwanzig auf diesen Schleudersitz brachte. Er war ein zügiger Modernisierer – im Rückblick vielleicht ein bisschen zu zügig –, und Soraya unterstützte seine reformerischen Ambitionen von Anfang an. Klugerweise erklärte er seine Unabhängigkeit von England bereits in seiner Krönungsansprache und machte sich damit gleich bei seinem Volk beliebt. Er erklärte ihnen ebenfalls: »Ich bin euer König, aber der Bildungsminister ist meine Frau, eure Königin.«

Soraya war eine moderne Muslima, die in einem liberalen, offenen Haus groß geworden war, und dachte nicht daran, ihre Gewohnheiten und Meinungen zu ändern, nur weil sie nun Königin war. Sie trug europäische Kleidung und jagte gern zu Pferd. Zu Beginn ihrer Regentschaft trug sie einen kleinen hellblauen Schleier an ihrem Hut, aber als Amanullah eine Rede hielt, in der er erklärte, dass der Islam kein Gesetz zur Verschleierung habe, riss sie ihn einfach ab. Und mit ihr die anderen Frauen im Raum, die ihre Schleier abtrennten, um es ihr gleichzutun. Sie war eine lautstarke Feministin, und dank ihrer Entschlossenheit und der ihres Mannes wurden den afghanischen Frauen bereits 1923 dieselben Rechte zugestanden wie den Männern. (Nur um das mal festzuhalten: Die englischen Frauen bekamen erst fünf Jahre nach ihren afghanischen Schwestern dasselbe Wahlrecht wie Männer, neun Jahre nach den Frauen in Deutschland.) Soraya engagierte sich vor allem für die Bildung und eröffnete die ersten Mädchenschulen in ihrem Land, dazu ein Krankenhaus für Frauen. Berühmt geworden ist die Rede, in der sie sagte: »Freiheit steht uns allen zu, und deshalb feiern wir sie. Glaubt ihr, dass unser Land von vornherein nur Männer benötigt, die ihm dienen? Frauen sollten ihren Teil dazu beitragen, so wie Frauen es in den früheren Zeiten unseres Landes und des Islam getan haben.« Dadurch, dass sie betonte, wie moralisch unerlässlich es sei, dass Frauen zur Schule gehen und sich auf allen Ebenen einbringen, und dies noch mit dem Islam verknüpft hat, versuchte sie, den Traditionalisten den Wind aus den Segeln zu nehmen. Die waren natürlich wenig begeistert davon, welchen Lauf die Dinge gerade nahmen.

Leider rasteten die erzürnten Mullahs eines Tages komplett aus, als das Königspaar nach einer Europareise laut überlegte, das Mitspracherecht der Eltern bei Hochzeiten ihrer Töchter zu verbieten. Zusammen mit in Umlauf gebrachten Fotos (vermutlich von den hinterhältigen Briten, um die Region zu destabilisieren), die Soraya in ärmellosen Abendkleidern zeigte, während sie Handküsse von diversen ausländischen Herrschern empfing, brachte diese Erwähnung das Fass des reaktionären Zorns zum Überlaufen. Abgesehen von der Empörung über den Verrat an kulturellen Werten waren viele Väter ganz einfach verärgert, weil ihnen, käme es zu einer solchen Reform, das Brautgeld (nämlich das Gegenteil einer Aussteuer) komplett durch die Lappen gehen würde. Im Zuge der folgenden Revolte zettelte der berüchtigte Banditenführer Bacheh Saqqāw einen Putsch an und nahm Kabul ein. Amanullah dankte 1929 ab, und die Königsfamilie ging nach Europa ins Exil.

Nun ja, Amanullah und Soraya haben es nicht geschafft, ihre gleichberechtigte Partnerschaft auf nationaler Ebene fortzusetzen, sie haben aber in ihrer kurzen Regentschaft maßgebliche Fortschritte für Frauen und Mädchen erzielt. Trotz einiger Rückschritte entwickelten sich die Frauenrechte in Afghanistan ausgehend von ihrem Beispiel von Zeit zu Zeit immer weiter. Bis die zutiefst abscheulichen Taliban in den Neunzigerjahren die Macht übernahmen und alles einrissen. Erst 2004 wurde die Gleichberechtigung, die Amanullah und Soraya Jahrzehnte zuvor initiiert hatten, wieder eingesetzt.

Nun müssen wir daheim mit unserem Schatz nicht gleich die Kultur und die Politik unseres ganzen Landes verändern, um zu erkennen, dass alles viel erfüllender ist, wenn wir unseren Liebsten als Teamgefährten betrachten. Es geht nicht darum, sich immer ähnlicher zu werden: Tatsächlich ist es eher ein Zeichen von Übereinstimmung, wenn wir uns darauf einigen können, mal uneinig zu sein. Wir müssen uns keine Sorgen machen, wenn wir über die Regeln beim Scrabble streiten oder die richtige Einstellung der Heizung. Worauf wir achten müssen, ist Folgendes: Haben wir beide Mitspracherechte, wenn es darum geht, wann, wo und wie Sex stattfindet? (Oder falls nicht, sollten wir zumindest einen dieser *Fifty-Shades*-Verträge unterschrieben haben ...) Treffen wir beide die Entscheidungen gemeinsam, wenn es um Urlaube und Lebenshaltungskosten geht, und reden wir darüber, welchen Film wir gucken?

Wechseln wir uns beim Abwasch ab? Falls wir bei nur einer dieser Fragen länger überlegen müssen, sollten wir darüber nachdenken, ob die Waagschalen unserer Beziehung vielleicht neu ausgerichtet werden müssen. Die beste Art Affäre ist eben eine faire Affäre.

Katharina die Große

und das Talent, Intrigen zum eigenen Vorteil zu nutzen

Es ist heute unglaublich leicht, einen schlechten Ruf angehängt zu bekommen – und der hängt einem dann bis in alle Ewigkeiten in sozialen Netzwerken nach. Wir Frauen scheinen Beurteilungen von anderen förmlich anzuziehen: Wir sind entweder zu dick oder zu dünn, entweder Eisblock oder Schlampe, zu leise oder zu schrill. Wir alle brauchen schon eine Menge Selbstachtung, Nachsicht und Ach-leck-mich-doch, um den Kopf nicht hängen zu lassen, weil einen die eigene Vergangenheit oder irgendwelche Neider runterziehen.

Eine der Damen, die genau wusste, wie man das eigene Image stylt, war Katharina, Zarin von Russland. Ganz Russland übrigens, das damals sehr viel größer war als heute. Es ist Zeugnis ihrer Zähigkeit, dass der bekannteste russische Herrscher aller Zeiten nie gebürtige Russin war, eigentlich gar nicht Katharina hieß und noch nicht einmal einen Anspruch auf den Thron hatte.

Sophie von Anhalt-Zerbst wurde als evangelisch getaufte deutsche Prinzessin in Stettin geboren, das heute in Polen liegt. Sie war adelig, aber arm; klein, aber gewitzt und wurde mit fünfzehn von ihrer Familie nach Russland verschifft, um sich dort mit ihrem Cousin Peter zu verloben, dem Neffen der Zarin Elisabeth. Sophie konvertierte zum orthodoxen Glauben und änderte ihren Namen in Katharina, quasi als Zeichen des Neustarts. Der russische Hof war pickepacke voll mit Intrigen und politischen Ränkespielen – und die clevere Katharina hielt Augen und Ohren offen und lernte emsig Russisch. Im Gegensatz übrigens zum preußischen Peter, der genauso wenig Interesse an dem Land hatte, das er erben sollte, wie an seiner Braut. Im Gegenzug bezeichnete Katharina ihren Bräutigam in ihren Memoiren als »kindisch«, es war offensichtlich nicht die ganz große Liebe. Sie heiratete Peter 1745, das erste Kind, Paul, kam jedoch erst neun Jahre danach zur Welt. Man sagt, Peter sei an keinem ihrer vier Kinder beteiligt gewesen, und es ist allgemein bekannt, dass beide jede Menge Affären hatten.

Als die alte Zarin Elisabeth 1762 nach 21 Jahren Regentschaft starb, wurde aus dem »Idioten« Zar Peter III. und es begann seine wenig glamouröse, nur sechs Monate währende Amtszeit. Peter war naturgemäß sehr pro-preußisch eingestellt, was zu diesem Zeitpunkt aber einfach nur dämlich war, weil sich Russland gerade im Siebenjährigen Krieg mit ebendiesem Preußen befand. Er schloss demzufolge fast als erste Amtshandlung gleich mal Frieden und setzte diverse Reformen ein, die große Teile des Adels ärgerten. Katharina hatte sich bei Hofe bereits enorm beliebt gemacht und witterte ihre Chance. Sie brachte rasch eine Armee auf ihre Seite und ließ ihren tumben Gatten verhaften. Am 28. Juni 1762 marschierte sie mit Soldaten in Sankt Petersburg ein, ließ sich zur Zarin ernennen und zwang Peter, zu ihren Gunsten abzudanken. Bald darauf ermordete der Bruder ihres Liebhabers den armen Peter. Es gibt natürlich keinerlei Beweis dafür, dass Katharina irgendetwas damit zu tun hatte, aber es wirft leider doch einen kleinen Schatten auf ihren Ruf.

Unangenehmerweise tauchte Peter 1773 wie durch Zauberhand wieder auf, dargestellt von dem missmutigen Kosaken Jemeljan Pugatschow der in Gestalt des Zaren einen Aufstand anzetteln wollte. Entgegen Katharinas Anweisung sammelten sich Tausende von Bauern hinter Pugatschow, und es gelang ihrer Armee nur mit Mühe, den Aufstand zu ersticken. Es war eine kämpferische Zeit, aber es lag auch Liebe in der Luft, denn zum etwa gleichen Zeitpunkt fand Katharina in ihrem Berater Grigorij Potemkin einen neuen Liebhaber. Die Zeit, in der sie miteinander arbeiteten und schliefen, erwies sich als sehr erfolgreich für die Erweiterung des Russischen Reiches, allerdings hielt die Beziehung nicht sehr lange. Katharina trennte sich für gewöhnlich im Guten, und man blieb einander freundschaftlich verbunden.

Obwohl die Gerüchte um ihre sexuelle Lasterhaftigkeit die Runde machten, legte Katharina eine für damalige Verhältnisse enorm beeindruckende Karriere hin: Sie wurde nicht vom Thron gestoßen oder ermordet, sondern starb eines natürlichen Todes. Sie wurde bekannt als »die Große«, was außerordentliche Anerkennung ausdrückt, obwohl ihr moderne Historiker bescheinigen, eine harte Herrscherin gewesen zu sein, die ihren armen Untertanen das Leben noch schwerer gemacht hat.

Katharina herrschte vierunddreißig Jahre lang und verwendete ihre unbändige Energie vor allem darauf, die russischen Grenzen zu erweitern und neue Gebiete zu erobern. Sie füllte die Staatskassen auf Kosten des Klerus, flirtete mit Polen, um sich dann doch abzuwenden, und reformierte lokale Bürokratien und staatliche Bildung (bemerkenswerterweise setzte sie mit dem Smolny-Institut in Sankt Petersburg die erste höhere Bildungsanstalt für Mädchen ein). Sie führte Brieffreundschaften mit Intellektuellen wie Voltaire, trug eine beeindruckende Kunstsammlung zusammen und zog Skandale jeder Art magisch an. Was sie nicht davon abhielt zu tun, was ihr beliebte.

Die allwissende Mutter des Vaterlands starb 1796 an den Folgen eines Schlaganfalls, und ihr Tod rief besonders extravagante Gerüchte hervor: dass sie der Schlag getroffen habe, während sie in einer eigens dafür konzipierten Hengst-Vögel-Vorrichtung einen Hengst vögelte. (Es sagt ja wohl eine Menge über die sexuellen Normen der damaligen Zeit aus, wenn man sich, nur weil sie viele Liebhaber hatte, genauso gut vorstellen konnte, dass sie der Sodomie nicht abgeneigt war.) Dieses schillernde Gerücht stellt alles Gerede darüber in den Schatten, dass wir angeblich auf einer Party mit dem Freund unserer besten Freundin rumgeknutscht haben sollen, dass unser Busen neuerdings so seltsam geformt ist oder dass wir auf den Sportlehrer stehen. Vor allen Dingen hätte sich Katharina einen Dreck um solche Gerüchte geschert. Sie wusste genau, dass ihre Energie, ihre Macht und ihre allzu moderne Einstellung für Gerede sorgten, weil sie einfach mit jedem hübschen jungen Mann schlief, der ihr über den Weg lief. Sie ist ein wunderbares Beispiel für jemanden, der erkannt hat, dass man es nicht allen recht machen kann. Und dass das völlig in Ordnung ist. Und dass unsere Glückseligkeit nicht davon abhängt, was andere über uns denken: »Ich habe mir immer gesagt, dass unser Glück ebenso wie unser Elend von uns selbst abhängt. Wenn man sich elend fühlt, sollte man darüber hinauswachsen und so handeln, dass unser Glück nicht von äußeren Ereignissen beeinträchtigt wird.« Ganz groß, Katharina!

Hedy Lamarr

und das Wissen, was wir selbst wert sind

Zu ihrer Zeit als die schönste Frau der Welt bekannt, war die Leinwand-verführerin Hedy Lamarr aber auch eine der klügsten Frauen. Es dauerte aller-dings eine ganze Weile, bis die Welt erkannte, dass in der Hülle einer Göttin ein Genie steckte. Logischerweise legte die atemberaubend glamouröse Hedy ihren Geburtsnamen Eva Maria Kiesler ab, als sie die Bühne betrat. Sie wurde in komfortable österreichische Lebensumstände hineingeboren und war ein kluges Kind, das bereits mit zehn Jahren mehrere Sprachen sprach. Dazu war sie eine versierte Pianistin und Tänzerin. Hedy besuchte in Berlin die Schau-spielschule und ergatterte danach Bühnenjobs und in ein paar Filmen kleine Nebenrollen, bevor ihr großer Durchbruch kam.

Wie in einer intellektuellen Version von Kardashian-artigen Sexvideos wurde die neunzehnjährige Hedy 1932 durch ihre Rolle im tschechischen Film »Ekstase«, bekannt geworden unter dem Titel *Symphonie der Liebe*, ebenso berühmt wie berüchtigt. Und zwar im selben Atemzug. Äh ja, wörtlich. In *Symphonie der Liebe* spielte Hedy mit ihrem längst vergessenen Filmpartner die erste unzweideutige Sexszene der Filmgeschichte in einem veröffentlichten Film. Der wurde dann gleich in den USA verboten und vom Papst auf den Index gesetzt. Ihre Eltern waren bei der Premiere auch nicht so richtig glücklich. In diesem Film ist zwar nichts, was in unserer heutigen Zeit noch für Aufsehen sorgen würde, aber man sieht eben, wie Frau Lamarr splitternackt herumtollt und titelgerecht die Ekstase nachspielt. Man sagt übrigens, dass sie sich in die-ser Szene so lebensecht krümmt, weil der Regisseur ihr mit einer Nadel in den

Po pikte. Diese Geschichte ist uns erschreckend vertraut: Für eine junge Frau ist ihr Körper ihre Eintrittskarte zum Erfolg, und dafür wird dieser von den Männern, mit denen sie arbeitet, wie ihr Eigentum behandelt. *Symphonie der Liebe* jedoch kurbelte Hedys Promi-Karriere an. Oder wie sie später einmal so treffend erklärte: »Die Stufen zum Erfolg in Hollywood sind normalerweise Agent, Schauspieler, Regisseur, Produzent, männliche Hauptrolle. Und du bist erst dann ein Star, wenn du mit jedem in dieser Reihe geschlafen hast.« Es ist ernüchternd festzustellen, dass Hedy dies vor mehr als fünfzig Jahren gesagt hat und die Filmindustrie erst jetzt anfängt, ihr Problem mit den testosteronsüchtigen Führungskräften anzugehen.

Hedys eben erst aufgegangener Stern wurde fast sofort wieder ausgelöscht, als der reiche Waffenfabrikant Fritz Mandl, ihr besitzergreifender Ehemann (der auch an die Nazis lieferte), sich daranmachte, alle Kopien ihres Films *Symphonie der Liebe* aufzukaufen und zu zerstören. Hedy aber wurde seine Kontrollsucht schnell leid und lief ihm 1937 klugerweise davon. Nach eigenen Angaben hatte sie sich als Dienstmädchen verkleidet aus dem gemeinsamen Schloss geschlichen, um erst nach Paris und dann nach London zu fliehen. Dort traf sie den Filmproduzenten Louis B. Mayer und unterschrieb einen Vertrag mit seiner Firma MGM. Bald darauf, im Jahr 1938, spielte sie in *Algier*, ihrem ersten englischsprachigen Film, und bezauberte das Publikum mit ihrer Schönheit. Von da an bekam sie ausschließlich exotische, verführerische Rollen, was sie irgendwann so sehr frustrierte, dass sie MGM verließ und ihre eigene Produktionsfirma gründete. 1949 jedoch sah man sie wieder als schillernde Nutte in Cecil B. DeMilles Kassenschlager *Samson und Delilah*, über den Groucho Marx charmanterweise sagte: »Ich mag keine Filme, in denen der Mann mehr Busen hat als die Frau.« Sein ganz spezieller Hinweis auf die Rolle der Frauen als Busenwunder auf der Silberleinwand in Hollywoods goldener Zeit.

Unsere Hedy war aber natürlich mehr als ihre 90-60-90, denn in ihrem wunderschönen Kopf wohnte ein einzigartiges Gehirn. Und der Zweite Weltkrieg brachte sie auf neue Ideen. Als sie nämlich noch mit ihrem Waffenhändler-Exmann verheiratet war, hatte sie, ohne dass er es merkte, jede Menge Geheiminformationen aufgesogen, weil ja immer mal wieder hohe Nazibeamte zum

Abendessen gekommen waren. Mit diesem Wissen arbeitete sie zusammen mit dem Pianisten George Antheil an einem Frequenzsprungverfahren, mit dessen Hilfe funkgesteuerte Torpedos deutsche Blockierungsfrequenzen durchbrechen konnten. In ihrem allerersten Gespräch mit George auf einer Party hatten sie wohl noch über die Größe ihres Busens diskutiert, dann aber waren sie glücklicherweise auf andere, wichtigere Themen gekommen.

Hedy und George meldeten ihr Verfahren zum Patent an und stellten es der US-Marine kostenlos zur Verfügung, es wurde aber zunächst nicht verwendet. Erst sehr viel später wurde es zur Grundlage einer Technologie, die wir heute täglich mit Handys, WLAN und GPS nutzen. Hedy liebte Erfindungen und bewarb sich während des Krieges bei der staatlichen Erfinderbehörde, bekam jedoch einen Korb und den Tipp, ihre Berühmtheit lieber zu nutzen, um Geld für die Kriegsanstrengungen zu sammeln. Auftragsgemäß tat sie dies und sammelte in einem Rutsch sieben Millionen Dollar. In ihrer Freizeit betätigte sie sich weiterhin gerne kreativ und unter den Erfindungen, die sie machte, waren neue Designs für Verkehrsampeln, Taschentuchboxen, ein fluoreszierendes Hundehalsband und ein Brausepulverwürfel.

Erst 1997, als Hedy schon vierundachtzig war, wurde sie tatsächlich als Erfinderin anerkannt, und man verlieh ihr und George den Pioneer Award der Electronic Frontier Foundation. Worauf sie meinte: »Na, wird ja auch langsam Zeit.« Es folgten weitere Auszeichnungen und endlich die weitverbreitete Erkenntnis, dass Hedy in ihrem Leben viel mehr geleistet hat, als sinnlich in die Kamera zu schauen.

Nur fünf Jahre, nachdem sie 1953 schließlich die amerikanische Staatsbürgerschaft angenommen hatte, beendete Hedy ihre Karriere. Die Skandale aber konnte sie nie ganz abschütteln, sie wurde sechsmal geschieden und zweimal wegen Ladendiebstahls verhaftet, sie verklagte den Verleger ihrer Autobiografie sowie diverse andere und unterzog sich in hohem Alter drastischer Schönheitsoperationen. Sie starb mit sechsundachtzig Jahren und wurde selbst dann noch eher für ihre Schönheit gepriesen als für ihr wissenschaftliches Können. Mit ihrer klugen Art zu reden und zu denken sowie ihrer Neugier und dem Interesse, mit dem sie allem begegnete, was um sie herum vorging, hatte der Star Lamarr doch sehr viel mehr zu bieten als ein hübsches Gesicht. Niemand konnte einen Mittelscheitel, einen knalligen Lippenstift oder das Wissen um Breitband-Rundfunk so in Szene setzen wie Hedy. Heutzutage fällt es den Menschen natürlich leichter, sich vorzustellen, dass eine Frau gleichzeitig schön und klug sein kann. Das Wichtigste aber ist, dass wir aus dem, was wir haben, das Beste machen, auf gesellschaftliche Vorurteile weise reagieren und wie Hedy genau wissen, was wir wert sind: »Jedes Mädchen kann glamourös sein. Man muss nur stillstehen und dumm gucken.«

Eleonore von Aquitanien

und wie wir mit untreuen Männern umgehen

Die Untreue ist ein schwieriger Gegner. Normalerweise endet der Kampf damit, dass mindestens eine Person verletzt wird, egal auf welcher Seite des Seitensprungs man steht. In den meisten Fällen ist der Schaden vorwiegend emotionaler Natur, bei uns Frauen kommt meist noch ein gewisses Schlampenimage dazu. Es ist in jedem Fall eine nicht hinnehmbare Horrorvorstellung, dass noch in diesem einundzwanzigsten Jahrhundert Menschen, besonders Frauen, in einigen Ländern wegen Ehebruchs rechtmäßig hingerichtet werden dürfen. Diese Strafe ist sehr viel härter als diejenige, die Frauen im *Game-of-Thrones*-artigen Zeitalter von Eleonore von Aquitanien vor mehr als achthundert Jahren zu befürchten hatten. (Die klassischen mittelalterlichen Strafen waren echt ekelhaft: Unter anderem konnte einem die Nase abgeschnitten werden, der Kopf rasiert, und man wurde öffentlich angeprangert.)

Für eine Frau von Eleonores sozialer und wirtschaftlicher Stellung war es von großer rechtlicher Bedeutung, ob man nun nebenbei ein Techtelmechtel hatte oder nicht, vom Ruf der Familie mal ganz abgesehen. Ehemänner mit beträchtlichem Landbesitz brauchten einen legitimen Nachkommen, um diesem ihr Vermögen zu vererben, und für einen echten Erben brauchte man eine Frau, die niemand anderen unter ihren Rock ließ als ihren lieben Gatten. In Zeiten, wo niemand in Fernsehshows erfuhr, wessen Kind er großzog, musste ein Mann von ganzem Herzen an die unanfechtbare Tugend seiner Ehefrau glauben, um ruhig schlafen zu können und sicher zu sein, dass er nicht das

Vermögen seiner Väter an den Sohn des Milchmanns weitergab. Oder aber er verbot ihr alle Freiheiten, damit sie nur ja nichts anstellte.

Eleonore von Aquitanien war keine, die sich etwas vorschreiben ließ. In ihrem Fall ist es nicht so einfach, Dichtung und Wahrheit auseinanderzuhalten, und da wir ja wissen, dass temperamentvolle Frauen damals Anschuldigungen über unmoralisches Verhalten angezogen haben wie Ketzer den Scheiterhaufen, werden wir die historische Wahrheit wohl nie ganz erfahren. Sie wurde jedenfalls in Poitiers in Zentralfrankreich geboren und erbte 1137 als Teenager den riesigen Besitz ihres Vaters, des Herzogs von Aquitanien. König Ludwig VI. beeilte sich klugerweise, sie mit seinem Sohn zu verheiraten, dem künftigen Ludwig VII., der noch im selben Jahr den Thron bestieg. Die neue hochgebildete Königin von Frankreich, die direkt aus der kulturbeflissenen Kunstkennerszene von Poitiers kam, wo man mit den Troubadouren chillte, fand das kühle Pariser Hofleben ziemlich unerfreulich. Aber sie hatte Spaß an politischen Tricks auf höchster Ebene. Das Königspaar bekam eine Tochter und machte 1147 eine Städtereise nach Jerusalem, wo sie den zweiten Kreuzzug anführten, um das Heilige Land von der islamischen Vorherrschaft zu befreien. Was man eben so macht.

Und es sollte auch der Anfang vom Ende dieser königlichen Ehe sein. Zunächst zog Eleonore eine Show ab und führte ihre eigene Armee an, in voller Rüstung, versteht sich. Als sie in Antiochia Rast machten, um ihren Onkel Raimund zu besuchen, war Ludwig gleich bedient von dessen Kumpanei. Gerüchte machten die Runde, Eleonore habe da was laufen mit Raimund. Anno 1149 kehrte man dann von der katastrophalsten Familienreise der Weltgeschichte zurück – zumal der Kreuzzug gescheitert und Raimund im Kampf getötet worden war.

Eleonore brachte die Gerüchteküche zum Schweigen und bekam ein weiteres Kind mit ihrem Mann. Schon wieder ein Mädchen, womit das königliche Elternpaar nicht so richtig glücklich war und 1152 die Ehe annullieren ließ, da man offenbar zu eng verwandt war. Ludwig behielt die Töchter, und Aquitanien fiel an Eleonore zurück. Zwei Monate später heiratete sie dann ganz verwegen einen anderen Verwandten: Heinrich Plantagenet, Graf von Anjou, mit dessen Vater sie bereits ein Verhältnis gehabt haben sollte. Sie heiratete ohne das (eigentlich notwendige) Einverständnis von Ludwig und brachte damit den gesamten Westen Frankreichs unter englische Herrschaft, als nämlich ihr neuer Gatte zwei Jahre später als Heinrich II. König von England wurde. Ludwig VII. wird angesichts dieser Neuigkeiten vor Wut gekocht haben.

Eleonore, inzwischen Mitte dreißig, brachte aus den fünfzehn Jahren am französischen Hof jede Menge politische Expertise mit, die sie in den nächsten fünfzig Jahren als Königin von England anzuwenden wusste. Sie führte mit Heinrich eine temperamentvolle Ehe, aus der acht Kinder sowie zahlreiche Auseinandersetzungen hervorgingen. Ihre Söhne wuchsen mit großem Machthunger heran, und ihre ewigen Zankereien führten schließlich 1173 zu einer Rebellion gegen den Vater, der Eleonore sich anschloss. Vater Heinrich verzieh seinen Jungs, verhängte für Eleonore aber Hausarrest – die nächsten fünfzehn Jahre lang.

Es heißt, Eleonore habe sich (trotz ihres eigenen heiklen Rufs) aufgrund seiner übermäßigen außerehelichen Aktivitäten gegen Heinrich gewandt. Es gibt sogar das Gerücht, sie habe seine Lieblingsmätresse Rosamunde ermorden lassen, die er gern geheiratet hätte – will sagen: er habe sich von unserer Elli scheiden lassen. Man tratschte sogar, Eleonore habe Rosamunde in dem Irrgarten aufgespürt, den Heinrich für gewisse Schäferstündchen hatte anlegen lassen, und verlangt, sie möge sich doch bitte schön zwischen dem Tod mittels Gift oder Dolch entscheiden.

Zusätzlich nervte Heinrich Eleonore damit, dass er sich in aquitanische Staatsangelegenheiten einmischte, wahrscheinlich konnte sie es einfach nicht leiden, dass er ihre Sachen anfasste. Als Heinrich dann schließlich von seinen Söhnen Richard (der berühmte »Löwenherz«) und später Johann auf dem Thron abgelöst wurde, hörte Eleonore noch lange nicht auf, ihren Einfluss über das Königreich auszuüben. Sie hielt den Laden am Laufen, während Richard auf Kreuzzug ging, und politisierte sich noch mit Ende siebzig durch ganz Europa, arrangierte hier eine vorteilhafte Ehe und verteidigte dort Aquitanien gegen die Angriffe ihres Enkels. (Es war eindeutig eine Problemfamilie.) Im Jahr 1202 schließlich zog sie sich in die Abtei Fontevraud zurück und ruhte sich auf den Lorbeeren aus, die sie sich als Herzogin von Aquitanien, Königin von Frankreich, Königin von England, Kandidatin für den Titel als mächtigste

Frau des zwölften Jahrhunderts, Politikerin und Kunstmäzenin erworben hatte. Sie starb dort anno 1204.

Was aber können wir von Eleonore über Untreue lernen? Sie hat vermutlich Erfahrung auf beiden Seiten, sowohl im Betrügen als auch im Betrogenwerden, was uns lehrt, dass man immer auf das Endspiel hinarbeiten muss. Ludwig verlassen zu haben, sieht erst mal nach einem Sieg aus, denn sie bekam ihr Land zurück und fing eine auf den ersten Blick bessere Beziehung an, die ihr mehr Möglichkeiten bot, ihr Leben auszukosten und ihre Talente auszuleben. Die beiden Töchter, die bei ihrem Ex bleiben mussten, dürfen wir aber nicht vergessen. Irgendwo muss man immer Abstriche machen. Was, wenn wir feststellen, dass der raffinierte Kerl, mit dem wir verheiratet sind, mehrgleisig fährt? Eleonore scheint Heinrichs Zwielichtigkeit so lange toleriert zu haben, wie er sich nicht scheiden lassen wollte, denn das hätte ihre eigene politische Stellung sowie die ihrer Kinder verändert. Es war eine ernsthaft existenzielle Bedrohung. Angesichts dessen kamen Gift und Dolch ins Spiel. Wir würden an dieser Stelle eher eine Paartherapie empfehlen und vielleicht noch ein besonnenes Gespräch darüber, was jeder gewinnt oder verliert, wenn er so weitermacht – oder eben nicht. Für eine Frau wie Eleonore aber scheinen andere Gesetze gegolten zu haben.

Margarete Steiff

und die Gründung einer Marke

*B*ei Motivationscoachs und Unternehmern ist es hip geworden, von Personenmarken zu reden – gern im Zusammenhang mit der Vorstellung, dass wir alle jeden Monat ein neues Start-up aus dem Hut zaubern und mit fünfundzwanzig Jahren Besitzerin eines Online-Imperiums sein sollen. Warum aber sollten wir zur Marke werden, wenn wir weder eine Zahnpasta noch ein Fast-Food-Restaurant sind? Zu sehr sollten wir es also nicht übertreiben, aber es lohnt sich vielleicht doch, darüber nachzudenken, wofür wir eigentlich stehen. Wenn wir gefragt werden, welche Werte uns am meisten bedeuten, was antworten wir dann? Sofern wir uns nicht komplett von der Elektronik abkoppeln und lieber mit einem Aluhütchen auf dem Kopf in einer Hütte aus Zweigen leben, was ja auch immer eine Option ist, also, da wir meist in einer digitalisierten Welt leben, hat jede von uns eine Art öffentlicher Darstellung: nämlich alles, was wir auf Twitter erzählen oder auf YouTube posten und alles, was aufpoppt, wenn irgendwer unseren Namen googelt (zum Beispiel ein künftiger Chef oder ein mögliches Date, wer auch immer mal ein wenig Hintergrundrecherche betreibt).

Margarete Steiff hat ihre Firma und ihre Marke von Grund auf allein hochgezogen. Und beide bestehen bis heute als Denkmal für eine Unternehmerin, die mit großer Leidenschaft immer nur das Beste wollte – für ihr eigenes erfülltes Leben wie auch für die Firma, die sie geschaffen hat, und zwar trotz des komplizierten Status, den eine Frau mit Behinderung im neunzehnten Jahrhundert hatte.

Margarete wurde als drittes von vier Kindern in Giengen an der Schwäbischen Alb geboren. Als Kleinkind erkrankte sie an Kinderlähmung und war eine Zeit lang ernsthaft krank. Sie erholte sich, doch waren fortan ihre Beine gelähmt, und der rechte Arm blieb schwach. Damit war sie in einer Gegend, wo die meisten Jobs körperliche Arbeit voraussetzten, ganz unten auf der Kandidatenliste, und auch ihre Chancen auf dem Heiratsmarkt waren fast auf null gesunken. Margarete jedoch ließ sich nicht aufhalten, ihre bescheidenen Möglichkeiten voll auszuschöpfen: Ihre Geschwister zogen sie zunächst in einem Karren zur Schule, wo sie sehr gut abschnitt und viele Freunde fand. Später erhielt sie einen Rollstuhl. In der Schule machte sie auch erste Erfahrungen mit dem Nähen und ging diese Arbeit mit der ihr eigenen Mischung aus Hingabe und Kreativität an. 1862 eröffnete ihre ältere Schwester eine Schneiderei, wo Margarete als Näherin arbeitete, und 1874 baute dann ihr Vater für sie ein Zimmer im Erdgeschoss des Hauses als Studio um, das sie nutzte, um aus dem Filz, den ein Cousin herstellte, Kleider und Konfektionswaren zu nähen. Sie kaufte eine Nähmaschine und veränderte sie, damit sie trotz des schwachen rechten Arms daran arbeiten konnte, ließ Rampen für ihren Rollstuhl bauen und fing an, ihre eigenen Produkte zu verkaufen. Kurz: Sie schuf sich ihre eigene finanzielle Unabhängigkeit und begann, ein Team von Näherinnen einzustellen.

Als sie 1879 in einer Zeitschrift ein Schnittmuster für ein Nadelkissen in Form eines Elefanten sah, war dies der Keim, aus dem Margaretes außerordentlicher Erfolg spross. Ihre ersten Exemplare dieses verheißungsvollen Dickhäuters fertigte sie aus Filzresten ihrer Produkte an, ein paar Stück aber verteilte sie zur großen Freude ihrer Nichten und Neffen als Spielzeug in der Familie. Im Jahr 1880 eröffnete sie mithilfe ihrer Familie die Firma Steif und ihr Bruder verkaufte die Elefanten auf Märkten in der Umgegend. Schon 1890 boomte das Geschäft, und bald darauf veröffentlichte man den ersten Steiff-Katalog mit dem berühmten Spruch »Für Kinder ist nur das Beste gut genug«, in dem Stofftiere aller Art wie Kamele, Schweine, Hunde, Katzen, Giraffen und natürlich der berühmte Elefant angeboten wurden. Die Firma Steiff verkaufte nun landesweit Spielzeugtiere, und Margarete beschäftigte ein Team weiblicher Angestellte, davon viele Heimarbeiterinnen – sie war ihrer Zeit weit voraus bei den Themen Inklusion, Vielfalt und flexible Arbeitszeiten.

Als Margaretes Lieblingsneffe Richard in das Unternehmen eintrat, brachte er viele neue Ideen mit und erfand 1902 den Bären mit dem prosaischen Namen »55PB«. Dies war der erste Teddybär der Welt, er war aus Plüsch und hatte bewegliche Arme und Beine, womit er gerade in den USA schnell sehr beliebt wurde und daher bald nachgemacht wurde. Um dem entgegenzuwirken, entwickelte die Firma Steiff die Idee, einen Metallknopf an das Ohr eines jeden Tieres zu heften, der die Echtheit des Produkts belegte: »Steiff – Knopf im Ohr«. Selbst als das Unternehmen größer wurde, war es immer noch Margarete, die die Probeexemplare zusammennähte, um zu gewährleisten, dass die Qualität stimmte. Bei der Weltausstellung in Louisiana 1904 gewann sie den Großen Preis für ihr Unternehmertum, und bereits 1907 produzierte man 1 700 000 Spielzeugtiere.

1909 steckte sich Margarete mit einer Lungeninfektion an, an der sie starb, doch die Firma, die sie gegründete hatte, wuchs stärker denn je und verkauft noch heute Stofftiere von hoher Qualität. Wir sind jetzt versucht, das Nachdenken über den eigenen Ruf und die eigene Persönlichkeit (und genau das definiert eine Marke) für einen einzelnen Menschen ziemlich zynisch und kommerziell zu finden. Aber es gibt ein paar Punkte in unserem Leben, wo es gar nicht verkehrt ist zu wissen, was uns selbst wichtig ist: zum Beispiel bei der Berufswahl, der Wahl unseres Lebenspartners und wenn wir vor der Frage stehen, wie wir mit schwierigen emotionalen Problemen umgehen. Margarete und ihre Arbeit stehen für harte Arbeit und hohe Qualität. Wenn wir nun also darüber nachdenken, woran wir glauben und wie wir das rüberbringen wollen, sollten wir uns die wunderbare Margarete ins Gedächtnis rufen und uns eine eigene Personenmarke zurechtschneidern.

Coco Chanel

und das unbezahlbare Glück, im Job glamourös gut zu sein

Rede nicht von deinen Kindern. Aber erzähl von ihnen, wenn du einen neuen Kunden gewinnen willst. Mach ein freundliches Gesicht, wenn du ein schwieriges Gespräch führen musst. Verhalte dich aber wie ein Mann und trete energisch auf. Halte direkten Blickkontakt und runzle leicht die Stirn. Lächle. Sei selbstbewusst und bestimmt, aber nutze auch deinen harmlosen weiblichen Charme. Mache keine Fehler – es gibt eine verwirrend große Sammlung von Ratschlägen, die wir Frauen uns anhören müssen, wenn wir im Job weiterkommen wollen. Von Sheryl Sandbergs »Lean in« bis zum richtigen Knowhow scheint es, dass wir Frauen immerzu alles Mögliche sein und haben müssen. So viel, dass wir Lust bekommen, diese blöde gläserne Decke blickdicht anzustreichen, um dann eine Auszeit zu nehmen und flötend durch die Welt zu gondeln. Zum Glück ist da Coco Chanel, die uns den richtigen Weg zeigt.

Gabrielle Bonheur Chanel kam auf alles andere als glamouröse Weise auf die Welt, denn im August 1883 wurde sie in einem Armenhaus geboren. Unglaublich, dass diese Stilikone im neunzehnten Jahrhundert in bitterer Armut aufwachsen musste. Die Geschichte ihrer Kindheit ist ein bisschen undurchsichtig und wurde noch undurchsichtiger dadurch, dass Coco bei den Erzählungen über ihre Herkunft ebenso kreativ war wie bei ihren Designs. Man weiß, dass sie zwei Brüder und zwei Schwestern hatte und dass ihr Vater seinen Pflichten nicht nachkam, sondern sie nach dem Tuberkulose-Tod der Mutter im Stich ließ. Die Kinder wurden in ein kirchliches Waisenhaus gebracht, und Coco trat mit achtzehn Jahren in einen Orden in Moulins im

Herzen Frankreichs ein, wo die Nonnen sie zum Nähen anhielten. Die Mutter Oberin verschaffte ihr später einen Job als Näherin im Ort, wo Coco viel Spaß mit ein paar jungen Soldaten hatte, die sie in Varietés und Cabarets mitnahmen. Endlich weg von den Nonnen, erträumte sich Coco eine Karriere als Chanteuse, und das Lied, mit dem man sie kannte, war »Ko Ko Ri Ko«. Damit war auch ihr Spitzname geboren. Ihre Karriere als Sängerin war zwar von Anfang an ein Fehlschlag, doch immerhin hatte sie so den Playboy und Kavallerieoffizier Étienne Balsan kennengelernt und sich in ihn verliebt, ein windiger Typ, der Rennpferde hielt. Er sollte ihr *Billet* in die Glamourwelt von Paris werden, und über ihn lernte sie auch den Engländer Boy Capel kennen. Aus dieser *Ménage-à-trois* wurde bald ein Business-Trio, denn Boy und Balsan waren zwar beide ihre Liebhaber, sorgten aber 1910 für die finanzielle Absicherung von Cocos erstem Unternehmen, ihrem Hutladen in Paris.

Von Anfang an war Cocos Stil sehr zurückgenommen, denn sie war der Ansicht »zu viel Zierrat macht nur alt, Schatz«. Bald schon brummte der Laden, und Madame Chanel war sehr mit sich zufrieden – dann aber gestand Boy, dass er ihre Schulden noch nicht an die Bank zurückgezahlt hatte. Dafür kassierte er dann eine Backpfeife mit einer Handtasche. Coco war aber auch sauer auf sich selbst, weil sie sich nicht um den wirtschaftlichen Hintergrund ihres Unternehmens gekümmert hatte. Gleich am nächsten Tag machte sie sich an die Arbeit und übernahm die Finanzierung selbst, in der Absicht, ein Vermögen zu verdienen. Im Jahr darauf konnte sie ihre Rechnungen bereits begleichen.

Cocos Erfolg beruht darauf, dass sie Regeln gebrochen und die Formvorschriften der Mode auf den Kopf gestellt hat. Tief in ihrem Herzen war sie eine Rebellin, die Frauen von den Zwängen der Korsetts befreien wollte: »Ich wollte den Frauen bequeme Kleider machen, die mit ihrem Körper fließen. Wenn eine Frau gut angezogen ist, ist sie dem Nacktsein am nächsten«, sagte sie später und fasste damit nochmal krass zusammen, dass Frau gleichzeitig radikal und sexy sein kann. Sie verwendete nüchterne Stoffe und verwandelte diese in puren Luxus. Und sie machte Anleihen bei Herrenschneidern und schuf ihre zum Kultobjekt gewordenen kragenlosen Jäckchen. Sie inspirierte die Frauen dazu, die Haare kurz zu tragen und sie holte das Schwarz wieder aus der Trauer- und Beerdigungsecke hervor. Ihr kleines Schwarzes wurde zum Inbegriff des *Chic*.

Coco erweiterte ihre Marke bald auf andere Bereiche außerhalb der Mode. Sie schuf Textilien, Schmuck und Accessoires, auf die sie ihre berühmt gewordenen Initialen CC einprägen ließ, um jedem Stück ihren Stempel aufzudrücken. Und dann kam im Jahr 1921 Chanel No. 5. Coco hatte sich mit dem Meisterparfumeur Ernest Beaux zusammengetan, um einen neuen Duft zu kreieren. Die Legende besagt, dass No. 5 auf einen Laborunfall zurückgeht. Coco war aber gleich hingerissen, es wurde ein Spontanerfolg, und Coco konnte kaum alle Aufträge erfüllen. Ursprünglich hatte Coco einen Vertrag mit den Brüdern Wertheimer geschlossen, die für Produktion und Vermarktung des Parfums siebzig Prozent des Gewinns beanspruchten. Und der Glückspilz, der die beiden mit ihr bekannt gemacht hatte, kassierte ebenfalls zwanzig Prozent, womit für Coco nur zehn Prozent übrig blieben. Nach jahrzehntelangem Gezerre konnte sie eine bessere Aufteilung aushandeln und bekam Anteile an den weltweiten Verkäufen. Der Flakon ist nach wie vor ein Designklassiker: einfach, kräftig und schnörkellos. Man sagt, heute wird alle dreißig Sekunden ein Flakon Chanel No. 5 verkauft.

Cocos Liebesleben war ebenso provokant wie ihr Designansatz. Sie war nie verheiratet, hatte aber viele prominente Liebschaften, unter anderen Igor Stravinsky, den Dichter Pierre Reverdy, den Designer Paul Iribe und den Herzog von Westminster. Es war jedoch ihre Liaison mit dem forschen Hans Günther von Dincklage, die ihren Ruf beschädigte. Coco lebte in Paris im Hotel Ritz (selbstverständlich, oder?) und nutzte ihre Beziehung zu Herrn von D., um während der Besetzung durch die Nazis ihr Quartier dort behalten zu können. Man hat ihr das sehr übel genommen, und ebenso, dass sie mit Kriegsbeginn ihr Unternehmen geschlossen hat. 1945 übersiedelte sie dann in die Schweiz, um der Nachrede zu entgehen.

Über ihr Comeback 1954 wurde erzählt, es sei die Antwort auf Christian Diors einengenden »New Look« gewesen, den sie gar nicht mochte. Sie sagte: »Es gibt in dieser Branche so viele Männer, und keiner weiß, wie man Kleider für Frauen macht.« Diesmal packte sie Hollywood am Kragen und stattete die Stars aus. Sie starb im Alter von siebenundachtzig Jahren in ihrem Hotelzimmer im Ritz, während sie an der neuen Kollektion arbeitete.

Diese Frau wurde im neunzehnten Jahrhundert geboren und ist noch in unserem einundzwanzigsten Jahrhundert cool wie eine Eiskönigin. Sie baute ihr Unternehmen unter ihrem eigenen Namen aus dem Nichts auf, ein Businessimperium, das noch immer zu den begehrtesten Kultmarken aller Zeiten gehört. Und das zu einer Zeit, wo es ein ziemliches Hindernis war, eine Frau zu sein. Sie kämpfte wie eine Tigerin, um ihren Gewinn zu schützen und zu mehren, sie war mutig, vollkommen authentisch, ihren Freunden treu und hatte kein Problem damit, Schwätzer als solche öffentlich zu machen. Sie hatte keine Angst, vor niemandem. Und das ist als Unternehmensstrategie ziemlich *superbe. Chapeau, Coco!*

Nell Gwyn

und die Schamlosigkeit

Es ist nicht so leicht, die »andere Frau« zu sein. Zum einen ist da natürlich das ethische Problem, mit dem man klarkommen muss, und dann trifft einen das Urteil anderer Leute natürlich auf voller Breitseite. Aber darüber hinaus gibt es ja noch mehr, neben all den kleinen erotischen Intermezzos, heimlichen Stelldicheins und dem Spaß, dass man seine schönste Unterwäsche herzeigen darf, kann es nämlich eine ziemlich einsame Veranstaltung sein, wenn man nie die ungeteilte Aufmerksamkeit seines Geliebten hat. Und dann ist da die Zukunftsangst. Sind wir seelenverwandt, geht es nur um Sex, oder bin ich eine zweite Chance? Verlässt er wirklich seine Frau? Will ich das überhaupt? In gewisser Hinsicht hatte es die englische Schauspielerin Nell Gwyn eigentlich ganz gut, denn eine ganze Reihe dieser Fragen stellten sich für sie gar nicht. Die moralischen Maßstäbe am Hof König Charles II. waren ziemlich einzigartig, und Nell ging darin auf.

Die Herkunft von Eleanor Gwyn ist nicht hundertprozentig geklärt, aber man geht davon aus, dass sie im Londoner Stadtteil Covent Garden geboren und aufgewachsen ist. Ihr Vater landete im Schuldgefängnis, und ihre Mutter führte ein Bordell. Als Teenager ergatterte Nell einen Job als Orangenverkäuferin in einem Londoner Theater an der Drury Lane. Für Theaterleute war die Restaurationszeit ab 1660 eine interessante Phase, denn die Theater hatten eben erst wieder eröffnet, nachdem die alte Spaßbremse Oliver Cromwell sie hatte schließen lassen. Der glücklich wiedereingesetzte König ging so weit, dass er es Frauen erstmals gestattete, im Theater aufzutreten. Damit war im

Jahr 1665 für Nell die Bühne bereitet, und sie wurde eine der besten Comedy-Darstellerinnen ihrer Zeit. Sie war so eine großartige Tänzerin und Sängerin, dass der englische Politiker und Chronist Samuel Pepys über sie als »hübsche, schlaue Nell« schrieb. (Sam war übrigens auch so charmant, sie an anderer Stelle als »kecke und fidele Hure« zu bezeichnen.) Sie trat in Restaurationskomödien von John Dryden und Konsorten auf, und zu ihren Bewunderern gehörten die Schriftstellerin Aphra Behn und der Earl of Rochester. Nell hatte drei Liebhaber, die Charles hießen, aber es war erst der dritte in der Reihe, König Charles II., der sie nachhaltig bekannt machte. Sie traf den König erstmals 1669 und brachte effizienterweise gleich im nächsten Jahr seinen Sohn zur Welt, nur um sich ein weiteres Jahr später ganz von der Theaterbühne zu verabschieden.

Charly brachte Nell in einem Haus in der Pall Mall im Londoner Künstlerviertel unter. Aber erst als er hörte, wie Nell ihren sechsjährigen Sohn anraunzte (»Komm her, du kleiner, dreckiger Bastard«), fühlte Majestät sich bewogen, das Kind als seines anzuerkennen (und seinen kleinen Bruder gleich mit), und ernannte ihn zum Earl of Burford. Die clevere Nell erwarb einiges Ansehen, weil sie eben *keine* allzu hohen Ansprüche an den König stellte, was immer ein gutes Rezept ist, wenn man beim ehelichen Gelage nicht das Hauptgericht ist. Sie war beliebt, und man sagte, sie sei die am wenigsten gierige unter den Geliebten Seiner Majestät gewesen. Nell war schließlich nicht die einzige Frau in Charles' Leben.

Da war nämlich auch noch Charles' Eheweib, die arme alte Katharina von Braganza, die aber auch nicht Nells Hauptrivalin war, denn die beiden kamen wohl recht gut miteinander aus. Aber es stand natürlich nie ernsthaft zur Debatte, dass der umtriebige König Katharina verlassen würde. Er hat im Laufe der dreiundzwanzigjährigen Ehe nie dem Druck nachgegeben, sich von ihr scheiden zu lassen, obwohl sie keine gemeinsamen Kinder hatten und man sie tatsächlich einmal beschuldigt hatte, einen Katholikenputsch gegen ihn angezettelt zu haben. Regel Nummer eins im Club der anderen Frauen: Er wird sich nie von seiner Frau trennen.

John Dryden beschrieb die Rückkehr Englands zur Monarchie als eine »Zeit des Lachens, Zechens und der Unbesorgtheit« – und Charles hatte ganz bestimmt seinen Spaß im Bett, immerhin hatte er mit seinen ungefähr dreizehn Geliebten insgesamt mindestens vierzehn Kinder. Als Nell mit dem König anbandelte, war da noch eine andere Schauspielerin, die dem König schöne Augen machte. Nell servierte sie ab, indem sie ihr vor einem Date offenbar Abführmittel ins Essen schmuggelte. Dennoch war es Barbara Villiers, die als ursprüngliche Rivalin von Nell gilt, denn die Herzogin von Cleveland war eine umstrittene, manipulative Figur am Hofe, die es sogar fertigbrachte, bei der normalerweise so sanftmütigen Königin anzuecken. Babsi war Charlys Schneckchen Nummer eins gewesen, aber die Begeisterung für sie ließ merklich nach, als Charles Nell kennengelernt hatte. Und weil Nellie ja eine eher derbe Nutte war, besetzte er die Planstelle als adelige Geliebte mit Louise de Kéroualle, der Herzogin von Portsmouth, die wohl nebenberuflich als französische Spionin tätig war. Louise machte sich mit ihrer Einmischung in die Politik am Hof nicht sonderlich beliebt, und Nellie hatte Spaß daran, sie bei jeder Gelegenheit zu veräppeln, zu ärgern und sie wegen ihrer Gefühlsausbrüche als »Heulsuse« zu bezeichnen. Louise hielt natürlich dagegen und sprach: »So wie sie flucht, weiß sowieso jeder, dass sie mal eine Orangen-Nutte war.« Trotzdem haben die beiden offenbar auch Kaffeekränzchen und Kartenrunden abgehalten und sich nicht nur mit Giftspritzen traktiert.

Nell und Charles hielten ihre Beziehung bis zu Charles' Tod 1685 aufrecht, als er die berühmten letzten Worte zu seinem Bruder, dem baldigen König James II., sprach und ihn bat, »die arme Nellie« nicht hungern zu lassen. James versorgte Nell finanziell, sodass sie ein recht angenehmes Leben führen konnte, bis sie im zarten Alter von siebenunddreißig Jahren nach einem Schlaganfall starb. Dank ihrer freundschaftlichen Verbindung zum dortigen Vikar wurde sie unter dem Altar der Kirche St.-Martin-in-the-Fields am heutigen Trafalgar Square beigesetzt.

Was also machte Nell zu einer so großartigen Geliebten? Ganz einfach, ihre Schamlosigkeit. Es war ihr egal, was die Leute über sie sagten und ob sie nun die Ideale achtbarer Weiblichkeit erfüllte oder nicht. Man gewinnt den Eindruck, dass sie denen, die ihr beistanden, auch eine treue Freundin war, und sie hatte eindeutig ein fröhliches, lebenslustiges Gemüt. Sie wusste sich zu amüsieren, vor allem wenn sie in einer Sänfte umherstreifte, sich hübsche Dinge leistete, zum Beispiel ein silbernes Bett mit dem eingravierten Antlitz des Königs, oder wenn sie sich mit Austern und Makrönchen mästete. Auch was ihre Rolle anging, war sie absolut schamlos. Als sie nämlich von einer wütenden Menge für Louise gehalten wurde, bezeichnete sie sich selbst als »die *protestantische* Hure« – im Gegensatz zu Louise, welche die *katholische* war –, und Nell erntete fröhlichen Beifall dafür. Die beste Lektion, die wir von der frechen Nell lernen, ist, dass wir uns nicht dafür schämen sollten, wo wir herkommen oder was wir sind, und dass wir das Beste aus jeglicher Situation machen sollten, in die das Leben uns katapultiert.

Rosalind Franklin

und auch wir dürfen mal schwierig sein

Es ist doch irgendwie interessant, dass ein schwieriger Mensch meistens nur dann zum Problem wird, wenn dieser Mensch keinen Penis hat. Es macht sich ja niemand Gedanken über Alfred Hitchcocks soziale Kompetenzen oder darüber ob John McEnroe sich höflich verhalten hat, als er auf seinem Weg an die Weltspitze alle in Grund und Boden geflucht hat. Schwierige Männer werden in unserem Kulturkreis nämlich geradezu gefeiert, denken wir nur an James Bond oder Batman. Die verziehen keine Miene und geben sich auch keine Mühe, nett zu sein. Bei Frauen dagegen wird Kratzbürstigkeit scharf verurteilt, sie werden übergangen, weil sie »nicht teamfähig« sind oder es ihnen »an Diplomatie fehlt«. So wie es Rosalind Franklin erging, der Weltklasse-Chemikerin und Pionierin der DNA-Forschung.

In London als zweites von fünf Kindern einer reichen jüdischen Familie geboren, wurde Rosalind wie ihre Geschwister von den Eltern immer ermutigt, offen zu sagen, was sie dachte. Man führte am Abendbrottisch lieber politische Debatten, als dass man nur ein bisschen Small Talk übers Wetter gemacht hätte. Von klein auf zeigte sich Rosalinds beeindruckender Geist – ihre Tante bezeichnete sie als »erschreckend klug«–, und folgerichtig studierte sie Chemie in Cambridge. Nach dem Zweiten Weltkrieg nahm sie einen Forschungsauftrag in Paris an, wo sie bei Jacques Mering arbeitete, einem genialen Röntgenkristallografen, der es geschafft hatte, bildgebende Verfahren bei Molekülen anzuwenden, und damit deren Dichte und Struktur nachgewiesen hatte. Sie verlebte im heißen Paris eine super Zeit, verknallte sich (ohne Gegenliebe) in

Mering und fuhr bei jeder sich bietenden Gelegenheit zum Wandern in die Alpen.

1951 wurde sie dann für ein Forschungsteam am Londoner King's College angeworben, das daran arbeitete, die DNA-Struktur zu entschlüsseln. Es waren aufregende Zeiten in der Welt der Wissenschaftler, denn gleich zwei Gruppen arbeiteten in Konkurrenz daran, als Erste das Geheimnis unseres genetischen Codes zu entschlüsseln. Francis Crick und James Watson waren in Cambridge an der Arbeit, während Maurice Wilkins und Rosalind in London forschten. Das Verhältnis zwischen Wilkins und Rosalind war von Anfang an gespannt, denn Wilkins betrachtete sie als Teil des Teams, ihr aber hatte man glaubhaft gemacht, sie würde unabhängig arbeiten. Auch was ihre Persönlichkeiten anging, passten sie überhaupt nicht zueinander: Wilkins war schüchtern, still und konfliktscheu, Rosalind dagegen temperamentvoll und provokativ. In der vergifteten Laboratmosphäre wurde sie zunehmend isoliert, fand aber trotzdem heraus, dass es zwei Arten DNA gibt, die sich durch ihren Wassergehalt unterscheiden, und dass man die mit dem höheren Wassergehalt sehr viel klarer auf einem Röntgenbild sehen würde.

Drüben in Cambridge hatten Watson und Crick nicht so viel Glück, sondern bekamen von ihrem Laborleiter zu hören, dass sie die Forschungsarbeit einstellen müssten, weil sie den Kollegen vom King's College auf die Füße treten würden. Als aber bekannt wurde, dass zusätzlich eine amerikanische Forschergruppe am selben Thema arbeitete, durften sie die Arbeit wieder aufnehmen. Watson machte einen Besuch in London, und Wilkins zeigte ihm eines von Rosalinds superscharfen Röntgenbildern (das berühmte Foto 51), welches die Form der Doppelhelix zeigte.

In alleiniger Forschungsarbeit hatte Franklin verblüffende Fortschritte gemacht: Sie hatte nämlich herausgefunden, dass die DNA-Stränge die Form einer Doppelhelix haben und dass die Abfolge der Basen eines jeden Stranges die »biologische Spezifität der DNA« ausmacht. Dies war der Heilige Gral der DNA-Forschung, und Rosalind kam der Entschlüsselung verdammt nahe. Im März 1953 wurde sie mit Wilkins nach Cambridge eingeladen, um sich das Modell anzusehen, das Watson und Crick auf der Grundlage ihrer Ergebnisse gebaut hatten, und sah auf Anhieb, dass es stimmte. Man einigte sich darauf, dieses Resultat unter den Namen von Watson und Crick zu veröffentlichen und die zugrunde liegenden Forschungsergebnisse separat unter denen von Wilkins und Franklin. Rosalind starb im Alter von siebenunddreißig Jahren an Eierstockkrebs, vier Jahre bevor der Nobelpreis an Watson, Crick und Wilkins 1962 gemeinsam verliehen wurde. Warum man Rosalind ausließ, ist noch heute ungeklärt. Auch erwähnte sie keiner der Männer in ihren Dankesreden.

Zehn Jahre später veröffentlichte Watson ein Buch über ihre gemeinsamen Erkenntnisse und verpasste Rosalind einen gemeinen Seitenhieb, indem er über ihre altbackene Kleidung, ihren Verzicht auf Lippenstift und ihren starrenden Blick schrieb. Dr. Watson, behalt deine Aufbrezel-Träume lieber für dich! Im ganzen Buch sprach er von ihr nur als Rosy, was ihr sehr missfallen hätte, denn diese Verniedlichung hatte sie gar nicht leiden können. In seinem entschuldigenden Epilog schaffte er es immerhin, ihren entscheidenden Anteil an der Arbeit anzuerkennen, und er erwähnte auch, wie schwer es für sie als Frau in der Wissenschaft gewesen sein musste. Als Buch wurde *Die Doppelhelix* ein grandioser Erfolg, erwies sich für Watson jedoch als Bumerang, denn man fing an, ein bisschen genauer nachzusehen, wie ausschlaggebend Rosalinds Arbeit tatsächlich war. Heute wird sie als wahre Pionierin der Wissenschaft gefeiert, zahllose Forschungsinstitute tragen ihren Namen, ihr Bild hängt in der National Portrait Gallery in London gleich neben Cricks – und Nicole Kidman hat in einem Theaterstück über Rosalinds Leben die Titelrolle gespielt.

Welche Lehre können wir nun also aus Rosalinds schwierigen Erfahrungen ziehen? Es stimmt zwar, dass sie zu Lebzeiten nicht die verdiente Anerkennung bekam, aber die Weltgeschichte kann eine Hexe sein, und die Wahrheit lässt sich nie ganz unterdrücken. Wir sollten keine Angst haben, schwierig zu sein – es ist schwer, etwas Neues zu machen, ohne irgendwo anzuecken, und wo gehobelt wird, da fallen eben Späne. Versuchen wir es mit einer kleinen Umdeutung: Wir sind nicht launisch, sondern eine Nonkonformistin, eine Visionärin, Querdenkerin! Und wenn es schwierig ist, mit uns klarzukommen? Sollen alle mal nicht so rumheulen, basta. Wir werden unser Selbst nicht unterdrücken, nur um nett zu sein. Lasst uns unser Schwierigsein feiern, unsere Eigenarten lieben lernen und in unserem eigenen Rhythmus marschieren.

Kaiserinwitwe Cixi

und wie wir bereits Erreichtes verteidigen

*F*ührungspersönlichkeiten werden nicht geboren, sie werden im Feuer der Erfahrung geschmiedet! Wir alle kennen solche Motivationsplakate. Es sieht so aus, als ob jeder von uns heutzutage eine Führungspersönlichkeit sein müsste: Bald werden Führungspersönlichkeiten in einer Endlosschleife aus Motivationskompetenz andere Führungspersönlichkeiten führen. Dennoch ist es für die eigene Karriere natürlich sinnvoll, das eine oder andere darüber zu wissen, wie man seine neue, gehobenere Stellung selbstbewusst und elegant ausfüllt. Es gibt diverse Führungsstile, aus denen man wählen kann: zum einen *laissez faire*, wo die Führungsperson möglichst viel delegiert, um dann Zeit fürs Onlineshopping zu haben. Oder die furchterregende Autokratie, wo sogar der Kopierer angebrüllt und die Macht uneingeschränkt ausübt wird. Und natürlich gibt es ja auch noch die ganz demokratische Wir-sind-hier-alle-Freunde-Chefin, die erst mal jedes Detail über unseren letzten Beziehungskrach wissen möchte. Alles gut und schön, aber als Chefinnen müssen wir aufpassen. Denn wenn man als Führungsperson nicht nur Eier, sondern auch Eierstöcke hat, läuft man Gefahr, per se schon mal Kritik auf sich zu laden, egal auf welche Weise man sein Team führt. Laissez-faire-Damen wird oftmals vorgeworfen, sich nicht ausreichend zu engagieren (besonders, wenn sie Kinder haben), Autokratinnen werden als Oberzicken abgestempelt, und bei den demokratischen Leaderinnen schwingt immer ein bisschen das Dummchen-Image mit.

Der Führungsstil der Kaiserinwitwe Cixi von China ist von Historikern recht ambivalent beurteilt worden. Manche halten sie für eine skrupellose

Herrscherin, die böse Hexe des Ostens, eine Art furchterregende Lady Macbeth. (Sie hatte allerdings wohl ein gewisses Faible für einen gelegentlichen, gut getimten Einsatz von Giftphiolen.) Andere betrachten sie als unbeirrbare, entschlossene Modernisiererin, die mehrere Mordanschläge und zahlreiche Machtkämpfe überstanden hat und sehr wohl wusste, dass Kompromisse der Schlüssel waren, mit der ihre bröcklige Dynastie ins herannahende zwanzigste Jahrhundert gerettet werden konnte.

Cixi stammt aus einer ganz normalen Familie, wurde aber mit sechzehn Jahren ausgewählt, der Mädchenbande des Xianfeng-Kaisers in der Verbotenen Stadt beizutreten. Für unsere heutigen Begriffe machen minderjährige Konkubinen keinen sonderlich guten Eindruck, aber zur damaligen Zeit war das ein Traumjob, der ihr Zugang zu einer Welt unermesslichen Reichtums verschaffte. (So ungefähr wie heute reiche Popstars und Fußballspieler auf Instagram, nur ohne all die Freiheiten und den Champagner.) Sie begann als unterklassige Konkubine – es gab da mehrere Abstufungen –, wurde aber in der Hackordnung weiter nach oben gespült, als sie 1856 einen strammen Jungen namens Zaichun zur Welt brachte, der später der Tongzhi-Kaiser werden sollte. Der Xianfeng-Kaiser war zu diesem Zeitpunkt in einer Zwickmühle, denn da war einerseits der Taiping-Aufstand, andererseits befeuerten nervige westliche Staaten die Opiumkriege – und er hatte nicht gerade viel Geld auf der Bank. Als auch noch Cixi ihre Meinung zum politischen Geschehen äußerte, rastete er aus und setzte einen Rat ein, der verhindern sollte, dass sie im Fall seines Ablebens an die Macht käme. Im Alter von dreißig Jahren starb er, woraufhin Cixi in einem Putsch mit ihrer besten Freundin Kaiserin Ci'an, der kaiserlichen Erstfrau und Xianfeng-Beraterin, die Macht an sich riss. Die beiden firmierten so lange als Superduo Kaiserinwitwe Cixi und Kaiserinwitwe Ci'an, bis Cixis Sohn alt genug für den Thron war.

Als Chefin ist es immer gut, wenn man eine kleine mystische Aura um sich verbreitet. Man könnte versuchen, die Arbeitswelt zu rocken, indem man Cixis Methode kopiert, die ihr Kaiserreich hinter einem Schleier regierte, denn an diesem äußerst ritualverbundenen chinesischen Hof war es nicht schicklich, dass Minister ihr Antlitz erblickten. Sie kam nicht oft vor die Tür, denn man konnte ihr keinen Chauffeur verschaffen – wie hätte er am Steuer niederknien sollen bei jedem Blick in den Spiegel, jeder Ampel, jeder Kurve, wie es das höfische Protokoll erforderte? Trotz dieser kleinen Hindernisse gelang es Cixi, Frieden und finanzielle Sicherheit im Land zu schaffen, was dem Kaiser nicht gelungen war. Sie erkannte, dass China moderner werden und gleichzeitig seine Kultur vor den westlichen Einflüssen schützen musste.

Sehr zu ihrem Missfallen musste Cixi einen Schritt zurücktreten, als der Tongzhi 1861 thronmündig wurde. (Es ist eine alte Büro-Leidensgeschichte, dass man plötzlich jemandem unterstellt ist, der einem neulich noch den Kaffee gebracht hat.) Tongzhi war jedenfalls nicht hundertprozentig für den Job geeignet, und als er mit achtzehn Jahren an Pocken starb (man munkelt, seine Mama habe ihn um die Ecke gebracht ...), übernahm Cixi wieder die Macht und setzte ihren drei Jahre alten Neffen Guangxu als designierten Thronfolger ein. Sie adoptierte ihn, sicherte damit ihre Stellung und muss ihn wohl gezwungen haben, sie mit »Himmlischer Vater« anzusprechen. Kühn.

Cixis Mit-Kaiserin Ci'an starb 1881 – und wieder gab es Gerüchte, dass Cixi giftmischend die Hände im Spiel gehabt hatte, aber es sprach auch viel für einen Schlaganfall. Neun Jahre später bestieg Guangxu den Thron und führte eine Reihe fortschrittlicher Reformen durch, was Spannungen und Intrigen zwischen Tante und Neffe auslöste.

Nachdem sie ein paar Verschwörungen gegen sich aufgedeckt hatte, ließ Cixi Guangxu unter dauerhaften Hausarrest stellen. Danach unterstützte sie 1901 den Boxeraufstand, eine Bauernbewegung gegen Fremdmächte, der mit einer beschämenden Niederlage Chinas gegen japanische, russische und europäische Kolonialkräfte endete. Kurz darauf erließ sie ein Selbsttadelungsdekret, in dem sie sich selbst vorwarf, die Lage schlecht eingeschätzt zu haben (gute Chefs wissen, wann sie Fehler eingestehen müssen), und verkündete, China müsse nun das Beste dessen übernehmen, was die Fremdmächte mitbrächten (gute Chefs wissen immer, wann man seine Strategie flexibel halten muss). Danach setzte Cixi ein Reformprogramm um und führte mehr Pressefreiheit ein, verbot das Füßebinden und verkündete, dass China fortan eine konstitutionelle Monarchie sein sollte, in der Wahlen stattfinden würden. Cixi starb 1908, nur einen Tag, nachdem Guangxu mittels einer akuten Arsenvergiftung ins Jenseits befördert worden war. Es wird behauptet, dass sie ihn beiseitegeschafft hat, weil sie Sorge hatte, dass ihr Vermächtnis nach ihrem Tode zunichtegemacht würde. Zu ihrem Nachfolger bestimmte sie den zweijährigen Puyi, der als letzter Kaiser von China in die Geschichte eingehen sollte. Cixi wurde in einem glitzernden, mit Blattgold besetzten Sarg beigesetzt, den sie selbst entworfen hatte. Bis zum Schluss hatte sie alles selbst in der Hand.

War sie nun die diktatorische Despotin, die den Niedergang der glorreichen Qing-Dynastie auf dem Gewissen hatte und gleich mordete, wenn ihr jemand komisch kam? Oder war sie eine Visionärin, die ihr Vermächtnis um jeden Preis schützen wollte? Nur sehr wenige berühmte Herrscher verlassen das Rampenlicht mit unbeschadetem Ruf. Egal, wie man sie sieht, Cixis Stehvermögen war beeindruckend. Fast fünfzig Jahre lang hatte sie die Macht eisern im Griff, und man darf dabei nicht vergessen, dass sie nicht in eine kaiserliche Familie hineingeboren war. Sie erkannte ihre Chancen, stieg auf, hängte sich voll rein und marschierte durch große politische Umwälzungen immer vorneweg. Und das alles zu einer Zeit, als kaiserliche Frauen nicht einmal ihr Gesicht öffentlich zeigen durften. Sie sagte selbst: »Ich habe viel über Königin Victoria von England gehört, aber ich glaube nicht, dass ihr Leben nur halb so interessant und ereignisreich ist wie meines.«

Caroline Haslett

und das Ende der mühseligen Hausarbeit

Wir kommen von der Arbeit nach Hause, machen das Licht an, setzen Teewasser auf, schalten die Spülmaschine an und waschen eine Maschine Wäsche. Wenn wir ganz besonders viel Energie übrig haben, bügeln wir vielleicht noch ein bisschen, während wir »Big Little Lies« gucken. Insgesamt geht dafür wahrscheinlich ungefähr eine Stunde drauf. Vor 1930 hätte uns allein unsere Wäsche *einen ganzen Tag* gekostet, erschwerend kamen dann noch etliche Stunden dazu, bis der Ofen überhaupt erst einmal warm genug war, um das Waschwasser anzuheizen. Angesichts dessen, dass das Leben einer Hausfrau früher so aussah, ist es kein Wunder, dass sich der Feminismus seinen Weg bahnte. Es dauerte ewig, bis wir uns auch nur eine Tasse Kaffee gekocht hatten, um das seelenzerfressende Gefangensein ein bisschen zu vergessen – in diesem feuchten, schmuddeligen, verqualmten Loch, das sich Zuhause nannte. Wo es noch nicht mal einen Fernseher gab, mit dem man sich von der unermüdlichen Schinderei ablenken konnte, die einen stets verfolgte, Tag für Tag, bis wir gichtgeplagt und aufgedunsen unser seliges Ende fanden ... Na gut, wir übertreiben gerade ein bisschen, aber heute sind wir total daran gewöhnt, dass in unserem Haushalt alles elektrisch läuft – deswegen müssen wir mal ein bisschen gegensteuern.

Caroline Haslett stammte aus einer gläubigen Familie aus Sussex, in der man sich sehr nahestand. Ihr Vater war Ingenieur, und ihre Mutter wollte gern, dass ihre Tochter draußen in der Welt erfolgreich wurde. Caroline konnte dem Ausmaß an Arbeit, den ein Haushalt verursachte, nichts abgewinnen und stöhnte über »das mühsame Stärken und Bügeln der Wäsche, das Wischen, Schrubben, Polieren und Abstauben – alles mit der Hand. So wollte ich mein Leben nicht verbringen. Ich fand, es war Zeitverschwendung.« Können wir uns vorstellen. Mit den Handarbeits- und Kochstunden in der Schule tat sie sich genauso schwer, viel lieber beschäftigte sie sich mit Botanik und bastelte mit dem Werkzeug ihres Vaters herum. Über ihre Kindheit erzählte sie: »Ich habe immer daran geglaubt, dass Frauen mehr können, und als junges Mädchen war ich überzeugt, es wäre meine Aufgabe, dafür zu sorgen, dass die albernen Vorurteile verschwanden (...) Abgesehen davon hatte ich eine große Vorliebe für das Ingenieurswesen. Wie schön wäre es, beides miteinander zu verbinden und allen Frauen die Welt der Technik zu eröffnen!«

Nach ihrem Schulabschluss fing Caroline also an, ihren Plan in die Tat umzusetzen. Eine Ausbildung als Sekretärin war zu Beginn des zwanzigsten Jahrhunderts das beste Sprungbrett für ehrgeizige Frauen, die Karriere machen wollten. Weswegen Caroline 1914 bei der Cochran Boiler Company anheuerte – und am Ende des Ersten Weltkriegs 1918 bereits das Londoner Büro managte und schon einige Entwürfe für Boiler zu Papier gebracht hatte.

Die Tatsache, dass während des Krieges Arbeitskräfte fehlten, bedeutete, dass Frauen zum ersten Mal auch die Arbeitsplätze von Männern ausfüllten. Nach Kriegsende jedoch kamen die Soldaten wieder und wollten ihre Jobs zurück – und die Damen sollten sich wieder an die Häkelarbeiten machen. Aber nicht mit Caroline! Im Jahr 1919 las sie eine Anzeige in der Fachzeitschrift »Engineering«: »Dame mit Erfahrung in Ingenieurstätigkeit gesucht als Sekretärin für Organisation in einer Ingenieursgesellschaft für Frauen«. Dies sollte der erste von zahlreichen denkwürdigen Terminen werden, und Caroline wurde schließlich 1941 Direktorin dieser Gesellschaft. Darüber hinaus gründete sie die *Electrical Association for Women** und war Vorsitzende des Gremiums für naturwissenschaftliche Haushaltsführung *Council of Scientific Management in the Home*. Außerdem durfte sie 1932 als erste Frau einer Vereinigung von Elektroingenieuren beitreten, war als erste Frau Vizepräsidentin der Unfallverhütungsgesellschaft *Royal Society for the Prevention of Accidents*,

---

* Elektronik-Vereinigung für Frauen

246

Vorsitzende der Strickwarenarbeiter-Partei (klingt nach so richtig viel Spaß!) und Ehrenbeirätin für die Ausbildung von Frauen im Arbeitsministerium. Ach so, und sie war Friedensrichterin, bekam zwei britische Verdienstorden verliehen, die sie erst zum *Commander of the British Empire* und später zur *Dame Commander* machten, der Ritterschlag. Und sie war überhaupt eine coole Schnecke, ein Genie, ein toughes Weib, absolut beeindruckend.

Bei all ihren Aufgaben war es stets Carolines Ziel, das Leben von Frauen zu erleichtern, und zwar sowohl in ihrem Zuhause wie auch außerhalb. Sie hatte auch verstanden, dass die Elektrizität der Schlüssel war, der Frauen mehr Zeit verschaffen konnte und – indem sie aus ihnen Managerinnen statt Handlangerinnen machte – der Hausarbeit insgesamt mehr Anerkennung und Professionalität verschaffen würde. Eines der coolsten Projekte, an denen sie mitarbeitete, war das vollelektrische Haus bei Bristol, ein großartig hippes und modernes Projekt, das schon 1935 in Auftrag gegeben wurde. Es hatte einen Herd, einen Kühlschrank, Beleuchtung, Ventilatoren, Kaminofen, Heizung, Uhren, einen Trockenraum, Handtuchhalter und Steckdosen – alles elektrisch. Der Sinn und Zweck war, dass die Dame des Hauses »weder Holz noch Kohle schleppen, keine dreckigen Kaminroste säubern und dann den Staub von Boden und Möbel wischen musste, keine Uhren aufziehen (dieses ewige Uhrenaufziehen muss ein echter Klotz am Bein gewesen sein), keine Metallleisten säubern, keinen Stoff für Schabracken kaufen, nicht ständig die Fenster putzen oder den Kaminkehrer kommen lassen musste – und sie würde dadurch auch noch weniger Geld fürs Putzen, Waschen und die Raumausstattung ausgeben«.

Wir alle schulden Caroline und ihren Kolleginnen einen Mega-Dank dafür, dass sie die Elektrifizierung des Haushalts politisiert und vorangetrieben haben, dass sie uns vom öden Schabracken-Besticken befreit haben und Caroline insbesondere, dass sie dafür gesorgt hat, dass Frauen technische Berufe ausüben konnten. Sie hat das alles ohne jede Angeberei gemacht, sondern mit einem ruhigen, aber verbindlichen Auftreten, mit stets makelloser Frisur und Perlenkette. In den Dreißigerjahren fuhr Caroline durch die Gegend, hielt Reden, traf und beriet die Großen der Welt wie Albert Einstein und Henry Ford. Als der Zweite Weltkrieg ausbrach, war sie als Beraterin für Pläne einer

Elektrifizierung Großbritanniens tätig, speziell war sie an der Entwicklung von heutigen Sicherheitssteckern beteiligt, die kleine Riegel haben, damit Kinder nicht durch einen Stromschlag sterben.

Auch in diesem Krieg strömten wieder viele Frauen in traditionell männliche Berufe, und seitdem können Frauen auch technische Berufe erlernen. Da heute in Deutschland nur zwölfeinhalb Prozent der technischen Berufe von Frauen ausgeführt werden, ist klar, dass Carolines Auftrag noch längst nicht erfüllt ist. Ihr Motto war so pragmatisch wie knapp: »Packen wir's an.« Sie trug dazu bei, dass Frauen aus der Küche herauskamen, weil sie die langweiligen Aufgaben viel schneller erledigen konnten. Sie hat uns heute mehr Zeit verschafft, so können wir uns um die Sachen kümmern, die Spaß machen. Wir wollen uns an ihr ein Beispiel nehmen, ihren Auftrag noch weiterführen und uns von der verbleibenden Schufterei auch noch emanzipieren. Lasst uns genau hinsehen, womit wir unsere Zeit verbringen. Wen stört es wirklich, wenn unser Teppich nicht täglich gesaugt wird oder ob da ein bisschen Kalk am Wasserhahn pappt – gibt es nichts Sinnvolleres, um das wir uns kümmern können? Zum Beispiel ein Ingenieurstudium, um danach die technische Revolution weiter voranzutreiben und so immer mehr Frauen gleiche Chancen zu geben.

Amelia Earhart

und die Kraft unseres eigenen Namens

*W*as bedeutet schon ein Name? Nun, eine ganze Menge. Im Mittelalter gab er Aufschluss darüber, was man machte oder wie man war: Müller, Bäcker oder Klein. Später wurde dann – in England war es nach der Normannischen Eroberung – der erbliche Nachname eingeführt, der ebenso wie der Ehestand an sich bloß ein rechtliches Konstrukt war, das Frauen mit der Hochzeit im Grunde zum Eigentum des Ehemannes machte, weshalb sie seinen Namen bekam (so ungefähr wie unser iPad sich selbst als »Ellas iPad« bezeichnet). Im sechzehnten Jahrhundert bekam das Übernehmen des Namens einen weiteren Hintergrund, der vage auf die Bibel zurückging und auf die Idee, zusammenzugehören und eine Einheit zu bilden. Im siebzehnten Jahrhundert begannen die ersten Frauen dafür zu kämpfen, ihren Mädchennamen behalten zu dürfen.

Heute nehmen schätzungsweise noch immer 75 Prozent aller Frauen den Namen ihres Mannes an, wenn sie den Ring über den Finger gestreift bekommen, meist weil es so romantisch ist und weil die Kinder denselben Namen haben sollen. Das ist ein triftiges Argument, man denke bloß an die Beckhams: Wo wären die ohne diesen Markennamen? Im Grunde aber haben wir die Wahl zwischen dem Namen unseres Vaters und dem unseres Ehemanns, und da entscheiden sich viele Frauen für den Namen des Mannes, den sie sich selbst ausgesucht haben. Wenn wir es aber nicht über uns bringen können, einen total unmöglichen Namen anzunehmen und uns der künftigen Schwiegermutter gegenüber rechtfertigen müssen, können wir eine Reihe inspirierender

Frauen ins Feld führen. Mary Wollstonecraft (siehe Seite 27) hat ihren Namen behalten, ebenso im neunzehnten Jahrhundert die Suffragette Lucy Stone (die posthum noch einer Gesellschaft ihren Namen geliehen hat, die sich dafür einsetzt, dass Frauen ihren Namen behalten dürfen, die *Lucy Stone League*). Aber eine außergewöhnliche Frau hat alle vorgefassten Meinungen darüber, was eine Frau tun und wie sie heißen sollte, ihr Leben lang infrage gestellt: Amelia Earhart.

Im Haus ihrer Großmutter in einer Kleinstadt in Kansas geboren, verbrachte Amelia dort eine unbeschwerte Kindheit, während ihre Eltern in Kansas City arbeiteten. Ihr Vater war Alkoholiker, und manche Menschen behaupten, sie sei so unabhängig geworden, weil sie sich auf ihn nie verlassen konnte. Als Kind war sie recht burschikos und draufgängerisch, sie scheute kein körperliches Risiko. Außerdem liebte sie es, mit technischen Dingen zu werkeln. 1920 flog sie zum ersten Mal einen Doppeldecker und war sofort hin und weg. Sie arbeitete als Büroassistentin, Fotografin und Lastwagenfahrerin, und mit einer Finanzspritze von ihrer Mutter (nicht ihrem Vater) konnte sie sich schließlich ihr erstes eigenes Flugzeug leisten, einen kanarienvogelgelben Flieger, den sie entsprechend »The Canary« nannte. Um den Look perfekt zu machen, kaufte sie sich eine schicke Lederjacke und ließ sich die Haare abschneiden.

So weit, so gut. Dann aber kam George P. Putnam, der extravagante Verleger und PR-Mann, und stellte die entscheidende Frage: Ob sie nicht die erste Frau sein wollte, die über den Atlantik fliegt? Da begriff sie, dass sie von ihrem geliebten Hobby leben könnte. Auch wenn sie bei dieser noch dampfbetriebenen, zukunftsweisenden Überquerung keinen Finger an die Kontrollknöpfe gelegt hat, wurde sie schlagartig berühmt, als Putnam ihr Buch über diese Erfahrung veröffentlichte. Nachdem sie Putnams Heiratsantrag beeindruckenderweise fünfmal ausgeschlagen hatte, sagte sie beim sechsten Mal Ja, und die beiden schlossen einen Bund, den sie als »Partnerschaft mit beiderseitiger Kontrolle« beschrieb. Da sie aber die Marke Amelia Earhart geschaffen hatte, behielt sie auch ihren Namen. Amelia war unglaublich cool und ehrgeizig und stellte eigenhändig eine Reihe von Luftfahrtrekorden auf: der höchste Flug, der schnellste Non-Stop-Flug einer Frau, der erste Mensch, der von Honolulu nach Oakland geflogen ist, der erste Mensch, der alleine von Los Angeles nach Mexiko geflogen ist … und so weiter. Nebenbei brachte sie auch ihre eigene betont schnörkellose Modelinie heraus und machte unermüdlich Stimmung für Frauenrechte: »Frauen sollten, ebenso wie Männer, versuchen, das Unmögliche möglich zu machen. Und wenn sie scheitern, sollte dies für andere ein Ansporn sein.«

Kurz vor ihrem vierzigsten Geburtstag stellte sie sich ihrer Midlife-Crisis in der für sie typischen Art, indem sie sich ein neues Ziel setzte: einmal rund um die Welt zu fliegen. Mit Fred Noonan als Steuermann startete sie in ihrer speziell dafür ausgerüsteten zweimotorigen Lockheed Electra. Sie hatten fast zwei Drittel der Strecke geschafft, als das Flugzeug irgendwo zwischen Hawaii und Australien verschwand. Man hat sie nie gefunden. Bis heute gibt es immer wieder Gerüchte darüber, was mit Amelia und Fred passiert ist. Hat schlechtes Wetter sie beim Navigieren verwirrt? War ihre Reise in Wirklichkeit eine Spionageaktion, und wurden sie in Japan gefangen genommen? Sind sie auf einer nahe gelegenen Insel gelandet und haben dort eine Weile überlebt? Hatte Amelia genug von dem Firlefanz des Berühmtseins und hat ihren Tod nur deswegen vorgetäuscht, damit sie in die USA zurückkehren und unter einem anderen Namen ein ruhigeres Leben beginnen konnte? Von all diesen Vermutungen finden wir die letzte am absurdesten, denn Amelia Earhart war mächtig stolz auf ihre unglaublichen Leistungen und sah ihren Namen sehr gern damit verbunden.

Wenn wir uns also entschließen, unseren Namen zu behalten, können wir stolz auf unsere Identität sein und uns auf die Heldinnen beziehen, die es in der Vergangenheit ebenso wie Amelia abgelehnt haben, dem Anpassungsdruck nachzugeben. Und nicht zu vergessen: In vielen Ländern der Welt, wie zum Beispiel Spanien, Holland und Chile, würde man es komisch finden, wenn wir den Namen unseres Mannes annehmen würden. Und in Quebec und Griechenland ist es sogar rechtswidrig.

Sacagawea

und weibliches Stehvermögen

Die meisten Frauen in diesem Buch lebten zu einer Zeit, als es hinsichtlich der eigenen Fortpflanzung noch keinerlei Wahlmöglichkeiten gab. Wenn sie keine Nachkommenschaft hervorbrachten, konnten sie damit rechnen, dass ihr Ehemann wie auch die Nachbarn mit dem Finger auf sie zeigen würden (abgesehen davon, dass eine Geburt für alle Beteiligten lebensgefährlich war). Dass wir heute die Wahl haben, ob und wann wir ein Kind bekommen oder auch nicht, ist ein riesengroßes Geschenk (siehe Mary Stopes auf Seite 133).

Es ist nicht jederfraus Sache, mit endlosem Geschrei klarkommen zu müssen oder sich selbst so zu verleugnen, dass man Babylieder singt, weshalb sich einige Frauen klar gegen Fortpflanzung entscheiden. Vormals stolze Amazonen stolpern mit Wickeltaschen beladen durchs Leben, brabbeln in Babysprache zu einem Wesen, dass nicht mal so intelligent ist wie ein Delfin und wundern sich, was aus ihnen geworden ist und warum sie ihre Freundinnen nicht mehr treffen. Schwangerschaft, Geburt und das Päppeln eines Kleinkinds kann uns so zusetzen, dass wir uns schwach, frustriert und eingesperrt fühlen – aber es gibt ein Beispiel dafür, dass es gar nicht so weit kommen muss: die Übersetzerin und Abenteurerin Sacagawea.

Das Leben Sacagaweas, die im Indianerstamm der Shoshonen zur Welt kam, ist zur Legende geworden. Sie war die Tochter des Häuptlings, wurde jedoch von dem feindlichen Stamm der Hidatsa geraubt und einem frankokanadischen Trapper als Zweitfrau verkauft. Der Trapper mit dem wohlklingenden

Namen Toussaint Charbonneau stand in dem unangenehmen Ruf, ein echtes Ekelpaket zu sein: nach damaligen Aussagen »ein Mann ohne eigene Verdienste«, dem aber versuchte Vergewaltigungen vorgeworfen wurden. Was Sacagawea über ihren Mann dachte, ist leider nicht überliefert.

Im November 1804 erreichte eine von Präsident Jefferson abgeordnete Militärexpedition, die den noch nicht kolonisierten Westen des Landes erkunden sollte, das Dorf, in dem die Charbonneaus lebten. Die Truppen hatten den hochtrabenden Namen »Corps of Discovery«, Entdeckungskorps, womit man ganz zeitgemäß ignorierte, dass das Gebiet, das man gerade »entdeckte«, bereits lange Zeit zuvor von den dort beheimateten Stämmen erkundet worden war. Die Truppen wurden von Hauptmann Meriwether Lewis und Leutnant William Clark angeführt. Die beiden wiederum suchten dringend nach Übersetzern, die ihnen flussaufwärts am Missouri und weiter in nicht kartierten und womöglich lebensgefährlichen Gebieten helfen sollten.

So heuerte das Entdeckungscorps Charbonneau und Sacagawea an, die miteinander nicht nur Französisch, sondern auch die Sprachen der Hidatsa und Shoshone sprachen. Da Sacagawea mit dem ersten Kind hochschwanger war, bezog die Expedition sowieso erst einmal ihr Winterlager, und im Februar 1805 brachte Sacagawea ihren Sohn Jean-Baptiste zur Welt. Hauptmann Lewis hatte ein paar medizinische Kenntnisse und half bei der Geburt, die (wie er später kritisch schrieb) »mühsam und mit grausamen Schmerzen« verlief, bis eine Klapperschlangentinktur verabreicht wurde, mit der es dann flotter ging.

Als Jean-Baptiste gerade mal zwei Monate alt war, brach die dreiunddreißigköpfige Expedition auf – mittendrin die unerschütterliche, erst siebzehnjährige Sacagawea, die ihr Baby auf dem Rücken trug. Sie wollten sich den Weg zum Pazifischen Ozean suchen und legten die Strecken hauptsächlich per Boot zurück, wobei Sacagawea mit ihren Kenntnissen über essbare Pflanzen, gangbare Routen und das Anfertigen von Kleidung sehr oft eine große Hilfe war. Einmal sprang sie sogar ins Wasser und rettete wichtige Vorräte sowie Ausrüstung aus dem Fluss, nachdem ihr in Panik geratener Ehemann beinahe das Kanu gekentert hatte.

Am Fuß der Rocky Mountains angekommen, waren Boote nicht mehr das Verkehrsmittel der Wahl, vermutlich zur großen Erleichterung von Charbonneau, den Lewis in vernichtendem Zorn als »ängstlichsten Fährmann der Welt« bezeichnet hatte. Beim nicht ganz unproblematisch verlaufenden Pferdehandel mit den örtlichen Shoshonen trafen sie durch einen unglaublichen Zufall auf Sacagaweas verloren geglaubten Bruder, dessen Hilfe genau zum richtigen Zeitpunkt kam.

Die Reise ging nur schleppend weiter, immer wieder musste sie unterbrochen werden, Krankheiten sowie drohende Angriffen durch feindliche Bewohner der unbekannten Gegenden oder Grizzlybären hielten sie auf. Ein Mann starb schließlich. Sacagawea dagegen hat es bis zum Pazifik und wieder zurück nach St. Louis geschafft – insgesamt 6 400 Kilometer. Das hat ihr insbesondere den Respekt und die Freundschaft von William Clark eingebracht, der anbot, für die Ausbildung von Jean-Baptiste zu sorgen: »Was Ihren kleinen Sohn (meinen kleinen Pomp) angeht, so wissen Sie um den Gefallen, den ich an ihm gefunden habe.« Nach Sacagaweas Tod, vermutlich durch ein Fieber im Jahre 1812, sorgte Clark tatsächlich für »Pomp« und dessen Schwesterchen Lisette.

Sacagawea hat in einem Klima multipler Diskriminierung als nicht weiße minderjährige Mutter ihr Ding durchgezogen, und so gibt es kaum ein besseres Beispiel für uns in jeder Lebenslage als diese unaufhaltsame, mutige Heldin. Sie kann uns aufmuntern und uns klarmachen, dass alles möglich ist. Vor dem Hintergrund ihrer Lebensgeschichte erscheint uns der Kampf mit einem Kleinkind, das nicht in seinen Kindersitz geschnallt werden will, wenn wir zum Supermarkt müssen, als eine sehr machbare Aufgabe. Und das Schönste ist, dass ihre Kunst zwar dadurch geadelt wird, dass sie alles erreicht hat, als sie Mutter von kleinen Kindern war, dass es aber nicht das Muttersein ist, was sie ausmachte. Die Expedition ging in die Geschichte ein, denn sie trug dazu bei, den amerikanischen Westen zu kartieren und das Gebiet der Vereinigten Staaten dorthin zu vergrößern – und Sacagawea hat großen Anteil an diesem Erfolg. Sie war erstaunlich mutig und bewundernswert, eine Sprachexpertin und überhaupt eine Heldin, daher wird sie auf der ganzen Welt für ihre Leistungen ebenso verehrt wie die Männer, mit denen sie unterwegs war.

Clara Schumann

und die Kunst, das eigene Geld zusammenzuhalten

Die Klaviervirtuosin Clara Schumann hat das zweifelhafte Vergnügen, stets mit gleich zwei berühmten Musikern in Verbindung gebracht zu werden: mit ihrem Mann, dem Komponisten Robert Schumann, und ihrem besten Freund Johannes Brahms. Wenn wir dann noch den dominanten und durchgedrehten Vater berücksichtigen, wird klar, warum alles, was wir über sie wissen, durch die Brille der Männer ihres Lebens betrachtet wird. Trotzdem war Clara selbst eine bedeutende Persönlichkeit der Musikgeschichte, und sie hat es fertiggebracht, ihr Leben (und ihr Geld) besser selbst in der Hand zu haben als all die Jungs um sie herum.

Die kleine Clara Wieck wurde in Leipzig geboren, und als sie sechs Jahre alt war, ließen ihre Eltern sich aufgrund der mütterlichen Untreue scheiden. Da dem Papa automatisch die Vormundschaft zustand, sah Clara sich im Zentrum der väterlichen Aufmerksamkeit, er war ein ehrgeiziger Klavierlehrer. Sie übte emsig und war unglaublich talentiert, dennoch glaubten viele Leute, sie sei taub, weil sie erst mit etwa vier Jahren anfing zu sprechen.

Als Dreikäsehoch gab sie ihr erstes Solokonzert 1830 in Leipzig, wobei sie auch zwei eigene Kompositionen spielte. Sie machte auf diese Weise Werbung für das väterliche Geschäft und brachte die Brötchen nach Hause. Die Familie bekam mit Robert Schumann einen neuen Untermieter, der bei ihrem Vater lernte. Wie Popstars heutzutage auch mal Privatkonzerte geben, spielte auch Clara ab und an für Promis, unter anderem 1831 bei Goethe, der ihr erst mal ein Kissen auf den Schemel legte, damit sie besser an die Tasten herankam.

1837 war Clara ein anerkanntes Ausnahmetalent, als nämlich der Kaiser in Wien sie als »Wundermädchen« bezeichnete – und sie war in Robert Schumann verliebt. Dummerweise fand Claras Papa, Robbi sei ein hoffnungsloser Fall, und scheuchte Clara erst einmal auf eine Konzerttour nach Dresden, um die beiden zu trennen. Ihre Art, Klavier zu spielen, war anders, als man es von Frauen damals erwartete, sie kam ohne geziertes und affektiertes Getue aus. Ebenso unangepasst weigerte sich Clara, ihren Robert in die Wüste zu schicken. Nachdem sie heimlich Kontakt gehalten hatten, entschlossen sich die beiden 1839 zu heiraten. Claras Vater verweigerte sein Einverständnis – jedenfalls fast ein Jahr lang, bis ihn eine Klage von Robert Schumann zwang zuzustimmen. Und dann zierte er sich immer noch, ihr die hart verdienten Konzerteinnahmen auszuzahlen. Das Positive an diesem Streit war, dass Clara ihre Verbindung mit der ihr fremd gewordenen Mutter erneuern konnte. Clara und Robert hatten acht gemeinsame Kinder, und Clara fand trotzdem noch Zeit, die Arbeit ihres Mannes zu fördern. Außerdem tourte sie, komponierte und unterrichtete – vor allem als Roberts psychische Gesundheit labiler wurde und er immer weniger arbeiten konnte.

Seit 1853 waren die Schumanns Freunde und Förderer des jungen Johannes Brahms, eine Beziehung, die ein enges Band zwischen Clara und dem jungen Musiker wob, auch wenn Historiker bezweifeln, dass sie sich jemals gegenseitig an die Wäsche gegangen sind. 1854 beging Robert einen Selbstmordversuch und ließ sich dann in eine Nervenheilanstalt einweisen, weil er befürchtete, seiner Frau wehtun zu können. Man erlaubte es Clara erst wieder kurz vor seinem Tod im Jahre 1856, ihn zu besuchen. In dieser Zeit war sie auf die Unterstützung enger Freunde angewiesen wie Jenny Lind und dem Geiger Joseph Joachim. Brahms half ihr, den Familienhaushalt über die Runden zu bringen, doch sie trennten sich, als Robert starb.

Als alleinstehende Mutter von sieben minderjährigen Kindern stellte die Klaviervirtuosin Nannys ein und ging wieder auf Konzertreisen, so ging das die nächsten vierzig Jahre lang. Sie war ein Arbeitstier der Büroorganisation und führte über alle ihre Verträge und Konzerte sorgfältig Buch. Der finanziellen Unsicherheit als Witwe begegnete sie, indem sie genauestens darauf achtete, dass sie für das Einkommen der Familie sorgen konnte. 1878 dann wurde sie Erste Klavierlehrerin an Dr. Hoch's Konservatorium in Frankfurt am Main, wo sie bis zu ihrem Tod durch einen Schlaganfall 1896 lehrte.

Sie war nicht nur ein Superstar der Musikszene des neunzehnten Jahrhunderts, sondern komponierte auch damals populäre und vielbewunderte Stücke wie »Quatre Polonaises pour le pianoforte« (1831), »Trio g-Moll für Pianoforte, Violine und Violoncello op. 17« (1846) und das Kammermusikstück »Drei Romanzen für Pianoforte und Violine« (1855). Sie gab das Komponieren später auf, nachdem sie an ihrem Können zu zweifeln begann (siehe Hochstaplersyndrom bei Isabella Beeton auf Seite 145). Kaum etwas kann die traurige Erwartungshaltung und den Trost für Frauen in dieser Situation so gut zusammenfassen wie Clara Schumanns niedergeschlagene Äußerung: »Ich glaubte einmal, das Talent des Schaffens zu besitzen, doch von dieser Idee bin ich zurückgekommen. Ein Frauenzimmer muss nicht componieren wollen – es konnte noch keine, sollte ich dazu bestimmt sein?« (siehe Enheduanna auf Seite 273 zur Gegendarstellung dieser freudlosen Einschätzung.) Clara wurde zu einer scharfsinnigen Unternehmerin und managte Haushaltspflichten in großem Stil, während sie andererseits in einer Männerdomäne Karriere machte. In ihrem Fall waren die Haushaltspflichten, wie bei den meisten modernen Frauen, weit mehr als Putzen, Großeinkauf und das Warten darauf, dass das Gehalt des Göttergatten die Haushaltskasse wieder auffüllt. Nein, Clara übernahm für sich und ihre Kinder die ganze finanzielle Verantwortung.

Wir sollten immer genau über unsere Kohle Bescheid wissen – zum Erwachsenwerden gehört auch, dass wir nicht mehr ständig so romantisch pleite sind. Es ist absolut okay, wenn wir uns nach einem doofen Tag einen kleinen Frustkauf gönnen, aber wir sollten immer genau wissen, wie es unserem Konto geht, bevor wir tiefer in die Tasche greifen. Schulden können ziemlich schnell anwachsen und außer Kontrolle geraten, dabei ist doch Kontrolle genau das, was wir brauchen, wenn es um unsere Finanzen geht. Wir sollten unseren Dispo nicht überziehen, jeden Monat ein bisschen sparen, beim Onlineshopping immer auf Angebote achten und uns selbst für unsere Geduld und unseren Verzicht gratulieren, wenn wir diese traumhaften Schuhe doch nicht gekauft haben. Gehaltsabrechnungen, Finanzpläne und das langsame Dahinschwinden unseres Dispokredits sind voll langweilig, aber wenn Clara das als tastenklimpernder Teenie hingekriegt hat, schaffen wir das auch.

Bertha von Suttner

und wie es ist, erst spät die eigene Berufung zu finden

Stellen wir uns mal vor, die beste Freundin ergattert den Traumjob und plant schon mal den Kredit fürs Haus; wir sehen, wie siebzehnjährige Videoblogger landauf, landab Buchverträge absahnen und bemerken, dass sogar Omas Dackel schickere Klamotten hat als wir. Und wir, ja wir hängen immer noch in unserer Acht-Leute-WG herum, lindern den sonntäglichen Kater-Kopfschmerz mithilfe von Netflix, und auf unserem Einkaufszettel stehen selten mehr als Müsli und Cola Zero. Wenn uns #erwachsenwerden wie ein eher fernes Lebensziel erscheint, ist das noch kein Grund zur Panik: In der Geschichte wimmelt es von Leuten, die eine Weile gebraucht haben, um im Leben anzukommen. Denken wir nur mal an Mark Twain, Vivienne Westwood, Julia Child und Paul Cézanne – wobei die Pazifistin und Schriftstellerin Bertha von Suttner eine der besten Spätzünderinnen aller Zeiten war.

Für eine Frau, die sich in ihrer zweiten Lebenshälfte ganz dem Frieden verschrieben hatte, war Berthas Herkunft ziemlich militant: Baroness Bertha Sophie Felicia von Suttner war die Tochter eines Feldmarschalls, der noch vor ihrer Geburt starb, und Enkelin eines Rittmeisters. Sie wuchs unter adeliger Vormundschaft bei ihrer Mutter erst in Brünn, später zusammen mit ihrer Tante und ihrer Cousine in Wien auf, wo ihre Kindheit von Bildung und Reisen geprägt war. Bertha lernte Französisch und Italienisch, las alles, was sie in die Finger bekam, und träumte von einer Karriere als Opernsängerin (die sie wegen ihres schrecklichen Lampenfiebers dann aber doch nicht weiterverfolgte).

Mutter und Tante glaubten offenbar, hellseherische Fähigkeiten zu haben, denn sie setzten mehrmals die gesamten Ersparnisse der Familie aufs Spiel – wortwörtlich nämlich, als sie versuchten, mithilfe ihrer Fähigkeiten beim Roulette die Kasse aufzubessern.

Im reifen Alter von dreißig Jahren war Bertha ungewöhnlicherweise noch immer unverheiratet und lebte bei ihrer Mutter. Da aber das Familienvermögen inzwischen durchgebracht war, nahm sie eine Stellung als Gesellschafterin und Erzieherin der vier Töchter des Barons Karl von Suttner an. Anders als bei der Trapp-Familie verliebte sich Bertha nicht in den älteren Baron, sondern in dessen Sohn Arthur, der sieben Jahre jünger war als sie. Das gefiel der Familie nicht sonderlich, und so bewarb sie sich anno 1876 auf eine Stellenanzeige und reiste nach Paris, wo sie Alfred Nobels Sekretärin wurde. Allerdings hielt sie es ohne ihren geliebten Arthur keine zwei Wochen aus, bevor sie wieder kündigte. Dennoch reichte diese kurze Zeit aus, um die lebenslange Freundschaft zwischen Bertha und Alfred Nobel keimen zu lassen. Die beiden blieben bis zu seinem Tod in Kontakt.

Bertha kehrte also nach Wien zurück und heiratete Arthur trotz des massiven Widerstands seiner Familie. Das Paar brannte in den Kaukasus durch, wo sie ein einfaches, genügsames Leben führten. Um Geld zu verdienen, schrieben beide Romane und Zeitungsartikel, in denen bereits ihre progressiven Ideen sichtbar wurden. Beide waren fest davon überzeugt, dass im Frieden und im Pazifismus die Zukunft lag, nicht in Krieg und militärischen Interventionen. Nach fast zehn Jahren, als sie hinlänglich bewiesen hatten, dass sie sich ihr gemeinsames Leben durchaus selbst finanzieren konnten, versöhnte sich Arthurs Familie mit den beiden. Zurück in Europa, verfestigte sich beider Friedensüberzeugung durch die unterschiedlichen Friedensbewegungen in Europa und durch die Erinnerung an den Russisch-Osmanischen Krieg, den sie 1877/78 miterlebten. Mit fünfundvierzig Jahren, im Jahr 1889, schrieb Bertha den Antikriegsroman, mit dem sie berühmt wurde: *Die Waffen nieder!* Dieser Roman wurde weltweit zum Bestseller, wurde in siebenunddreißig Auflagen gedruckt und in zwölf Sprachen übersetzt.

In einem Alter, wo die meisten langsam mal sesshaft werden, rollte Bertha die Ärmel hoch und nutzte ihre Bekanntheit, um die Friedenssache voranzubringen. Sie reiste um die ganze Welt, gründete Gruppen und Organisationen, sprach auf Veranstaltungen, gründete ein Friedensmagazin mit demselben Titel wie ihr Roman »Die Waffen nieder!«. Sie arbeitete so überzeugend, dass Alfred Nobel in unmittelbarer Reaktion auf ihre Arbeit den berühmten Friedenspreis stiftete, der nach seinem Tode (er starb 1896) vergeben werden sollte.

Der Tod ihres Ehemanns Arthur im Jahr 1902 erschütterte Bertha zutiefst: »(...) ich kann es nicht mehr Leben nennen, was meine Tage zwischen dem 10. Dezember 1902 und heute gefüllt hat.« Sie blieb dennoch entschlossen, ihr gemeinsames Lebenswerk weiterzuführen, vor allem in diesen Zeiten, die sie als bedrohlich wahrnahm: Sie fürchtete das Aufstreben der nationalistischen Tendenzen, die sie um sich herum wahrnahm. 1905 verlieh man ihr als erster Frau den Friedensnobelpreis. 1908 sprach sie auf der Friedenskonferenz in London, und 1912 machte sie einen letzten Vorstoß, indem sie auf eine Vortragsreise durch die USA ging – mit siebzig. Sie starb im Juni 1914, nur acht Wochen vor Ausbruch des Krieges, den sie befürchtet hatte.

Bertha, wir erweisen dir unsere Ehre für alles, was du im Sinne des Friedens getan hast, und dafür, dass du uns gezeigt hast, dass es nie zu spät ist, etwas Neues auszuprobieren, und dass es egal ist, wenn es eine Weile dauert, bis man seine Berufung findet. Wenn wir also ein bisschen länger brauchen als unsere Freundinnen, bis wir das ganze Wunder unseres Daseins erkannt haben, müssen wir uns nicht grämen – wir sind nicht gescheitert, sondern befinden uns im Prozess des Erfahrungensammelns und Wissenanhäufens. Und das, vertraut uns, wird uns in Zukunft zugutekommen. Frühreifes Übererfüllen der Jugend ist doch nur protzig – jeder weiß doch, dass im Garten des Lebens die späten Blüten die besten sind.

Masako Katsura

und wie man sich in einer Männerdomäne durchsetzt

Es gibt ein paar Disziplinen, bei denen wird es nicht so gern gesehen, wenn Frauen darin zur Weltklasse gehören: Rasenmähen, Regalbauen, Grillen, Müll wegbringen, Leute zu Klump hauen, Bier trinken und jedweder Sport. Seit dem Tag aber, als Frauen ihre Unterröcke abgelegt und beschlossen haben, Hosen zu tragen und sich nicht dafür öffentlich anspucken zu lassen, dass sie die Zivilisation über den Haufen werfen (keine hundert Jahre her, übrigens) – seitdem hat sich eine Erkenntnis breitgemacht: Frauen können tatsächlich Sport treiben! Und noch besser: Sie sind ziemlich gut darin.

Es ist immer wieder niederschmetternd zu sehen, dass Frauensport auch heute noch als weniger spannend und kommerziell weniger attraktiv betrachtet wird, als wenn Männer in Aktion sind. (Und dann wird ernsthaft jedes Jahr in Wimbledon nachgeschaut, ob alle Damen auch weiße Unterwäsche unter dem Tennisdress tragen, weil man ja ganz in Weiß spielen muss ...) Noch immer liegt ein kultureller Schwerpunkt darauf, dass Jungs muskulös und aktiv sein sollen und Mädchen kleine Fettpölsterchen haben und charmant plauschen dürfen. Es ist jedoch nicht zu übersehen, dass es viele erstaunlich talentierte und disziplinierte Sportlerinnen in allen Sportarten gibt. Man denke nur an Althea (siehe Seite 169), Mina (siehe Seite 49) oder an Anni (Friesinger, Eisschnelllauf), Steffi (Graf, Tennis), Franziska (van Almsick, Schwimmen), Magdalena und Laura (Neuner und Dahlmeier, Biathlon), Birgit und Birgit (Prinz, Fußball und Fischer, Kanu) und Maria (Höfl-Riesch, Ski Alpin).

Masako Katsura (1913–1995)

Wenn man aber online mal »weltbeste Sportlerinnen« sucht, findet man leider sehr viel eher »schönste Sportlerinnen«, direkt gefolgt von »sexy Sportlerinnen weltweit«. Keine Frage, dass die Suchergebnisse bei Männern anders aussehen, egal wie schön und sexy die sind.

Damals, in den Fünfzigerjahren, waren weibliche Sportidole ziemlich selten und sogar noch seltener in gemächlicheren Sportarten wie Billard, wo Muskelmasse nicht wirklich entscheidend ist. Genau deshalb ist die Karriere von Masako Katsura so einzigartig. Masako, die später unter ihrem Spitznamen »Katsy« bekannt wurde, stammt aus Tokio. Ihr Schwager besaß einen Billardsalon, wo sie viel Zeit verbrachte, und noch mehr, als sie dann als Teenager zu spielen begann. Alle, die jetzt denken, das wäre dieselbe Art Billard, wie man sie in einer Kneipe spielt, haben sich getäuscht. Man braucht dieselben Fertigkeiten, aber es gibt verschiedene Varianten, Regeln, unterschiedliche Anzahlen von Bällen und nicht überall Taschen im Tisch. Karambolage, was Masako spielte, war die Art von Billard, die damals populär war, heute sind es eher Pool und Snooker, die beide vom ursprünglichen Billard abstammen, das bereits im fünfzehnten Jahrhundert gespielt wurde.

Masako verfeinerte ihre Fertigkeiten durch Üben, Üben, Üben (wahrscheinlich als vorzeitige Verfechterin von Malcolm Gladwells Überfliegertheorie), und ein hübsches Zitat von ihr lautet: »Männer wollen mich schlagen. Ich spiele mit Männern sechs, sieben Stunden jeden Tag. Männer mögen das nicht, sie schlagen mich nicht.«

Masako gewann ihr erstes Turnier mit fünfzehn Jahren, und nicht lange darauf wurde der Billard-Profi Kinrey Matsuyama auf sie aufmerksam. Er trainierte sie, und Masako wurde als Japans einziger weiblicher Billardprofi dreimal japanische Vizemeisterin. 1950 heiratete sie einen in Japan stationierten Amerikaner der US-Streitkräfte. Als er in die Vereinigten Staaten zurückbeordert wurde, ging sie mit und startete ihre US-Karriere mit Showkämpfen. Als man sie 1952 einlud, an der Weltmeisterschaft teilzunehmen, wurde sie die erste Frau, die jemals auf diesem Niveau Billard gespielt hat. Sie wurde Siebte, im nächsten Jahr Fünfte, dann Vierte – auf diesem Weg schlug sie viele Männer und verdiente sich den Titel »First Lady of Billiards«.

Es gelang ihr natürlich nicht, dem prüfenden Blick der Medien auf ihren Körper zu entgehen, obwohl sie sich recht formell kleidete und keine freizügige Sportkleidung trug. Die damalige Berichterstattung konzentrierte sich trotzdem darauf, wie zierlich sie war, und sie wurde in Zeitungsartikeln ständig als »reizend« und »keck« bezeichnet. Das Time Magazine beschrieb sie als »von entzückender Größe (1,52 Meter) und so leicht wie ihre Kreide (44 Kilo)«. Ein anderer Billardspieler jedoch beschrieb sie mit sportlicheren Worten: »Dieser Killerinstinkt – dieses Weib hat ihn, ganz zu schweigen von diesem leisen Lächeln.« Obschon sie in gewissem Maße als Kuriosität in dieser Männerwelt zur Schau gestellt wurde, war Masako trotzdem eindeutig ein außergewöhnlicher Haifisch in diesem Becken. Sie schrieb zwei Bücher über ihren Sport und war sich ihrer Vorreiterrolle sehr wohl bewusst: »Ich hoffe, meine Wettkämpfe können Frauen davon überzeugen, dass Billard nicht nur ein Männersport ist. Frauen können genauso gut spielen wie Männer.« Hören wir also auf, in unseren Sporthosen auf dem Sofa herumzuchillen, und lasst uns stattdessen den für uns passenden Sport finden, in dem wir gut sind. Egal ob es Billard, Boule, Boxen, Badminton oder Basejumping ist. Und wir machen das auf unsere Art.

Enheduanna

und kreativer Funkenflug

*F*ür die meisten von uns scheint kaum etwas so unerreichbar zu sein wie der Traum davon, endlich mal Zeit zu haben, um ein bisschen kreativ zu werden. Ja, uns ist schon klar, dass Raum und Ruhe ganz entscheidend sind, damit einen die Muse küssen kann, aber es ist doch sehr viel wahrscheinlicher, dass wir nach Feierabend nur schlapp aufs Sofa sinken und mit offenem Mund eine Folge »Love Island« gucken. Wenn wir dann aber doch mal ein paar Minuten für unsere Kreativität rausschlagen können, wird das sehr lohnenswert sein, denn wir fühlen uns danach vielleicht wohler in unserem Job, können Spannungen in der Beziehung abbauen oder fühlen uns insgesamt lebendiger und erfüllt. Die Macht der Erneuerung kann erfrischend sein! Es gibt eine inspirierende Frau, die dies alles noch ein bisschen mehr auf die Spitze getrieben hat. Sie hat in ihrer Kreativität nicht nur geschwelgt, sie hat sie *besessen*. Die Hohepriesterin und Prinzessin Enheduanna ist die Älteste in unserem Reigen der krassen Frauen vergangener Zeiten. Sie lebte um 2300 vor Christi Geburt und war die Tochter von König Sargon I. von Akkad, der sie zur Hohepriesterin des Mondgottes Nanna und der Göttin Inanna in der heiligen Stadt Ur in Mesopotamien machte (die heute im Südirak liegt).

König Sargon erklärte sich selbst zum Herrscher von Süd-Mesopotamien und vereinigte eine Reihe von Stadtstaaten, unter anderem Ur, zu einem Kaiserreich. Dort, in Ur, setzte er seine Tochter in das heiligste aller Ämter ein, was ihm wiederum half, entzweite Kulturen zu vereinen und seine Macht zu stärken, indem er seine Herrschaft mit den Göttern verband. Enheduanna nahm ihre Verantwortung sehr ernst und muss ihre Arbeit ziemlich gut gemacht haben, denn sie blieb vierzig Jahre auf diesem Posten, und der brachte ihr den Ruf ein, der erste Schriftsteller der Geschichte gewesen zu sein. Ja, genau, der allererste namentlich bekannte Schriftsteller der Welt, egal ob männlich oder weiblich.

Über diese antike Geistliche wissen wir eine ganze Menge, denn sie hat ein wirklich großartiges, kreatives Vermächtnis hinterlassen. Ihr Werk beinhaltet zweiundvierzig Hymnen, die Tempeln in ganz Mesopotamien gewidmet sind, dazu eine Reihe von Gedichten, von denen das bekannteste »Die Verherrlichung der Inanna« ist. Es gibt auch noch die hochgelobte sogenannte Scheibe der Enheduanna – und das ist keine Vinylplatte mit ihren größten Hits, sondern ein Bildnis, das uns beweist, wie bedeutend sie war. Die steinerne Scheibe wurde 1921 bei Ausgrabungen gefunden und zeigt, wie Enheduanna an einem Ritual teilnimmt – auf dem Bild kniet ein glatzköpfiger, nackter Priester vor ihr, während sie eine elegante Robe, prächtige Zöpfe und einen sehr schicken Turban trägt. Eine Frau auf der Höhe ihres Schaffens.

Ihre Gedichte und Hymnen verraten uns einiges über ihren Charakter. Ihre »Verherrlichung der Inanna« folgt den Regeln eines Erzählbogens: Die Dichtung beginnt mit schwärmerischem Preisen der Eigenschaften dieser Göttin, einige sind eher Furcht einflößend, andere schön, allesamt jedoch Ehrfurcht gebietend. Dann erwähnt Enheduanna eine politische Bedrohung, welche sie ins Exil getrieben hat, und sinnt auf Rache: Zeit fürs Heimzahlen. Das Ende hat eine siegestrunkene Note: Sie hat sich gerächt und erreicht, dass sie ihre angestammte Position als heiligste Priesterin zurückerobern konnte. In diesem Gedicht gibt es zahlreiche verblüffende Aspekte, uns hat vor allem dieses Kompliment gefallen: »Du Himmelsbraut mit deinen großen Juwelenbrüsten«. Das Erstaunlichste an ihr aber ist ihr scharfer Sinn für Autorenschaft und Urheberrecht. Die Gedichte sind politisch, leidenschaftlich, komplex, und vor allem sind sie von Enheduanna. Sie ist die erste Person, die belegtermaßen in der ersten Person geschrieben hat, und zwar mit der Zeile »Ich bin Enheduanna« (tja, schade, Vaiana). Mit »Ich habe dieses Lied für dich geboren« beschreibt sie den kreativen Schaffensprozess in ausdrücklich weiblichen Worten. Es lohnt sich, kurz innezuhalten und daran zu denken, dass sie es geschrieben hat, eineinhalbtausend Jahre bevor dieser Grieche namens Homer Ilias und Odyssee in Angriff nahm.

Manchmal wird gesagt, dass Enheduanna die Urheberin der Urheberschaft selbst ist, aber wenn uns das jetzt für unsere eigenen Ansprüche zu hochtrabend erscheint, sollten wir daran denken, dass sie gewisse Wesenszüge aufwies, die wir mit kreativen Menschen in Verbindung bringen, und die können wir uns sehr viel leichter aneignen. Sie war originell, erfinderisch, leidenschaftlich, engagiert und glühend – alles Eigenschaften, die wir locker übernehmen können.

Wir, hier und jetzt, müssen nicht hauptberuflich Epen verfassen oder Kunstwerke schaffen, die Jahrtausende bestehen, um den kreativen Funken zu entfachen. Alltägliche Kreativität ist unser Ziel. Stellen wir einfach mehr Fragen. Probieren wir aus, ob dieses oder jenes Rezept nicht vielleicht noch besser schmeckt, wenn wir eine außergewöhnliche Zutat hinzufügen. Rücken wir die Möbel um. Oder schnitzen wir doch dieses Jahr an Halloween einen Todesstern-Kürbis (na gut, das ist vielleicht ein kleines bisschen zu ambitioniert, aber wir haben mal einen gesehen, und das sah richtig cool aus …).

Josephine Baker

und wie es ist, alles zu haben

*W*enn Frauen »alles haben«, ist das meistens eine verklausulierte Form für »alles das im Leben erreicht haben, was Männer machen«. Und gemeint sind damit in der Regel Frauen, die nicht nur wahre Liebe suchen, sondern auch Karriere machen wollen, oder Mütter, die alles daransetzen, Familie und Arbeit unter einen Hut zu kriegen und gleichzeitig den allgemeinen Ansprüchen hinsichtlich sportlicher Fitness, Attraktivität, Bildung und sexueller Erfüllung zu genügen.

Josephine Baker, ihres Zeichens exotische Tänzerin, Sängerin, Mutter, Spionin, Kriegsheldin und Aktivistin, führte ein Leben, das alle diese Kriterien zu erfüllen schien. Es ging aber nicht ganz so rosig los für sie, die aus einer armen Familie stammt. Ihre Großeltern waren befreite Sklaven, ihre Mutter war eine ehemalige Tänzerin und Wäscherin, der Vater hatte sich nicht lange nach Josephines Geburt vom Acker gemacht. Schon als kleines Mädchen fehlte sie oft in der Schule, weil sie als Putzfrau und Kindermädchen jobben musste, damit die Familie ihre Rechnungen bezahlen konnte. Mit dreizehn Jahren arbeitete sie als Kellnerin in einem Club – wo man sie außerdem mit irgendeinem Tunichtgut verheiratete, aber nach ein paar Wochen war diese Ehe schon wieder Geschichte.

Josephine begann, auf der Straße und in Clubs zu tanzen, und obwohl man sie zu Beginn ihrer Karriere für »zu dunkel und zu dünn« hielt, landete sie in einer Tanztruppe und heiratete erneut – beides mit fünfzehn Jahren. Im Jahr 1921 ergatterte sie eine Rolle in dem bahnbrechenden schwarzen Musical

»Shuffle Along«, womit sie sich für den Broadway in Stellung brachte. Vier Jahre später wurde sie eingeladen, in einer Show mitzuwirken, die nach Paris tourte, um dort im *Théatre des Champs-Elysées* zu gastieren. Dies sollte ein lebensverändernder Augenblick für sie werden.

Das Paris der Zwanzigerjahre war fasziniert von der Harlem Renaissance, amerikanischem Jazz und Primitivismus – und Josephine absolvierte ihre Tanznummer als *danse sauvage*, wobei sie nichts als einen Federrock trug. Eine solche Fetischisierung afrikanischer Kultur empfinden wir heute natürlich als völlig deplatziert, aber Josephine ergriff diese einzigartige Chance mit beiden Händen und tat alles, um ihren Ruf zu kultivieren. Sie fuhr mit ihrem zahmen Geparden in einem Rolls Royce durch die Gegend und übernahm, kaum dass sie zu den renommierten Folies Bergère gewechselt war, die Rolle, mit der sie bekannt wurde: eine schwungvolle hüftbetonte Tanznummer, bei der sie nur einen Gürtel aus funkelnden Bananen trug. Sie war sich allerdings des Unterschieds zwischen Theater und Realität sehr wohl bewusst: »Da ich ja auf der Bühne die Wilde verkörpert habe, versuchte ich, im täglichen Leben so zivilisiert wie möglich aufzutreten.«

Von diesem Augenblick an war die »Schwarze Perle« eine Sensation und wurde die bestbezahlte Entertainerin Europas – eine beachtliche Leistung für eine schwarze amerikanische Frau. Sie erhielt Hunderte von Heiratsanträgen und wurde von Leuten wie Ernest Hemingway, Pablo Picasso, Frida Kahlo (siehe Seite 17) und Colette bewundert. Josephine erweiterte ihr Repertoire und begann, zu singen und Filmrollen zu übernehmen. Leider aber war ihr die nordamerikanische Heimat bei ihrem Besuch nicht mit derselben Begeisterung zugetan, woraufhin sie 1937 die französische Staatsbürgerschaft annahm und im selben Jahr zum dritten Mal heiratete.

Als der Zweite Weltkrieg ausbrach, ließ Jo ihr neues Heimatland nicht im Stich, sondern wurde Zweiter Leutnant der Frauenstaffel in der Royal Air Force und schmuggelte für die Resistance geheime Dokumente in ihren Partituren und ihrer Unterwäsche. Nach dem Krieg verlieh man ihr die französische Kriegsauszeichnung *Croix de Guerre* und ernannte sie zum Ritter der Ehrenlegion. Sie heiratete 1947 ein weiteres Mal und kaufte in der Dordogne ein Schloss aus dem fünfzehnten Jahrhundert. Nach schmerzhaften und erfolglosen

Versuchen, ein Baby zu bekommen, adoptierte Josephine schließlich zwölf Kinder. Neben ihrem Wunsch, Mutter zu werden, zeichnete sich in der Zusammenstellung ihrer Familie eine politische Überzeugung ab, denn die Kinder stammten alle aus unterschiedlichen Gegenden, Ethnien und Religionen. Sie nannte sie ihren »Regenbogen-Stamm« und machten, aus ihrem Schloss letztendlich eine Art utopischen Themenpark, in dem Besucher sich davon überzeugen konnten, wie Menschen unterschiedlicher Herkunft miteinander auskommen konnten. Zweifellos ein löbliches Unterfangen, aber auch irgendwie ein bizarres Experiment, in dem ihre Kinder aufwachsen sollten.

Quasi in der Verlängerung dieser Vision eines funktionierenden Vielvölkerstaates und einer Multikulti-Gesellschaft wurde Josephine in der amerikanischen Bürgerrechtsbewegung aktiv und arbeitete in den Fünfzigerjahren mit der NAACP (siehe Rosa Parks auf Seite 39) zusammen. Nachdem sie 1951 im noblen Stork Club in Manhattan einen Skandal verursacht hatte, als man sich dort weigerte, sie zu bedienen, zog Josephine den Zorn der Rechten auf sich, die sie prompt als kommunistische Unruhestifterin beschimpften. Die Sache hatte aber auch etwas Gutes, denn sie fand eine echte Freundin in einer jungen, blonden Schauspielerin, die so sehr darüber empört war, wie man Josephine behandelte, dass sie mit ihr das »Stork« verließ. Die so entstandene Freundschaft zwischen Grace Kelly und Josephine Baker hielt bis zu Josephines Tod.

1968 sorgte der Unterhalt des schicken Schlösschens für Josephines Insolvenz, und der Regenbogen-Stamm wurde zwischen ihr, ihrem Exmann und ihrer Familie aufgesplittet: Und die inzwischen zur Prinzessin aufgestiegene Grace stattete sie netterweise mit einem Wohnsitz in Monaco aus. Fünf Jahre später aber erlebte Josephine wieder einen beruflichen Höhepunkt, als sie noch einmal in den USA auftrat (diesmal in der Carnegie Hall) und dort mit stürmischem Beifall empfangen wurde. Nicht lange danach, im Jahr 1975, trat sie in Paris in einer Show auf, um das Jubiläum ihres ersten Auftritts dort zu feiern. Es wurde ein Triumph, doch nur wenige Tage später fand man die göttliche Josephine Baker tot in ihrem Bett, umgeben von überschwänglichen Rezensionen. Bei ihrem Begräbnis säumten zwanzigtausend Menschen die Straßen, und sie wurde mit militärischen Ehren beerdigt.

Nun, hatte Josephine alles? Sie war eindeutig eine außergewöhnliche Frau, und der Grad ihres Ruhms und ihres politischen Einflusses wird für die meisten von uns immer außerhalb jeder Reichweite bleiben. Wenn wir allerdings über die schwierige Frage des Alles-Habens nachsinnen, sollten wir auch daran denken, dass man Josephines Leben aus zwei Perspektiven sehen kann. War sie zum einen eine Stripperin mit vier gescheiterten Ehen, die von ihrem Heimatland zurückgewiesen wurde, eine eigentümliche Mutter, die sich hauptsächlich für das Präsentieren ihrer Kinder interessierte, eine politisches Pulverfass, das sich Feinde gemacht hatte, eine insolvente Frau, die ihr Haus verloren hat und in der Öffentlichkeit immer älter wurde? Oder war sie eine absolut einzigartige und gewaltige Darstellerin, eine geistreiche Frau, die mit vielen Frauen und Männern enge Freundschaften und romantische Verbindungen pflegte? Und außerdem eine mutige Verfechterin ihres angenommenen Heimatlands, eine Meisterin der Menschenrechte, eine wohlmeinende Mutter, deren Kinder sie meist in liebender Erinnerung behielten, eine Stilikone (die selbst in späten Jahren ihre wunderbar riesigen Sonnenbrillen trug), deren Einfluss noch heute spürbar ist und die Filme, Bücher und sogar Beyoncé inspiriert hat? Ich glaube, die meisten von uns wären unglaublich stolz, auch nur einen Hauch davon zu spüren, wie sie ihr Leben lebte. Aber wie ja die zwei Versionen beweisen, kann keine Frau immer alles richtig machen. Alles zu haben bedeutet deshalb, das zu haben, was wir selbst wollen, zu unseren Bedingungen und gemäß unseren Fähigkeiten: Und dieses fabelhafte Baker-Girl hat nie aufgehört, genau daran zu arbeiten.

Königin Victoria

und die Gabe, über Verluste hinwegzukommen

Psychologen haben nachgewiesen, dass man in dem Prozess, bei man nach dem Verlust eines Menschen wieder zu sich selbst findet, mehrere Phasen durchläuft. Bei einer Trennung beispielsweise sind die Phasen folgende: 1. Schock (»!«); 2. Verleugnung (»Waaas? Viel Aufmerksamkeit? Kann überhaupt nicht sein! Ich brauche doch gar nicht viel Aufmerksamkeit, verdammte Hacke!«); 3. Wut (»Sooo üblich ist das ja wohl auch wieder nicht. Und nein, das passiert nicht *jedem* Mann mal! Und es ist *sehr wohl* wichtig!«); 4. Schmerz und Schuldgefühl (»Es stimmt ... Ich brauche viel Aufmerksamkeit. Und eigentlich verdiene ich so einen tollen Mann ja gar nicht ...«); 5. Niedergeschlagenheit und Einsamkeit (»Ich fühle mich so alleine. Wer soll mir denn jetzt meine Loungehosen aus reinem Kaschmir kaufen?«) – übrigens ist das die Phase, wo das Thema unsere Freundinnen langsam langweilt und sie anfangen, auf ihr Handy zu gucken, wenn wir zum hunderttausendsten Mal referieren, was er in seiner letzten Nachricht geschrieben hat, und schließlich 6. annehmen (»Ich werde einen eigenen Weg finden, an Kaschmirhosen zu kommen«) und wieder am Leben teilnehmen (»na ja, vielleicht gibt es ja doch mehr im Leben als Kaschmirhosen. Ach, und dieser heiße Typ da, der kommt mir gerade recht für #daslebenistwiederschoen«).

Wenn wir aber gerade mittendrin stecken im Muff des Verlustes, so wie eine gewisse Dame, die dafür berühmt geworden ist, sich ganz der Trauer hinzugeben, können wir uns von ihr aber auch abgucken, wie wir stilvoll wieder hinausfinden.

Wenn wir uns Königin Victoria ein bisschen genauer ansehen und über das Bild der altmodischen älteren Dame hinausschauen, die stets Schwarz trug und deren Gesichtszüge von Falten tiefen Schmerzes bestimmt waren – sehen wir prompt einen anderen Menschen. Victorias Mutter war die Herzogin von Kent und ihr Papa der vierte Sohn von König George III., womit sie in der Thronfolge auf Platz fünf stand. Da aber ihre Onkel allesamt ein Haufen unverheirateter alter Männer waren und ihr Vater starb, als sie noch ein Baby war, war ihr Weg zum Thron von England von vornherein ziemlich klar vorgezeichnet. Sie wuchs bei ihrer Mutter im Kensington Palast auf, unter den wachsamen Augen eines ehemaligen Dieners ihres Vaters, John Conroy, dem Vernehmen nach ein machtgeiler Emporkömmling, der Vicky als seinen Fahrschein an die Regierungsspitze betrachtete. Conroy und die Herzogin ersannen einen dunklen Plan namens Kensington-System, das die junge Adelige in völlige Abhängigkeit von ihrer Mutter brachte. Bis weit in ihre Jugendjahre hielten die beiden Victoria ununterbrochen unter Beobachtung, Mutter und Tochter schliefen im selben Zimmer, sie durfte keine anderen Kinder treffen, und stets waren strikte Abläufe einzuhalten. Als ihr schließlich kurz nach ihrem achtzehnten Geburtstag mit der Krone viel Verantwortung auf den schmalen Schultern lastete, war das Erste, was sie verlangte, so erzählt man sich, eine Stunde, in der sie ganz für sich alleine sein konnte – ein Luxus, der ihr bislang immer verwehrt worden war.

Königin Victoria erkannte sehr schnell, dass ihr einziger Ausweg, ihrer Mama und Herrn Conroy zu entgehen, über einen Ehemann führte. Sie hatte sich schon ein paarmal in Männer verguckt, vor allem wohl in ihren ersten Premierminister Lord Melbourne, als aber ihr schicker Cousin Prinz Albert von Sachsen-Coburg mit seinem prächtigen Schnurrbart die Szene betrat, hatte sie für keinen anderen mehr Augen, und die beiden heirateten 1840. Das Paar war wirklich schwer verliebt, aber auch ziemlich temperamentvoll: Mit knapp eins fünfzig war Victoria zwar recht klein, aber sie hatte eine riesige Persönlichkeit – und sie fand es gar nicht witzig, als Albert sich anschickte, bei ihrer Regentschaft ein wenig mitzumischen. Abgesehen davon hasste Vicky Schwangerschaften und Stillen, und sie litt an postnatalen Depressionen – aber trotz alledem bekamen die beiden zusammen neun Kinder, von denen das erste genau neun Monate nach der Hochzeit zur Welt kam.

Zwar ist »radikal« nicht das Erste, was einem bei Victoria & Albert einfällt, aber im Laufe ihrer einundzwanzigjährigen Ehe haben sie das Image der Monarchie runderneuert, indem sie sich für soziale Themen interessierten wie Kindeswohl und Arbeitsbedingungen in Fabriken. Sie übernahmen auch die Schirmherrschaft für zahlreiche wohltätige Veranstaltungen und leiteten die Weltausstellung 1851 in London. Victoria stützte sich im Kleinen wie im Großen auf ihren Mann, egal ob es darum ging, welchen Hut sie heute tragen sollte oder wie man in diplomatischen Verhandlungen mit Amerika vorging. Als Albert mit zweiundvierzig Jahren urplötzlich an Typhus starb, war Victoria vor Trauer wie gelähmt. Offiziell sollte die Trauerzeit zwei Jahre dauern, sie aber weigerte sich fast drei Jahre lang, öffentlich aufzutreten, und erntete den Beinamen »die Witwe von Windsor«. Sie beließ Alberts Räume unverändert und trug für den Rest ihres Lebens Schwarz. Während sie sich immer weiter aus dem Blickfeld der Öffentlichkeit zurückzog, gab es nur eine Sache, die sie wirklich interessierte: haufenweise Denkmäler für das Andenken ihres Liebsten in Auftrag zu geben. Ach ja, und John Brown, ihr schottischer Jagdführer, Fachmann für Jagen und Fischen auf dem Landsitz Balmoral in Schottland. Die Beziehung zu ihm sorgte für Gerede, und ein Biograf glaubt, möglicherweise habe es eine Art Hochzeitszeremonie der beiden gegeben und sie hätten das Bett geteilt (was aber nicht sehr wahrscheinlich ist).

Eine trübsinnige Königin möchte niemand haben, und Victorias Rückzug aus der Öffentlichkeit sorgte dafür, dass sich allgemeiner Missmut breitmachte, es gab sogar vereinzelt Rufe nach einer Abdankung. Dann aber, genau zehn Jahre nach Alberts Tod, erkrankte der Prince of Wales, ihr ältester Sohn, an derselben Krankheit, die seinen Papa hingerafft hatte. Als er wieder genesen war, zeigte sich Victoria nach einem Dankgottesdienst auf dem Balkon des Buckingham Palace. Sie musste nicht mehr tun als winken und einen für sie zeitlich günstigen Mordanschlag überleben – und schon liebte das Volk sie wieder. Sie ging nun dazu über, ihren Nachwuchs durch Verheiratungen über ganz Europa zu verteilen. Später wurde sie auch Herrscherin von Indien und nahm eine weitere tiefe Beziehung auf, diesmal zu Abdul Karim, der eigentlich angestellt war, um ihr ein wenig Urdu beizubringen und ihr zu zeigen, wie man richtig Curry isst.

Königin Victoria starb im Januar 1901 im Alter von einundachtzig Jahren und hinterließ genaue Anweisungen für ihre Bestattung. Sie wollte mit ihrem Brautschleier bekleidet werden, und Alberts Morgenmantel (gruseligerweise mit einem Gipsabdruck seiner Hand) sollte in ihren Sarg gelegt werden. Dazu noch ein Foto von John Brown, eine Locke seines Haars und der Hochzeitsring seiner Mutter, den er ihr geschenkt hatte.

Auch wenn nun Königin Vicky ihrem Ruf als Mutter aller Trauernden mehr als gerecht wurde, wird auch klar, dass sie ein paar Mittelchen fand, die ihren Schmerz linderten. Wir dürfen uns alle Zeit nehmen, die wir brauchen, um mit einem Verlust fertigzuwerden, wie auch immer dieser beschaffen ist. Aber egal, wie gut uns Schwarz steht, wir dürfen nicht zulassen, dass die Trauer unser ganzes Leben bestimmt. Wir erkennen unser Unglücklichsein an und nehmen uns Zeit, wir kämpfen nicht gegen unsere Gefühle an – Victoria war ja auch niemand, der im Angesicht des Schmerzes ein fröhliches Gesicht aufsetzte. Zu den einfachsten Lektionen, die wir von ihr lernen können und die nicht die Welt kosten, gehört, einfach mal raus an die frische Luft zu gehen. Jaja, unsereins hat keine 50 000 Hektar Landbesitz in Schottland, wo es sich ungestört wandeln und weinen lässt, aber ein kleiner Spaziergang im örtlichen Park oder an einem See oder Bach entlang ist besser für uns als vieles andere, hundertprozentig. Und wenn wir uns einen jüngeren Liebhaber nehmen, wird das auf jeden Fall für Spaß und Zerstreuung sorgen, völlig egal, wie unser Problem gerade aussieht.

Mary Seacole

und wie man beim Älterwerden die Freude am Risiko entdeckt

*D*as Älterwerden ist etwas, mit dem wir uns alle beschäftigen müssen. Eine alte *Frau* zu sein, bringt aber noch ein paar spezielle Unannehmlichkeiten mit sich. Nicht nur, dass unser Körper langsam nachlässt, auch werden wir zunehmend ignoriert oder bemitleidet, kaum dass unsere Heiratsfähigkeit und unsre Fruchtbarkeit schwinden. Männer wirken mit grau melierten Haaren sexy und werden noch ernster genommen, während Frauen als alte Schachteln, Nervensägen und Schreckschrauben tituliert werden. Eine, die sich schlicht weigerte, still und leise von der Bildfläche zu verschwinden, war die beherzte, abenteuerlustige Krankenschwester Mary Seacole. Diese jamaikanisch-schottische Frau war nicht nur kühn und wagemutig, sondern auch in Stilfragen temperamentvoll: Mary kleidete sich gern in grellen Farben und behängte sich mit Medaillen, die ihr nie verliehen worden waren.

Mit ihrem Mann reiste sie durch die Karibik und wurde nicht einmal nach dessen Tod sesshaft, sondern lebte kurzzeitig bei ihrem Halbbruder in Panama, wo sie spontan die Opfer einer Choleraepidemie mithilfe der von ihrer Mutter erlernten traditionellen Medizin pflegte. Zusätzlich betrieb sie eine Feldküche und nutzte diese Erfahrungen erst auf Jamaika, als das Gelbfieber ausbrach, und später in den Jahren 1855 und 1856, gegen Ende des Krimkrieges. Damit wurde sie schließlich berühmt.

Im zarten Alter von fünfzig Jahren nämlich beschloss Mary, sich in ein neues Abenteuer zu stürzen. Sie wollte die britischen Kriegsanstrengungen auf der Krim unterstützen und bewarb sich als Krankenschwester. Das Kriegsministerium jedoch wies sie ab. Mary ließ sich nicht beirren und reiste auf eigene Faust in die Hafenstadt Balaklawa und eröffnete ein Gasthaus, wo sie Essen, Getränke und Versorgungsgüter verkaufte. Ihre Maßnahmen (wie auch ihr Tee und ihr Mitgefühl) waren bei den Soldaten so beliebt, dass diese nach dem Krieg einen Fonds für sie einrichteten, um sie in London zu unterstützen. Mary traf zwar Florence Nightingale, arbeitete aber nicht mit ihr, sondern erntete das zweifelhafte Kompliment, dass »wo immer sie [Mary] sich aufhält, viel Güte ist, aber auch viel Trunkenheit und ungebührliches Verhalten«.

Zurück in England, war es der Indische Aufstand von 1857, der Mary dazu brachte, erneut ihre Dienste anzubieten. Wieder wurde sie abgelehnt. Im selben Jahr veröffentlichte sie ihre muntere Autobiografie »The Wonderful Adventures of Mrs. Seacole in Many Lands«. Mary starb 1881, und einige Jahre lang blieb ihr Grab ebenso verschollen, wie ihr Ruf dahin war. Beide sind inzwischen wiederhergestellt worden, und wir können ihre letzte Ruhestätte auf dem Londoner St Mary's Cemetery in Kensal Green besuchen, wenn wir das Bedürfnis verspüren, dieser außergewöhnlichen Frau unsere Ehre zu erweisen.

Sie ist ein Paradebeispiel für Unternehmungsgeist, und auch wenn es gewisse Zweifel an ihrer medizinischen Qualifikation gibt, ist es unbestreitbar, dass Mary Seacole als Krankenschwester, Hoteliere, Gastwirtin, Ladenbesitzerin, Patriotin, Abenteurerin, Reisende, Unternehmerin, Köchin und Autorin eine faszinierend entschlossene Frau war. Sie ließ sich ihren Ehrgeiz und ihren Großmut von den Vorurteilen, die ihr als älterer Frau mit Migrationshintergrund entgegenschlugen, nicht einschränkten. Einfach mal einen Ausflug in eine Krisenregion fern der Heimat zu machen ist jetzt vielleicht ein bisschen drastisch, aber es ist immer eine gute Idee, ein bisschen risikofreudiger zu werden und etwas Neues anzufangen – auch wenn unser Tipp eher in die Richtung geht, dass wir vielleicht unsere Leidenschaft für Yoga oder französische Filme ausbauen.

Nachwort

»Wir erfreuen uns an der Schönheit des Schmetterlings, doch kaum jemals betrachten wir die Veränderungen, die er durchmachen musste, um diese Schönheit zu erreichen.«

MAYA ANGELOU,
SCHRIFTSTELLERIN UND BÜRGERRECHTLERIN

*W*ir hoffen, dass die Geschichten in diesem Buch für unsere Leserinnen inspirierend und hilfreich waren. Diese fünfundfünfzig Frauen haben ihren Augenblick des Schmetterlingserwachens in unterschiedlichem Alter, unter extrem unterschiedlichen Umständen und in unterschiedlichen Genres erlebt. Ihr Kampf und ihr Wille, gegen den Strom zu schwimmen, haben uns fast sprachlos gemacht. Sie haben bewiesen, dass es durchaus möglich ist, schlechte Chancen oder eine schreckliche Familie zu haben, aufgrund ihrer Herkunft oder ihres Aussehens gemobbt zu werden oder einfach jede Menge Pech zu haben und dann trotzdem ein Zeichen zu setzen. Nur sehr wenige von diesen fünfundfünfzig standen von Geburt an im Rampenlicht, aber allen gemeinsam ist vielmehr, dass jede von ihnen hart gearbeitet hat, um aus ihrem Leben etwas Besonderes zu machen. Und sie waren natürlich nicht die Einzigen: Es war nicht leicht, unsere Liste auf fünfundfünfzig zu beschränken. Wo ist denn Maya Angelou?, hören wir unsere Leserinnen fragen? Was ist mit Marie Curie? Oder Johanna von Orléans? Und Mutter Teresa? Wir haben lange gebraucht, um die endgültige Auswahl zu treffen, denn wir wollten auf jeden Fall diejenigen Heldinnen der Geschichte ein bisschen mehr beleuchten, die weniger im Rampenlicht stehen, und uns doch auf die Großen konzentrieren, die uns auch für unsere heutige Welt etwas lehren können.

Viele der fünfundfünfzig haben Empörendes erdulden müssen: Sie wurden beleidigt, überfallen, unterschätzt, beiseite gedrängt und ausgelöscht. Keine war perfekt, ein paar von ihnen haben ebenso abscheuliche wie wunderbare Dinge getan. Manche waren moralisch schwierige Menschen, aber es geht hier ja darum, ihre Errungenschaften zu feiern, und nicht ob sie sich dabei »nett« benommen haben. Alle von ihnen haben gesiegt, obwohl sie in sehr viel patriarchalischeren Gesellschaften gelebt haben als wir heute. Wir sind fest davon überzeugt, dass die Welt für Frauen immer besser wird, aber eine Bitte haben wir an unsere Leserinnen: Bitte sprecht mehr über das, was Frauen erreicht haben, in früheren Zeiten ebenso wie heute. Lasst uns darauf achten, dass das, was wir erreichen, auch anerkannt wird, lasst uns unserer besten Freundin sagen, was wir an ihr bewundern, lasst uns unsere Lieblingskollegin feiern, uns für Denkmäler historischer Vorbilder einsetzen und Frauenhass als solchen kenntlich machen, wo immer wir ihm begegnen. Wir Frauen sollten in der Öffentlichkeit mehr mitmischen und viel lauter werden.

Diejenigen, die wir in diesem Buch vorstellen, hatten oftmals die Unterstützung anderer Frauen, so wie Fanny und Mina, Grace und Josephine, Althea und Angela – alles Freundschaften, die auf Anfeuern, Unterstützung und Liebe basieren, die zusammen wiederum den Mutterboden für unseren schwesterlichen Erfolg bilden. Was nehmen wir sonst noch mit von diesen Damen? Großzügig miteinander umzugehen zum Beispiel. Die Siege der anderen zu feiern, aber keine Angst vor dem Verlieren zu haben, denn wie die »Amazing Grace« Hopper schon klargemacht habt, ist es die Versagensangst, die uns letztendlich in die Knie zwingt. Allein der Versuch zählt. Unsere Frauen in diesem Buch haben nicht alles richtig gemacht, im Gegenteil haben sie manchmal ganz schön viel verkehrt gemacht, also gibt es auch keinen Grund dafür, dass *wir* uns wegen irgendwelcher Fehler, die wir auf unserem Weg machen werden, selbst geißeln. Kann doch sein, dass irgendwann mal genau so ein Buch auch über uns geschrieben wird.

Und es geht natürlich nicht nur um Frauen. Keine will doch, dass der Geschlechterkampf zur Kampfzone voller blutiger Leichen wird. Die Jungs haben auch ein paar Streicheleinheiten verdient. Schließlich haben auch viele Väter und Ehemänner unserer fünfundfünfzig Frauen zu ihrem Erfolg beigetragen, indem sie sie ermutigt haben, über die gesellschaftlichen Erwartungen und Wünsche hinauszuwachsen. Und viele andere Männer haben im Laufe der Geschichte geholfen, die feministische Sache weiter voranzutreiben, zum Beispiel der ehemalige Sklave Frederick Douglass mit seinen heldenhaften Einsatz für den Abolitionismus und gegen weiteres Leiden der Frauen in Amerika; oder der französische Mathecrack, Philosoph und Revolutionär Marquis de Condorcet, der Anfang des achtzehnten Jahrhunderts radikal für die Rechte der Frauen eintrat; oder Mahatma Gandhi, der bekannterweise sagte: »Frauen das schwächere Geschlecht zu nennen ist eine Kränkung; es ist ein Unrecht, das Männer an Frauen begehen.« Danke, *Bapu!* Wir feiern diese Männer zusammen mit unserem Freund, unserem Vater und unserem Bruder. Und wir sehen zu, dass sowohl unsere Töchter wie auch unsere Söhne sie kennen. Unsere fünfundfünfzig wunderbaren Frauen beweisen, dass die Welt für eine bereichert wird, wenn man es Frauen gestattet, ihre Möglichkeiten voll auszuschöpfen. Es liegt nun an uns, ob wir unsere Gleichheit zukunftssicher machen.

Literaturverzeichnis

*W*ir haben sehr viele Bücher, Zeitungsartikel, Nachrufe, Radio- und Fernsehsendungen und Websites angeschaut, um dieses Buch zu schreiben. Besonders verlassen konnten wir uns auf unsere alten Freunde: den *Guardian*, die *New York Times*, *History Today*, die *BBC*, den *Smithsonian*, den *Telegraph*, die *London Review of Books*, *The Times*, den *Independent*, *The Atlantic*, die *Washington Post*, die *Japan Times* und die *Encyclopaedia Britannica* sowie verschiedene Museen, Stiftungen und Organisationen, die sich um das Vermächtnis dieser außergewöhnlichen Frauen kümmern.

Leserinnen und Leser, die gern mehr wissen würden, sind vielleicht an folgenden Werken interessiert:

FRIDA KAHLO:
Hayden Herrera: *Frida: Ein leidenschaftliches Leben* (Fischer Taschenbuch), 2008.

BOUDICCA:
Alice Roberts: *The Celts* (Heron Books), 2016.

MARY WOLLSTONECRAFT:
Mary Wollstonecraft: *Die Verteidigung der Frauenrechte* (ein-FACH-vlg), 2008.

Charlotte Gordon: *Romantic Outlaws: The Extraordinary Lives of Mary Wollstonecraft and Mary Shelley* (Hutchinson), 2015.

Claire Tomalin: *The Life and Death of Mary Wollstonecraft* (Weidenfeld and Nicolson), 1974.

Karin Priester: *Mary Wollstonecraft: Ein Leben für die Frauenrechte* (Verlag Langen Müller), 2002.

MAE WEST:

Charlotte Chandler: *Mae West: Great Interviews of the Twentieth Century* (Guardian Books), 2007.

(Um einen Eindruck von Maes Wirken zu bekommen, empfehlen wir diese Filme: *Sie tat ihm unrecht,* 1933, Regie: Lowell Sherman. *Ich bin kein Engel,* 1933, Regie: Wesley Ruggles.)

ROSA PARKS:

Douglas Brinkley: *Rosa Parks* (Viking), 2000.

ERIKA MANN:

Irmela von der Lühe: *Erika Mann: Eine Biographie* (Rowohlt Taschenbuch), 2009.

Erika Mann: *Ausgerechnet Ich: Ein Lesebuch* (Rowohlt Taschenbuch), 2005.

MINA WYLIE, FANNY DURACK:

Susanna De Vries: *Strength of Purpose: Australian Women of Achievement from Federation to the mid-Twentieth Century* (HarperCollins), 1998.

(Es gibt auch ein wunderbares Audio-Interview mit Mina Wylie, das Neil Bennetts 1975 mit ihr geführt hat, man kann es online bei der *National Library of Australia* finden.)

AKIKO YOSANO:

Ikuku Atsumi, Kenneth Rexroth: *Women Poets of Japan* (New Directions), 1982.

Janine Beichman: *Embracing the Firebird: Yosano Akiko and the Rebirth of the Female Voice in Modern Japanese Poetry* (University of Hawaii Press), 2001.

Irina Krieger: *Yosano Akiko und die Debatte um die Frauenrechte* (GRIN Verlag), 2013.

CHEVALIER D' ÉON:

Cynthia Cox: The Enigma of the Age: The Strange Case of the Chevalier d' Éon (Longmans), 1966.

Gráinne ní Mháille:
Anne Chambers: Granuaile: Ireland's Pirate Queen: Grace O' Malley (Wolfhound Press), 2003.

Hypatia:
Edward J. Watts: *Hypatia: The Life and Legend of an Ancient Philosopher* (Oxford University Press), 2017.
Henriette Harich-Schwarzbauer: *Hypatia – Die spätantiken Quellen: Eingeleitet, kommentiert und interpretiert* (Peter Lang Verlag), 2011.

Megan Lloyd George:
Mervyn Jones: *A Radical Life: Biography of Megan Lloyd George* (Hutchinson), 1991.

Sappho:
Sappho: *Und ich schlafe allein: Gedichte* (C.H. Beck), 2013.
Anne Carson: *If Not, Winter: Fragments of Sappho* (Virago), 2003.
Carol Ann Duffy: *Stung With Love: Poems and Fragments of Sappho* (Penguin Classics), 2009.

Emmeline Pankhurst:
Emmeline Pankhurst: *Suffragette. Die Geschichte meines Lebens* (Steidl Verlag), 2016.
Dr. Diane Atkinson: *Rise Up, Women!: The Remarkable Rise of the Suffragettes* (Bloomsbury), 2018.
Antonia Meiners: *Die Suffragetten: Sie wollten wählen – und wurden ausgelacht* (Elisabeth Sandmann Verlag), 2016.

Ada Lovelace
Benjamin Woolley: *Byrons Tochter: Ada Lovelace – Die Poetin der Mathematik* (Aufbau Verlag), 2005.

Katharina von Bora:
Petra Gerster, Christian Nürnberger: *Martin Luther und Katharina von Bora: Der*

rebellische Mönch, die entlaufene Nonne und der größte Bestseller aller Zeiten (Insel Taschenbuch), 2017.

MEKATILILI WA MENZA:
Elizabeth Mugi-Ndua: *Mekatilili Wa Menza: Woman Warrior* (Sasa Sema Publications), 2000.

WANG ZHENYI:
Departed But Not Forgotten: Women of China (series) (Cheng & Tsui Co.), 1984.

EMILY DICKINSON:
Lydall Gordon: *Lives Like Loaded Guns: Emily Dickinson and Her Family's Feuds* (Viking), 2010.
Uda Strätling: *Emily Dickinson: Wilde Nächte – Ein Leben in Briefen* (Fischer Taschenbuch), 2011.

PHOOLAN DEVI:
Mala Sen: *Bandit Queen: Die Geschichte der Phoolan Devi. Das Buch zum Film* (Goldmann), 2012.

KLEOPATRA:
Joyce Tyldesley: *Cleopatra: Last Queen of Egypt* (Pro le Books), 2009.
Joyce Tyldesley: *Die Königinnen des alten Ägypten: Von den frühen Dynastien bis zum Tod Kleopatras* (Koehler & Amelang), 2008.

DOROTHY PARKER:
Dorothy Parker: *The Collected Dorothy Parker* (Penguin Modern Classics), 2001.
Dorothy Parker: *Denn mein Herz ist frisch gebrochen: Sämtliche Gedichte. Zweisprachige Ausgabe* (Dörlemann Verlag), 2017.
Michaela Karl: *Noch ein Martini und ich lieg unterm Gastgeber. Dorothy Parker – eine Biographie* (btb), 2012.

FANNY COCHRANE SMITH:
Richard Flanagan: *Begehren* (Insel Verlag), 2011. (Das Buch beschreibt unvergleichlich, wie gnadenlos die Kolonialmacht mit den tasmanischen Aborigines umgegangen ist.)
Aufnahmen der Lieder von Fanny Cochrane Smith findet man im Internet, und sie sind wunderbar anzuhören.

MARY STOPES:
Ruth Hall: *Marie Stopes: A Biography* (HarperCollins), 1977.
Dr. Marie C. Stopes: *Glückhafte Mutterschaft: Ein Buch für alle, die an der Zukunft schaffen* (Orell Füssli), 1927.

BETTY FORD:
John Robert Greene: *Betty Ford: Candor and Courage in the White House* (University Press of Kansas), 2004.

ISABELLA BEETON:
Isabella Beeton: *Mrs Beeton's Book of Household Management* (Empire Books), 2011.
Kathryn Hughes: *The Short Life and Long Times of Isabella Beeton* (Harper Collins), 2006.

GEORGE ELIOT:
Philip Davis: *The Transferred Life of George Eliot* (Oxford University Press), 2017.
Elsemarie Maletzke: *George Eliot: Eine Biographie* (Insel Verlag), 1997.

ANNEMARIE SCHWARZENBACH:
Areti Georgiadou: *Das Leben zerfetzt sich mir in tausend Stücke: Annemarie Schwarzenbach – Eine Biographie* (Campus Verlag), 1996.

ODETTE SANSOM:
Penny Starns: *Odette: World War Two's Darling Spy* (The History Press), 2009.
Arne Molfenter, Rüdiger Strempel: *Der Finsternis entgegen: Die wahre Geschichte der Vera Atkins und ihrer mutigen Agentinnen im Zweiten Weltkrieg* (Dumont), 2015.

SOPHIA DULEEP SINGH:

Anita Anand: *Sophia: Princess, Suffragette, Revolutionary* (Bloomsbury), 2015.

Molly Schiot: *Game Changers: The Unsung Heroines of Sports History* (Simon and Schuster), 2016.

ALTHEA GIBSON:

Bruce Schoenfeld: *The Match: Althea Gibson and the Portrait of a Friendship* (Amistad Press), 2005.

ELIZABETH I.:

Alison Weir: *Elizabeth: The Queen* (Vintage), 2009.

Jürgen Klein: *Elisabeth I. und ihre Zeit* (C.H. Beck Verlag), 2010.

David Starkey: *Elizabeth: Apprenticeship* (Vintage), 2001.

AGATHA CHRISTIE:

Janet Morgan: *Agatha Christie. Das Leben einer Schriftstellerin – spannend wie einer ihrer Romane* (Heyne Verlag), 1993.

GRACE HOPPER:

Claire L. Evan: *Broad Band: The Untold Story of the Women Who Made the Internet* (Portfolio), 2018.

Jüngere englischsprachige Leserinnen könnten auch dies versuchen:

Laurie Wallmark: *Grace Hopper: Queen of Computer Code* (Sterling), 2017.

SORAYA TARZI:

Thomas Barfield: *Afghanistan: A Cultural and Political History* (Princeton University Press), 2012.

KATHARINA DIE GROSSE:

Simon Sebag Montefiore: *Katharina die Große und Fürst Potemkin: Eine kaiserliche Affäre* (Fischer Taschenbuch), 2010.

Vincent Cronin: *Katharina die Große: Biographie* (Piper Taschenbuch), 2006.

Hedy Lamarr:

Richard Rhodes: *Hedy's Folly: The Life and Breakthrough Inventions of Hedy Lamarr, the Most Beautiful Woman in the World* (Doubleday), 2011.

Richard Rhodes: *Die Atombombe oder Die Geschichte des 8. Schöpfungstages* (Greno Verlag), 1999.

Eleanor von Aquitanien:

Sabine Weigand: *Ich, Eleonore, Königin zweier Reiche: Historischer Roman* (Fischer Taschenbuch), 2017.

Margarete Steiff:

Gabriele Katz: *Margarete Steiff: Die Biographie* (Osburg Verlag), 2011.

Coco Chanel:

Justine Picardie: *Chanel – Ihr Leben* (Steidl Verlag), 2012.

Nell Gwyn:

Charles Beauclerk: *Nell Gwyn: Schauspielerin und Geliebte des Königs* (Osburg Verlag), 2008.

Rosalind Franklin:

Brenda Maddox: *Rosalind Franklin: Die Entdeckung der DNA oder der Kampf einer Frau um wissenschaftliche Anerkennung* (Campus Verlag), 2003.

James Watson: *Die Doppel-Helix: Ein persönlicher Bericht über die Entdeckung der DNS-Struktur* (Rowohlt Verlag), 2011

Kaiserinwitwe Cixi:

Jung Chang: *Kaiserinwitwe Cixi: Die Konkubine, die Chinas Weg in die Moderne ebnete* (Karl Blessing Verlag), 2014.

Amelia Earhart:

Monika Keuthen: *Amelia Earhart – Fliegen heißt, ganz frei zu sein* (List Taschenbuch), 2001.

CLARA SCHUMANN:
Dieter Kühn: *Clara Schumann, Klavier: Ein Lebensbuch* (Fischer Taschenbuch), 1998.

Nancy B. Reich: *Clara Schumann: Romantik als Schicksal – Eine Biographie* (Wunderlich Verlag), 1991.

BERTHA VON SUTTNER:
Bertha von Suttner: *Die Waffen nieder!* (Deutsche Literaturgesellschaft), 2016.

Brigitte Hamann: *Bertha von Suttner: Kämpferin für den Frieden* (Piper Taschenbuch), 2015.

ENHEDUANNA:
Betty De Shong Meador: *Inanna, Lady of the Largest Heart: Poems of the Sumerian High Priestess Enheduanna* (University of Texas Press), 2001.

JOSEPHINE BAKER:
Benetta Jules-Rosette: *Josephine Baker in Art and Life* (University of Illinois Press), 2007.

KÖNIGIN VICTORIA:
Helen Rappaport: *Victoria: Geheimnisse einer jungen Königin* (Edel Books), 2017.

MARY SEACOLE:
Mary Seacole: *The Wonderful Adventures of Mary Seacole in Many Lands* (Penguin Classics), 2005.

Danksagung

Dieses Buch ist aus vielen Gesprächen entstanden, die wir mit den wunderbaren Frauen führen konnten, die uns nahestehen. Unsere Verlegerin Laura Hassan von Faber war uns eine Inspiration. Wir sind froh und dankbar, von ihrem Wissen, ihrer Leidenschaft und ihrer Scharfsinnigkeit profitiert zu haben. Auch dem restlichen Team bei Faber sind wir zu Dank verpflichtet: Lizzie Bishop, Lauren Nicoll, Niriksha Bharadia, Camille Morard, Emma Cheshire, Camilla Smallwood, Ella Griffiths, Pedro Nelson, Donna Payne, Kate Ward, Ian Critchley und Sarah Barlow. Ebenfalls danken möchten wir Rosemary Davidson, Isabel Foley, Sophie Coates und ganz besonders Oliver Bebb und Jack Murphy.